墨香财经学术文库
"十二五"辽宁省重点图书出版规划项目

民族地区乡村旅游巩固脱贫攻坚成果的路径设计与政策支持研究

Research on the Path Design and Policy Support of Rural Tourism in Minority Areas to Consolidate the Achievements of Poverty Alleviation

黄国庆 著

东北财经大学出版社 大连
Dongbei University of Finance & Economics Press

图书在版编目（CIP）数据

民族地区乡村旅游巩固脱贫攻坚成果的路径设计与政策支持研究 / 黄国庆著. —大连：东北财经大学出版社，2023.9
（墨香财经学术文库）
ISBN 978-7-5654-4952-9

Ⅰ. 民…　Ⅱ. 黄…　Ⅲ. ①民族地区-乡村旅游-作用-扶贫-研究-中国 ②民族地区-乡村旅游-方针政策-研究-中国　Ⅳ. ①F592 ②F126

中国国家版本馆CIP数据核字（2023）第162259号

东北财经大学出版社出版发行
大连市黑石礁尖山街217号　邮政编码　116025
网　址：http://www.dufep.cn
读者信箱：dufep @ dufe.edu.cn
大连永盛印业有限公司印刷

幅面尺寸：170mm×240mm　字数：225千字　印张：15　插页：1
2023年9月第1版　2023年9月第1次印刷
责任编辑：李　彬　时　博　责任校对：惠恩乐
封面设计：原　皓　版式设计：原　皓
定价：75.00元

教学支持　售后服务　联系电话：（0411）84710309

举报电话：（0411）84710523
如有印装质量问题，请联系营销部：（0411）84710711

前言

消除贫困、改善民生、逐步实现共同富裕，是社会主义的本质要求。党的十八大以来，以习近平同志为核心的党中央提出实施精准扶贫、精准脱贫，全面打响脱贫攻坚战，推动我国扶贫战略实现重大转变，取得了显著成效。2020年年底，832个重点贫困县全部脱贫摘帽，区域性绝对贫困问题得到解决，脱贫攻坚取得了实质性进展，为推动全球减贫事业贡献了中国智慧、中国方案。

旅游业具有带动性强、关联性广等产业优势，在对贫困地区经济发展的广泛带动、贫困人口就业增收的促进方面扮演着越来越重要的角色，被世界公认是战胜贫困最有效的途径之一。2020年农业农村部发布的数据也显示，乡村旅游直接带动吸纳就业人数1 200万人，800多万户农户受益，能够推进农村产业联动发展、提高农村居民收入，加快农村反贫困进程和旅游城镇化建设，被证实为贫困乡村尤其是西部少数民族地区实现脱贫致富、增强文化内聚力的最佳路径和中坚力量，在全面打赢脱贫攻坚战中发挥着不可忽视的作用。

进入后脱贫时代，通过乡村旅游提档升级，充分挖掘农业功能，延伸农业产业链，实现农村资源要素升值，探索巩固脱贫攻坚成果的路径设计与政策优化，助力民族地区乡村振兴，既是贯彻落实习近平总书记“多管齐下提高脱贫质量、真抓实干巩固脱贫攻坚成果”指示精神的现实需要，也是对“切实提高扶贫成果的可持续性，让贫困人口有更多获得感”重大使命的回应，具有重要的理论价值和现实意义。

本书立足现有研究成果，以既有成果为起点，科学界定乡村旅游巩固脱贫攻坚成果的内涵、特征、构成要素，系统解析乡村旅游开发与巩固脱贫攻坚成果的内在关系，搭建本书的理论框架；构建乡村旅游巩固脱贫攻坚成果的评价指标体系，通过实证调研，定量测度民族地区乡村旅游巩固脱贫攻坚成果的现状，并选择具有代表性的村落作为典型样本进行个案剖析，分析当地村民对乡村旅游巩固脱贫攻坚成果的感知效应和影响因素，进而从脱贫人口与三生空间的互动视角、防范脱贫人口返贫风险的微观视角提出了乡村旅游巩固脱贫攻坚成果的主导路径和支撑路径，从而建构了民族地区乡村旅游巩固脱贫攻坚成果的路径体系，并在此基础上提出政策建议。

本书形成的主要结论和观点包括：

（1）民族地区实施乡村旅游巩固脱贫攻坚成果具有天然优势

民族地区多处在连片特困地区范围内，多为老少边穷地区。由于地处偏远、交通不便、自然资源和文化资源受外界干扰较少从而保持了高档次、高品位的优势，使得我国旅游资源富集区与民族地区在地理空间上具有重合性，这样就在“旅游业发展”与“可持续减贫”之间建立了紧密联系，为民族地区旅游可持续减贫提供了重要的资源基础。

民族地区乡村旅游开发，能激励村民参与旅游经营，找到本土文化的价值与潜在经济利益并分享旅游开发的成果，解决村民的可持续生计问题；强化村民的文化认同感和自豪感，吸引外出打工的青壮劳动力回流，旅游业逐渐成为村落复兴、文化遗产保护的有效渠道和特色优势产业，在为脱贫人口打开脱贫奔康大门的同时发挥着可持续的减贫功能。研究民族地区乡村旅游巩固脱贫攻坚成果的路径，在一定程度上也为传统文化的保护与传承开辟了新路径。

（2）民族地区乡村旅游开发能够有效巩固脱贫攻坚成果

乡村旅游巩固脱贫攻坚成果是将乡村旅游作为可持续减贫工具引入贫困社区，在乡村旅游产业政策引导下，形成以旅游为主导的农户生计策略，进而不断增强脱贫地区农户的内生发展动力，使脱贫基础更加稳固、成效更可持续。

全球性旅游减贫的成功案例为乡村旅游巩固脱贫攻坚成果提供了现实参考，学术界的众多观点为乡村旅游巩固脱贫攻坚成果提供学理依据，加之我国贫困地区乡村旅游减贫可行性、有效性在长期以来的反贫困工作实践中得以证实，因此本书认为乡村旅游能够巩固脱贫攻坚成果。

本书遵循社会学研究的三个层次，从宏观、中观和微观层次构建乡村旅游巩固脱贫攻坚成果的理论研究体系。在宏观层面，乡村旅游的自身特性决定了乡村旅游能够巩固脱贫攻坚成果，多元主体利益协调保证了乡村旅游能够巩固脱贫攻坚成果。在中观层面，乡村旅游脱贫攻坚消除了贫困人口的经济贫困。后脱贫时代，乡村旅游以经济脱贫为基础，强调社区参与，辐射社会、文化、生态，对脱贫摘帽地区巩固脱贫攻坚成果起到正向推动作用。在微观层面，基于修正的可持续旅游生计框架，以乡村旅游为背景和手段嵌入民族乡村地区发展，以巩固脱贫攻坚成果这一生计结果为结果变量，以脱贫户的乡村旅游生计资本为前因变量，探讨乡村旅游巩固脱贫攻坚成果的影响因素。针对影响因素的优先序排列，找到民族地区巩固脱贫攻坚成果的主导路径和支撑路径，并辅之以相应的政策供给。

（3）乡村旅游巩固脱贫攻坚成果的关键点和落脚点是脱贫人口生计资本的增加和生计策略的优化，提高抗风险能力

从动态视角来看，返贫风险的形成是生计脆弱性量变演化的质变结果，大致遵循“不可持续生计—脆弱性—返贫风险”的作用路径。同时，农户新一轮生计循环也可能衍生出新的生计脆弱性，生计脆弱性便在生计循环之中不断地积累与迭代，造成返贫风险。从静态视角来看，由于返贫风险的阶段性演化，脱贫户在某一时点面临的返贫风险又具有规律性，可细分为物质资本、金融资本、社会资本、自然资本和人力资

本等五大生计风险子类。各种生计资本相互牵动，一种生计资本可能牵连其他生计资本，产生更大的返贫可能；各项生计风险在脱贫户生计循环中相互纠缠，共同作用于脱贫户生计活动，催生返贫风险。

民族地区乡村旅游的引入丰富了乡村产业形态，重构了乡村生产空间，以旅游业为主导的服务业生产空间扩大。在乡村生产空间重构的背景下，帮助脱贫人口转变传统农民身份，适应旅游产业带来的变化，激发脱贫人口参与旅游业的潜能，在民俗文化表演、传统手工艺品销售、特色民宿经营等与民族文化紧密结合的旅游相关生计活动中，优化生计策略，增加生计资本，获得经济利益；村民由经济利益带来的自觉行为激发了作为文化持有者的主动性和创造性，经济利益为传统文化保护与传承提供强大的动力，将文化空间和生活空间统一于文化旅游空间之中，完成民族文化的价值再造，也为脱贫人口增强抗风险能力、持续增收不返贫提供了坚实基础。

（4）民族地区乡村旅游巩固脱贫攻坚成果受多种因素的影响

乡村旅游开发，虽然对西南民族地区在经济、文化、社会、环境四个层面的巩固脱贫攻坚成果的步调一致，但是没有形成良好的互动机制，属于勉强协调发展的水平，制约了四个系统间的协调发展。生计结果的四个评价维度重要性由大到小依次是经济可持续（熵值为0.470）、文化可持续（熵值为0.194）、社会可持续（熵值为0.178）、环境可持续（熵值为0.158）。这说明，民族地区乡村旅游开发，促使传统文化在旅游活动的主客互动中为脱贫摘帽地区带来经济价值，激活了民族文化的文化资源和经济资本的双重属性。活化民族地区的优秀传统文化，以原生态的民族文化为旅游吸引物，发展乡村旅游，完成民族文化的价值再造，使民族文化的有用性得到极大的体现，让脱贫人口在参与旅游相关生计活动中获得经济利益。

西南民族地区乡村旅游巩固脱贫攻坚成果的影响因素重要性从大到小依次为经济资本、人力资本、自然资本、制度资本和社会资本。经济资本和人力资本的重要性最为显著，是农户盘活生计资本的基石。制度资本、自然资本和社会资本对民族地区乡村旅游巩固脱贫攻坚成果影响较小，合理利用制度资本、自然资本和社会资本能够进一步为人力资本的提升提供保障。

（5）基于主体-空间交互作用的主导路径和支撑路径设计，为乡村旅游巩固脱贫攻坚成果提供更为持久的动力

基于空间功能、用地性质和实践活动的差异，民族地区乡村可划分为生产空间、生活空间和生态空间。在巩固脱贫攻坚成果空间利用的过程中，在脱贫人口这一核心主体参与下，民族地区乡村旅游促进脱贫摘帽地区经济、社会、文化、环境的协调发展，形成了良性的生命-生产-生活-生态的乡村空间互动格局。

在脱贫人口与生产空间的互动中，民族地区的乡村旅游通过产业融合，吸纳脱贫人口就业，促进脱贫人口与生产空间的良性互动；在脱贫人口与生活空间的互动中，乡村旅游在文化层面树立脱贫人口的民族认同、促进民族文化的创造性转化；在社会层面整合社会网络、凝聚社会信任，促进脱贫人口与生活空间的良性互动；在脱贫人口与生活空间的互动中，乡村旅游通过推动宜居建设和资源有效利用，促进脱贫人口与生态空间的良性互动，从而构建了乡村旅游巩固脱贫攻坚成果的主导路径。

对于人力风险型脱贫人口，提升其自身学习能力和竞争能力，通过主体赋能为可持续生计“造血”；对于物质风险型脱贫人口，提升公共和私人物质资本储备，为脱贫人口“输血”；对于自然风险型脱贫人口，灾害防治与资源优化双管齐下，为脱贫人口“补血”；对于金融风险型脱贫人口，拓宽收入来源、提升获得感，为脱贫人口“活血”；对于社会风险型脱贫人口，社区参与拉动和个人意愿推动，共同促进话语权回归，为脱贫人口“固血”，从而针对不同类型返贫风险的脱贫人口，构建了乡村旅游巩固脱贫攻坚成果的支撑路径。

本书的出版得到国家社科基金“民族地区乡村旅游巩固脱贫攻坚成果的路径设计与政策支持研究”（项目编号：20BSH062）和重庆市社会科学规划重点项目“渝东南民族地区旅游资源创造性转化赋能乡村振兴的典型案例研究”的资助，再次深表谢意。

黄国庆

2023年6月

目录

1 导论

1.1 研究问题的提出

1.1.1 研究背景

坚决打赢脱贫攻坚战，巩固脱贫攻坚成果，让贫困人口和贫困地区同全国一道进入小康社会，是我党的庄严承诺。党的十八大以来，以习近平同志为核心的党中央把脱贫攻坚摆到治国理政的重要位置，推动我国扶贫战略实现重大转变，取得了显著成效。按照我国现行贫困标准，农村贫困人口从2012年年底的9 899万人下降到2019年年底的551万人，同期贫困率由10.2%下降至0.6%，每年减贫人数达1 000万人以上[①]。民族地区贫困人口从2012年年底的3 121万人下降到2019年年底的119万人，贫困发生率由20.8%下降至0.79%[②]。2020年年底，832个

① 国家统计局住户调查办公室.中国农村贫困监测报告2019［M］. 北京：中国统计出版社，2019：296-297.

② 王延中，丁赛.民族地区脱贫攻坚的成效、经验与挑战［J］. 西南民族大学学报（人文社会科学版），2020，41（11）：8-16.

重点贫困县全部脱贫摘帽，区域性绝对贫困问题得到解决，脱贫攻坚取得了实质性进展，为推动全球减贫事业贡献了中国智慧、中国方案。

随着减贫进程的深入推进，扶贫开发的难度和艰巨性不断增加，可持续减贫受到巨大挑战。国务院新闻办公室发布的数据显示，2016—2018年，我国返贫人数分别为68.4万人、20.8万人和5.8万人，虽然返贫比例呈现下降的趋势，但是防止返贫的压力仍然巨大①。2020年3月6日，习近平总书记在决战脱贫攻坚座谈会上强调："这是一场硬仗，越到最后越要紧绷这根弦，不能停顿、不能大意、不能放松。各级党委和政府要不忘初心、牢记使命，坚定信心、顽强奋斗，以更大决心、更强力度推进脱贫攻坚，坚决克服新冠肺炎疫情影响，坚决夺取脱贫攻坚战全面胜利"②。习近平总书记也曾在2019年解决"两不愁三保障"突出问题座谈会上强调，"脱贫既要看数量，更要看质量……要多管齐下提高脱贫质量，巩固脱贫成果。"③。胡春华副总理在2019年广西河池深度贫困地区脱贫攻坚座谈会上提出，要"因地制宜发展特色优质高效产业，加快补齐基础设施和公共服务短板，统筹谋划好脱贫攻坚与乡村振兴衔接，促进贫困群众稳定脱贫和贫困地区持续发展"。党和国家领导人的重要指示和讲话精神为2020年后的扶贫战略及政策走向提出了新要求，也为巩固拓展脱贫攻坚成果指明了目标方向④。

旅游业具有带动性强、广联性广等产业优势，在对贫困地区经济发展的广泛带动、对贫困人口就业增收的促进方面扮演着越来越重要的角色，被世界公认是战胜贫困最有效的途径之一⑤。2014年，国务院印发的《关于促进旅游业改革发展的若干意见》进一步指出，旅游的开展"对于扩就业、增收入，推动中西部发展和贫困地区脱贫致富，促进经济平稳增长和生态环境改善意义重大"⑥，在全面打赢脱贫攻坚战中发

① 耿新.民族地区返贫风险与返贫人口的影响因素分析［J］.云南民族大学学报（哲学社会科学版），2020，37（5）：68-75.

② 习近平.在决战决胜脱贫攻坚座谈会上的讲话［EB/OL］.［2020-03-06］. http：//www.gov.cn/xinwen/2020-03/06/content_5488175.htm.

③ 习近平.习近平在解决"两不愁三保障"突出问题座谈会上的讲话［EB/OL］.［2019-08-15］. http：//www.gov.cn/xinwen/2019-08/15/content_5421432.htm.

④ 胡春华.胡春华出席深度贫困地区脱贫攻坚座谈会并讲话［EB/OL］.［2019-02-13］. http：//www.gov.cn/guowuyuan/2019-02/13/content_5365419.htm.

⑤ 黄国庆.民族地区旅游精准扶贫与传统村落复兴的协同路径研究［M］.重庆：西南师范大学出版社，2021.

⑥ 参见《国务院关于促进旅游业改革发展的若干意见》（国发〔2014〕31号）。

挥着不可忽视的作用。

具有丰富自然人文资源禀赋的民族地区，在“十三五”时期通过发展乡村旅游，实现了747万贫困人口精准脱贫。全国乡村旅游监测中心数据显示：设在全国25个省（区、市）的101个扶贫监测点（建档立卡贫困村）通过发展乡村旅游实现脱贫的人数为4 796万人，占脱贫人数的30.4%①。2020年农业农村部发布的数据也显示，乡村休闲旅游业直接带动吸纳就业人数1 200万人，800多万户农户受益，乡村旅游在巩固脱贫攻坚成果中，能够推进农村产业联动发展、提高农村居民收入，加快农村反贫困进程和旅游城镇化建设②，被证实为贫困乡村尤其是西部少数民族地区实现脱贫致富、增强文化内聚力的最佳路径和中坚力量。

进入后脱贫时代，如何通过乡村旅游提档升级，充分挖掘农业功能，延伸农业产业链，实现农村资源要素升值，探索巩固脱贫攻坚成果的路径设计与政策优化，助力民族地区乡村振兴，既是贯彻落实习近平总书记“多管齐下提高脱贫质量，巩固脱贫成果”的现实需要，也是对“切实提高扶贫成果的可持续性，让贫困人口有更多获得感”重大使命的回应，具有重要的理论价值和现实意义。

1.1.2 研究目标

本书基于民族地区脱贫人口“返贫风险”的识别与评估，剖析乡村旅游巩固脱贫攻坚成果的作用机理，探索乡村旅游巩固脱贫攻坚成果的路径选择，以指导民族地区用乡村旅游精准脱贫的综合效应增强脱贫人口的“造血”能力，从而实现可持续生计能力提升。

具体而言有三个方面的研究目标：

一是学术理论目标。将“发展乡村旅游”与“巩固脱贫攻坚成果”研究有机结合，多层面、多维度分析两者之间的理论关系，系统分析乡村旅游发展对脱贫人口可持续生计的影响，深刻认识和准确把握做强乡

① 程思.第二届“世界旅游联盟湘湖对话”在杭州开幕［EB/OL].［2019-09-19].https：//baijiahao.baidu.com/s？id=1645105179187491314&wfr=spider&for=pc.

② 吴倩，杨焕焕，邢希希.基于文献计量的我国乡村旅游研究进展［J]. 农村经济与科技，2021，32（24）：62-64.

村旅游巩固脱贫攻坚成果的路径设计，从学理上丰富和完善中国特色扶贫开发理论体系。

二是实践应用目标。探讨民族地区乡村旅游提档升级巩固脱贫攻坚成果的路径设计，为基层政府落实产业发展、巩固脱贫攻坚成果提供实践指导。

三是服务决策目标。向国家有关职能部门提供民族地区做强乡村旅游巩固脱贫攻坚成果、切实提高脱贫人口抗风险能力的决策参考，服务于国家脱贫攻坚的重大战略需求。

1.1.3 研究意义

本书的理论意义在于：(1) 深化理论认识：本书将“发展乡村旅游”与“巩固脱贫攻坚成果”研究有机关联，多层面、多维度分析二者之间的理论关系，做强乡村旅游帮助脱贫人口稳定脱贫，实现民族地区乡村旅游提档升级，以切实巩固脱贫攻坚成果助力乡村振兴，从学理上夯实扶贫理论基础，深化精准扶贫、精准脱贫、缓解贫困的中国特色扶贫理论体系的逻辑延续。(2) 丰富理论内涵：以跨学科的理论视角和研究方法拓展乡村旅游巩固脱贫攻坚成果的研究内容和视野，丰富和发展乡村旅游可持续减贫效应的理论内涵。(3) 增强研究系统性：构建民族地区乡村旅游发展与脱贫人口可持续生计的理论分析框架，系统分析发展乡村旅游对脱贫人口可持续生计的影响，增强对旅游精准脱贫、巩固脱贫攻坚成果研究的系统性、科学性。

本书的现实意义在于：(1) 2020年消除绝对贫困后，我国将进入相对贫困治理时代。增加脱贫人口的生计资本、优化生计策略、巩固生计结果，为民族地区政府发挥乡村旅游在精准脱贫与巩固脱贫攻坚成果方面的积极效应提供路径支持。(2) 在民族地区立足脱贫路径的基础上，为发挥区域内资源禀赋优势、因地制宜谋划乡村产业、优化发展模式，激发民族地区村民的内生动力，帮助其建立可持续生计、防止返贫提供政策参考。(3) 立足民族地区旅游产业发展寻求巩固脱贫攻坚成果的路径，可以为党和政府在后脱贫时代立足特定地区的资源禀赋和发展基础，探索实现乡村产业振兴与巩固脱贫攻坚成果的路径选择提供决策建议。

1.2 已有文献的回顾和述评

本书紧扣研究主题，分别从乡村旅游的影响、乡村旅游与居民可持续减贫、乡村旅游巩固脱贫攻坚成果的政策保障三个方面进行文献梳理，明晰相关问题的研究现状，为本书提供理论借鉴和研究的逻辑起点。

1.2.1 乡村旅游的影响研究

国内外关于乡村旅游的影响研究，主要从乡村旅游的经济、社会、文化和环境等四个维度展开。

1）乡村旅游的经济影响

（1）乡村旅游开发的积极经济影响

乡村旅游有助于贫困地区经济收入的增长。Sharpley认为乡村旅游为应对农村贫困地区的社会经济挑战提供了一个重要手段和途径，被视为整个旅游市场中最具价值、不断增长的部门。通过乡村旅游能够拓展农业、工艺和服务部门的产品附加值，有机会实现未使用和废弃建筑的经济价值[①]。Gale指出，乡村旅游企业为生活在智利偏远农村地区的家庭提供了新的收入来源[②]。Fleischer、Felsenstein也认为，小尺度的乡村旅游是农村经济可持续发展的主要路径；Peggy Petrzelka以不同性别的当地村民为切入点，探讨了村民对乡村旅游的感知和态度的差异，分析了乡村旅游发展给村民带来的经济优势[③]。Jenny Briedenhann指出在经济发展相对缓慢的农村社区开展农业旅游活动，确实增加了当地村民的

① SHARPLEY R. Rural tourism and the challenge of tourism diversification: the case of Cyprus [J]. Tourism Management, 2002, 23 (3): 233 - 244.

② GALE T. Finding meaning in sustainability and a livelihood based on tourism: an ethnographic case study of rural citizens in the Aysen Region of Chile [D]. Morgantown: West Virginia University, 2006.

③ PETRZELKA P, KRANNICH S R, BREHM J.Rural tourism and gendered nuances [J]. Annals of Tourism Research, 32 (4): 1121-1137.

经济收入，农业旅游成为当地发展速度最快的产业①；Sharpley R.以欧洲几个典型的阳光型旅游地为研究对象，发现乡村社区开展旅游活动可以提高乡村发展能力，促使乡村经济文化复兴，降低地区贫困率。他倡导在广大的乡村应推广乡村旅游，将旅游的经济效益发挥到各个社区②。

这一结论也同样适用于中国，并与乡村旅游精准扶贫的效应紧密相连。乡村旅游已经成为我国农村经济发展、农民增收就业和贫困人口脱贫致富的中坚力量。全国乡村旅游监测中心的数据显示，全国25个省（区、市）的101个建档立卡贫困村监测点通过发展乡村旅游实现脱贫的人数为4 796万人，占脱贫人数的30.4%。通过乡村旅游，监测点贫困人口的人均收入增加1 123元。这些数据充分说明，实施乡村旅游精准扶贫，能够提高贫困人口的经济收入，带动村民脱贫致富，推动乡村可持续减贫③。

乡村旅游发展，客观上推动了乡村基础设施和旅游配套设施的完善。乡村道路的兴建和硬化、医疗卫生站的设立、星级酒店和住房的修建、卫生设施的增加、公共服务水平的提高等，由当地村民和旅游者共享，提高了游客满意度，也改善了居民生活质量，直接造福于社区居民④⑤。正如郭凌提到的，乡村旅游发展带来的基础设施建设是与包容性增加的价值目标不谋而合⑥。

（2）乡村旅游开发的消极经济影响

乡村旅游推动了贫困地区的基础设施建设，提高了农村居民的直接收入和就业率，具有积极的经济效应。但是乡村旅游开发并非没有负面

① BRIEDENHANN J，WICKENS E.Tourism routes as a tool for the economic development of rural areas—vibrant hope or impossible dream?［J］. Tourism Management，2004，25（1）：198-226.

② SHARPLEY R.The challenges of economic diversification through tourism：the case of Abu Dhabi［J］. International Journal of Tourism Research，2002，4（3）：221-235.

③ 陈明.后脱贫时代乡村旅游扶贫及其巩固脱贫成果的潜在优势研究［J］. 湖湘论坛，2020，33（6）：125-133.

④ RASOOLIMANESH S M，JAAFAR M.Sustainable tourism development and residents' perceptions in World Heritage Site destinations［J］. Asia Pacific Journal of Tourism Research，2017，22（1）：34-48.

⑤ 黄克己，张朝枝，吴茂英.遗产地居民幸福吗？基于不同旅游扶贫模式的案例分析［J］. 旅游学刊，2021，36（11）：122-132.

⑥ 郭凌，王志章.乡村旅游：实现农村包容性增长的路径选择［J］. 学术交流，2012（8）：102-105.

影响[①]，这主要包括当地物价上涨、税收上涨、旅游行业的季节性工作和相关行业的低工资[②]、贫困村民的经济收益有限，弱化了旅游扶贫开发的益贫性[③]，使农户生计模式发生分层和空间极化[④]。

R. Biddulph研究发现，乡村旅游对当地村民的可持续生计影响较小，旅游业在其生计策略选择中发挥着低回报、低风险的作用[⑤]。Rid等认为冈比亚农村地区的旅游发展应走多样化的道路，从而降低经济漏损，因为它和其他非洲国家一样，很少能从乡村旅游的发展中受益。还有学者提出本地化的管理模式会为当地旅游经营者带来经济效益，但以此推断整个社区获益的结论并不成立，外来旅游投资者及当地旅游精英的获益在一定程度上加剧了经济的不平衡[⑥]，易发生盲目投资的潮涌现象，供需结构出现矛盾，不利于乡村的可持续发展。Regina Scheyvens、Janet H. Momsen两位研究者以马尔代夫岛屿地区旅游发展为例，研究发现该地区发展旅游业存在经济增长对旅游业依赖程度高、旅游漏损严重、贫富差距悬殊等问题，真正的贫困人口从旅游业发展中受益有限，却承担了旅游开发带来的负面经济效应，导致贫富差距的悬殊和基本生活质量的下降[⑦]。

2）乡村旅游的社会影响

（1）乡村旅游开发的积极社会影响

乡村旅游作为联系内部乡村和外部社会的重要媒介，有利于打破最偏远地区和社会群体的孤立，增加社会交往[⑧]，缓解就业歧视，提供多样就业机会，增强妇女的经济独立性，重构居民的生计方式、人际关系

---

① RASOOLIMANESH S M，JAAFAR M.Sustainable tourism development and residents' perceptions in World Heritage Site destinations［J］. Asia Pacific Journal of Tourism Research，2017，22（1）：34-48.

② JAAFAR M，RASOOLIMANESH S M，Lonik K T.Tourism growth and entrepreneurship：empirical analysis of development of rural highlands［J］. Tourism Management Perspectives，2015（14）：17-24.

③ 李耀锋.需求、资源与能力：旅游开发致贫效应的机理分析——基于赣琼两个旅游村的实地调研［J］. 学术论坛，2015，38（10）：116-123.

④ 席建超，张楠.乡村旅游聚落农户生计模式演化研究：野三坡旅游区苟各庄村案例实证［J］. 旅游学刊，2016（7）：65-75.

⑤ BIDDULPH R.Limits to mass tourism's effects in rural peripheries［J］. Annals of Tourism Research，2015，50（2）：98-112.

⑥ NISBETT M.Empowering the empowered? slum tourism and the depoliticization of poverty［J］. Geoforum，2017，85（10）：37-45.

⑦ SCHEYVENS R，MOMSEN H J.Tourism and poverty reduction：issues for small island states［J］. Tourism Geographies，2008，10（1）：22-41.

⑧ 黎郡英.乡村旅游对贫困村可持续发展的效应及路径研究［D］. 成都：四川师范大学，2020.

和价值观念[①]。

根据Butler的研究，许多家庭农场主为寻找新的生存方式，在自己的家中接待游客，能够带来多种经济收益，包括增加农场总收入、为家庭成员创造就业机会和产生现金流[②]。Brunt指出，乡村旅游业可以为妇女在家庭和社会空间的解放提供重要机会，增强其经济独立性，她们具有亲和力这一先天优势和擅长缝制、清洁、服务等技能，使其在对客服务中有了用武之地，很容易获得工作机会[③]。Paven赞同乡村旅游为女性提供就业机会的观点，并以巴厘岛为案例地，研究发现女性经营者借助金融资本、文化遗产、服务技能等资源发展自身业务，就业机会会大大增多，主要从事小吃摊、小餐馆、旅游纪念品销售、保洁、导游服务等行业，促使角色从原来的无报酬的家庭主妇转变为有稳定收入的旅游从业人员，在一定程度上提升了妇女在家庭和社会的地位[④]。

Sims运用旅游食物链追踪，对埃克斯穆尔地区和英国湖区乡村旅游地的旅游者、酒吧、咖啡厅、餐厅老板和食品生产商进行调查，分析"地方性"在物质层面和话语层面认知和观念的转变[⑤]。

孙九霞等则指出，乡村旅游的发展推动乡村社会关系的转变，培育了多元化的新乡贤[⑥]，有利于形成乡村精英价值引领、农村多元市场不断完善、村民自治功能充分发挥、新型组织有效协同的乡村社会治理机制[⑦]。

（2）乡村旅游开发的消极社会影响

快速发展的旅游业，扩大社区居民交际圈的同时也给村民的家庭关

① 史玉丁，李建军.乡村旅游多功能发展与农村可持续生计协同研究［J］.旅游学刊，2018，33（2）：15-26.

② BUTLER R，CURRAN R，O' GORMAN K D.Pro-poor tourism in a First World urban setting：case study of Glasgow Govan［J］. International Journal of Tourism Research，2013，15（5）：443-457.

③ BRUNT P，COURTNEY P. Host perceptions of sociocultural impacts［J］. Annals of Tourism Research，1999，26（3）：493-515.

④ PAVEN I G，VASILE V.Tourism opportunities for valorizing the authentic traditional rural space study case：Ampoi and Mures Valleys Microregion，Alba County，Romania［J］. Procedia-Social and Behavioral Sciences，2015，188（5）：111-115.

⑤ SIMS R.Putting place on the menu：the negotiation of locality in UK food tourism，from production to consumption［J］. Journal of Rural Studies，2010，26（4）：105-115.

⑥ 孙九霞，阿荣娜.民族旅游场域中新乡贤的成长路径社区角色研究［J］.北方民族大学学报（哲学社会科学版），2020（1）：54-62.

⑦ 周国忠，姚海琴.旅游发展与乡村社会治理现代化：以浙江顾渚等四个典型村为例［J］.浙江学刊，2019（6）：133-139.

系、邻里交往和社区活动带来消极影响[①]。大量游客、外来经营者的涌入打破了千百年邻里守望的社会传统氛围，原本擅长田间地里劳作的村民蜕变为旅游从业者，民族文化遭受冲击、传统价值观迎来挑战、收入分配不均导致贫富差距拉大，各种社会矛盾凸显。乡村旅游活动伴随着城市和乡村人员的流动和交流，从当地村民和乡村旅游者角色差异的视角来看，旅游的过程其实就是旅游者对当地人凝视的过程，旅游者的行为不可避免地具有示范效应，当地村民潜移默化中产生了模仿行为，并且无形地、深刻地影响着当地居民的价值观念、生活态度和行为方式[②]。

3）乡村旅游的文化影响

（1）乡村旅游开发的积极文化影响

乡村旅游一直被视为农村地区特别是受传统农业活动衰退影响的农村地区的经济社会发展和再生的一种潜在手段。偏远的农村地区被认为是传统生活方式和文化的基因库，它们回应了后现代游客对旅游真实性的追求，因此鼓励发展乡村旅游已成为发达国家和发展中国家的共同政策[③]。

一方面，乡村旅游开发突破了传统社会的封闭格局[④]，使社区居民在旅游发展中不同程度地认识到传统文化的价值，对增强社区内部族群文化认同和社区族群文化传承的动力、推动民族传统文化的保护与复兴起到了积极作用[⑤]。Silva等研究发现，葡萄牙的乡村旅游者通过对村落遗址的官方解读感受到了当地文化，村民也提升了民族自豪感，乐意以当地人的身份传播文化[⑥]。另一方面，乡村旅游的发展对当地村民经济收益的提升具有直接的拉动作用，这在一定程度上提高了村民保护文化资源的积极性。伴随着乡村旅游业的持续发展，乡村文创产品、旅游商

① 吴悦芳，徐红罡.大理古城旅游房地产的发展及社会文化影响研究［J］.人文地理，2010（4）：102-114.

② 孙九霞.旅游循环凝视与乡村文化修复［J］.旅游学刊，2019，34（6）：1-4.

③ IORIO M，CORSALE A.Rural tourism and livelihood strategies in Romania［J］.Journal of Rural Studies，2010，26（2）：152-162.

④ 孙九霞.传承与变迁——旅游中的族群与文化［M］.北京：商务印书馆，2012.

⑤ 杨慧.民族旅游与族群认同、传统文化复兴及重建——云南民族旅游开发中的“族群”及其应用泛化的检讨［J］.思想战线，2003（1）：41-44；79.

⑥ SILVA L，LEAL J.Rural tourism and national identity building in con-temporary Europe：evidence from Portugal［J］.Journal of Rural Studies，2015，38：109-119.

品、旅游饮品等日益繁多，乡土文化产品对外来旅游者的吸引力成为乡村居民文化自信提升的重要理由[①]，还提高了地方知名度和文化认同感[②]。

（2）乡村旅游开发的消极文化影响

旅游对文化的影响研究是整个旅游影响研究的重中之重，涌现出大量的研究成果[③]。国内外研究者关于乡村旅游对文化影响的研究主要集中在乡村旅游对目的地居民文化认同的影响[④⑤]、对民族工艺品的影响[⑥]、对民族文化本真性的影响[⑦⑧]等领域。

旅游带来了乡村传统文化的异化。Randelli研究发现，意大利托斯卡纳地区的乡村旅游地为了满足旅游者的需求，将传统村庄变成了人造村庄、度假胜地和高密度的住宅公寓，造成文化的异化[⑨]。Agnoletti指出乡村景观在很大程度上是历史的产物、文化的积淀，但是乡村旅游的过度开发、全球化的趋势和政策的指令忽视了对古老建筑景观、丰富历史文化的保存，弱化了其原有的本真内涵，使其成为纯粹取悦于旅游者的商业活动而对村民世代传承的文化带来负面影响[⑩]。民族工艺品失去了传统的意义，从前是为宗教或仪式生产的制品，如今成为供旅游者购买的旅游商品[⑪]；传统的民俗不断舞台化和商品化，泸沽湖村民以前的唱歌、跳舞等娱乐活动，在旅游开发的浪潮中为取悦旅游者而被杜撰或

---

① 史玉丁，李建军.乡村旅游多功能发展与农村可持续生计协同研究［J］. 旅游学刊，2018，33（02）：15-26.

② 汪侠，甄峰，沈丽珍，等.基于贫困居民视角的旅游扶贫满意度评价［J］. 地理研究，2017，36（12）：2355-2368.

③ 孙九霞，马涛.旅游对目的地社会文化影响研究新进展与框架［J］. 求索，2009（6）：72-74.

④ ESMAN M. Tourism as ethnic preservation：the Cajuns of Louisiana［J］. Annals of Tourism Research，1984，（11）：451- 468.

⑤ 吴其付.民族旅游与文化认同：以羌族为例［M］. 北京：人民出版社，2015.

⑥ GRABURN N. Ethnic and tourist arts：cultural expressions from the Fourth World［M］. Berkeley and Los Angeles：University of California Press，1976.

⑦ BREWER J.Tourism and ethnic stereotypes：variations in a mexican town［J］. Annals of Tourism Research，1984，11（1）：487-495.

⑧ 田敏.民族社区社会文化变迁的旅游效应再认识［J］. 中南民族大学学报（人文社会科学版），2003（5）：40-44.

⑨ RANDELLI F，MARTELLOZZO F.Is rural tourism-induced built-upgrowth a threat for the sustainability of rural areas? the case study of Tuscany［J］. Land Use Policy，2019，86（7）：387-398.

⑩ AGNOLETTI M.Rural landscape，nature conservation and culture：some notes on research trends and management approaches from a（southern）European perspective［J］. Landscape and Urban Planning，2014，126（3）：66-73.

⑪ 李星明，赵良艺.旅游者对发展中国家的旅游地社会文化影响研究［J］. 华中师范大学学报（自然科学版），2002（2）：254-256.

改编[①]，哈尼族长街宴为适应游客的需要已经包装成为旅游节庆产品和特色旅游餐饮[②]，旅游目的地文化的真实性备受质疑[③]。

4）乡村旅游的环境影响

（1）乡村旅游开发的积极环境影响

生态环境是发展乡村旅游的重要资源，而乡村旅游的发展也促进了生态环境的保护。Aryal等研究发现，在尼泊尔北部的喜马拉雅高山地区，乡村旅游业的发展提高了当地农户的收入，迁移家庭和畜牧数量的减少改善了该地区的生态环境系统[④]；Hoang研究指出，越南沙坝地区参与旅游活动的村庄，其森林砍伐率大大降低，旅游业作为新的生计方式减轻了村民对林地的依赖[⑤]，让当地村民看到保护生态环境的经济价值，提高环保意识，具有积极的环境正效应。Hoefle认为，旅游市场潜力、旅游的规模和交通可达性等因素决定了亚马逊中部地区能否通过发展、乡村旅游业实现森林保护和促进社会包容的目标[⑥]。陈秋华分析了福建省南平市光泽县止马镇杉关村乡村旅游与生态保护的关系，研究认为保护农村地区生态环境资源、加强村落环境整治与维护是当地政府的必然选择[⑦]。

乡村旅游促进环境的保护功能具有较强的传播效应。史玉丁、李建军通过对秀山样本地乡村旅游的游客访谈发现，优美的生态环境不仅对外来旅游者具有吸引力，还在潜移默化中渗透、传播自然生态环境保护意识，74%的游客选择乡村旅游目的地的主要原因是乡村的自然生态环境[⑧]。

---

① 李子明，路幸福，邓洪波，等.旅游发展对泸沽湖地区居民生产生活方式的影响研究［J］. 资源开发与市场，2014（6）：740-744.

② 唐雪琼，钱俊希，陈岚雪.旅游影响下少数民族节日的文化适应与重构—基于哈尼族长街宴演变的分析［J］. 地理研究，2011，30（5）：835-844.

③ 杨振之，胡海霞.关于旅游真实性问题的批判［J］. 旅游学刊，2011（12）：78-83.

④ ARYAL S, COCKFIELD G, MARASENI T N. Globalisation and traditional social-ecological systems: understanding impacts of tourism and labour migration to the transhumance systems in the Himalayas［J］. Environmental Development, 2018, 25（3）：73-84.

⑤ HOANG H T T, VANACKER V, ROMPAEY A V, et al. Changing human landscape interactions after development of tourism in the northernVietnamese Highlands［J］. Anthropocene, 2014, 5（3）：42-51.

⑥ HOEFLE S W. Multifunctionality, juxtaposition and conflict in the Central Amazon: will tourism contribute to rural livelihoods and save the rainforest?［J］. Journal of Rural Studies, 2016, 44：24-36.

⑦ 陈秋华，纪金雄.生态恢复与乡村旅游开发互动研究——以福建省光泽县杉关村为例［J］. 林业经济问题，2016，36（3）：233-238.

⑧ 史玉丁，李建军.乡村旅游多功能发展与农村可持续生计协同研究［J］. 旅游学刊，2018，33（2）：15-26.

（2）乡村旅游开发的消极环境影响

乡村旅游开发对环境的消极影响包括对自然环境的破坏、生态污染乃至对旅游地居民的心理环境带来不同程度的影响①。这主要表现在：大量的基础设施和旅游设施的兴建，使得贫困人口失去土地、森林等自然资源，致使当地农田减少，消耗的大量水资源导致灌溉能力减弱，居民赖以生存的产业受到影响，严重威胁到当地人的生存②；自然资源的衰退和减少，使当地村民很难收集柴木和其他物品③。Azam等研究发现，大量的游客会增加化石燃料的消耗，从而增加二氧化碳的排放，对空气质量产生影响④。Gurung对尼泊尔的加奥里帕尼地区的研究表明，乡村旅游活动的开展导致当地森林覆盖面积以每年1公顷的速度减少，森林资源的锐减导致当地居民很难找到木材和依靠森林资源进行生产生活，产生巨大的旅游发展成本；对海滨旅游地水体造成的破坏引起更为严重的后果，泰国、印度尼西亚、马尔代夫和地中海沿岸地区由于水源被污染，造成了海水水质、旅游环境质量退化，旅游吸引力减弱；旅游基础设施的建设导致旅游地局部植被覆盖率降低、土壤结构变化，引发水土流失、滑坡、塌方、岩石滑落等地质性灾害⑤；污水排放造成的水污染、汽车尾气引起的空气污染、旅游活动引起的噪声污染使得旅游地环境问题日益突出。

1.2.2 乡村旅游与居民可持续减贫

1）乡村旅游与社区居民生计

早在1994年，外国学者Ghimire K.B.指出国家公园未对原住民搬迁后的生计进行“妥善管理”，导致社区居民面临经济和社会文化适应的调整困难。此后越来越多的学者将目光投向乡村旅游影响下的社区居民

① MATHISEON A，WALl G.Tourism：economic，physical and social impacts［M］. New York：Longman Inc.，1982.

② WALL G.Perspectives on Tourism in selected Balinese villages［J］. Annals of Tourism Research.1996，23（1）：123-137.

③ CATER E.Environmental contradictions in sustainable tourism［J］. The Geographical Journal，1995，161（1）：21-28.

④ AZAM M，Mahmudual A M.Effect of tourism on environmental pollution：further evidence from Malaysia，Singapore and Thailand［J］. Journal of Cleaner Production，2018，190：330-338.

⑤ 高翔.近十五年来旅游环境影响研究综述——基于国内外旅游期刊的统计分析［J］.广西广播电视大学学报，2016，27（4）：79-83.

生计问题，主要以欠发达的国家和地区为例开展研究。相关研究主要集中在以下方面：

（1）乡村旅游对社区居民生计造成的影响。横向而言，与非参与者相比，旅游参与者拥有的生计资本更多，但是参与旅游业的高额初始投资限制了贫困农民的旅游业参与程度，发挥旅游业的减贫效应离不开政策支持[①]。纵向而言，社区居民参与乡村旅游后，一方面生计资本总量增加，收入和生活水平提高[②③]，就业机会增加，出现多元化生计发展趋势[④]，生计脆弱性降低，卫生环境改善[⑤]。另一方面乡村旅游发展使得自然资本存量更加匮乏[⑥]，还可能带来社会组织结构恶化、传统文化异化、农耕技能退化[⑦]等负面影响。

（2）乡村旅游地社区居民生计的影响因素。从地理空间视角来看，农户生计资本具有较为明显的空间分布不均衡的特征，农户生计资本空间分布受到核心景区、主干公路、当地产业业态成熟度、政府政策等因素的影响，越靠近旅游核心区的农户生计资本总量越高。就旅游社区发展角度而言，社区居民的旅游获利程度、社区参与旅游发展程度、社区旅游发展基础条件等对农户生计资本优化具有正向显著影响[⑧]。从乡村旅游治理方式看，社区经营型比租赁经营型对农村地区生计改善的贡献更大[⑨]。

---

① SU M M，WALL G，WANG Y，et al. Livelihood sustainability in a rural tourism destination - Hetu Town，Anhui Province，China［J］. Tourism Management，2019，71：272-281.

② 张汇明，杨庆媛，苏康传，等.乡村振兴视角下乡村民宿发展对农户生计资本变化的影响研究［J］. 西南大学学报（自然科学版），2021，43（7）：11-21.

③ HOANG T T H，ANTON V R，MEYFROIDT P，et al.Impact of tourism development on the local livelihoods and land cover change in the northern Vietnamese highlands［J］. Environment，Development and Sustainability，2020，22（2）：1371-1395.

④ 崔晓明，杨新军.旅游地农户生计资本与社区可持续生计发展研究——以秦巴山区安康一区三县为例［J］. 人文地理，2018，33（2）：147-153.

⑤ VIREN P P，VOGT C A，KLINE C，et al.Social network participation and coverage by tourism industry sector［J］. Journal of Destination Marketing & Management，2015，4（2）：110-119.

⑥ PILVING T，KULL T，SUŠKEVICS M，et al. The tourism partnership life cycle in Estonia：striving towards sustainable multisectoral rural tourism collaboration［J］. Tourism Management Perspectives，2019，31：219-230.

⑦ 李龙，杨效忠.廊道型乡村旅游地农户生计资本评价与空间格局特征——以大别山国家风景道为例［J］. 地理科学，2021，41（2）：340-349.

⑧ 崔晓明，杨新军.旅游地农户生计资本与社区可持续生计发展研究——以秦巴山区安康一区三县为例［J］. 人文地理，2018，33（2）：147-153.

⑨ QIAN C，SASAKI N，JOURDAIN D，et al.Local livelihood under different governances of tourism development in China - a case study of Huangshan mountain area［J］. Tourism Management，2017，61：221-233.

2）乡村旅游与生计脆弱性

脆弱性是指系统易受不利影响且无法应对不利影响的程度[①]，常被视为一个三维概念：压力下的暴露度、对暴露的敏感性、应对敏感性影响的适应能力[②]。主要运用的分析框架有由英国国际发展部提出的可持续生计分析框架、暴露度-敏感性-适应能力分析框架、风险-生计脆弱性分析框架。联合国政府间气候变化专门委员会提出了包括敏感性、适应能力和暴露度的三个维度的生计脆弱性指数（LVI- IPCC），为家庭层面的脆弱性提供了依据[③]，Hahn从七个方面评估了生计脆弱性指数（LVI）[④]。

旅游业可能是社区中的一项新的生计活动，一方面其本身有一定风险，另一方面也有助于分散风险[⑤]。乡村旅游改变农户原有生计资本和生计策略，使拥有不同生计资本的农户在受乡村旅游扰动的乡村社会-生态系统“稳态-失衡”中恢复过来的能力和抵抗外部风险的能力不尽相同，导致农户乡村旅游脆弱性存在差异[⑥]。

3）乡村旅游巩固脱贫攻坚成果的路径

降低贫困农户的脆弱性并能够抵抗潜在的风险是实现稳定脱贫的有效路径[⑦]。依托农业景观、民族文化、古迹建筑等资源[⑧]，通过“政府＋农户”“政府＋企业＋农户”“政府＋企业＋社区＋农户”“企业（合作社）+农户”“NGO＋农户”等模式[⑨]发展乡村旅游，是巩固脱贫

---

① MCCARTHY J J，CANZIANI O F，LEARY N A，et al.Climate change 2001：impacts，adaptation，and vulnerability：contribution of Working Group II to the Third Assessment Report of the Intergovernmental Panel on Climate Change［M］. Cambridge：Cambridge University Press，2001.

② REED M S，PODESTA G，FAZEY I，et al.Combining analytical frameworks to assess livelihood vulnerability to climate change and analyse adaptation options［J］. Ecological Economics，2013，94：66-77.

③ LIN K H E，POLSKY C.Indexing livelihood vulnerability to the effects of typhoons in indigenous communities in Taiwan［J］. The Geographical Journal，2016，182（2）：135-152.

④ HAHN M B，RIEDERER A M，FOSTER S O.The livelihood vulnerability index：a pragmatic approach to assessing risks from climate variability and change—a case study in Mozambique［J］. Global environmental change，2009，19（1）：74-88.

⑤ TAO T C H，WALL G.Tourism as a sustainable livelihood strategy［J］. Tourism Management，2009，30（1）：90-98.

⑥ 吴吉林，刘帅，刘水良，等.张家界农户乡村旅游脆弱性评价与影响因素［J］. 地理科学，2020，40（8）：1336-1344.

⑦ 黄承伟.中国扶贫理论研究论纲［J］. 华中农业大学学报（社会科学版），2020（2）：1-7；161.

⑧ KIM S，JAMAL T.The co-evolution of rural tourism and sustainable rural development in Hongdong，Korea：complexity，conflict and local response［J］. Journal of Sustainable Tourism，2015，23（8）：1-23.

⑨ 孙九霞，徐新建，王宁，等.旅游对全面脱贫与乡村振兴作用的途径与模式——“旅游扶贫与乡村振兴”专家笔谈［J］. 自然资源学报，2021，36（10）：2604-2614.

攻坚成果的重要路径。

乡村旅游地构成要素、利益主体及其利益诉求具有分散性和多元性[①]，利益主体主要包括政府、社区、旅游企业、非政府组织等[②]，各利益主体在不同程度上参与乡村旅游，形成不同的旅游开发模式，影响社区居民生计。因此发展乡村旅游巩固脱贫攻坚成果的路径选择与旅游发展模式、资源禀赋密切相关[③]。由于资源禀赋和地理位置具有差异性，各个地区选择乡村旅游的模式也各有不同。

私营、公共和非营利部门代表之间的多方利益相关者伙伴关系是社区旅游目的地发展的重要推动力[④]。有效的伙伴关系网络建立在高水平的社会资本建设和积累之上，需要彼此之间的高度信任[⑤]。因此，不论采取何种旅游开发模式，加强乡村旅游地的利益相关者之间的沟通和协调都非常重要[⑥]，乡村旅游开发要有利于乡村实现脱贫致富的主要目标[⑦⑧]。

Jenny Briedenhann、Eugenia Wickens认为乡村旅游发展应坚持政府导向、社区居民赋权参与、保持地方传统文化基础上协调各利益主体、构建合理的利益分配机制、确保社区居民普惠受益，这才是乡村旅游巩固脱贫攻坚成果的必经之路[⑨]。正如研究者所言，乡村旅游的发展应坚持多元化，努力留住原住民，吸引新生力量进入[⑩]；应改善与周边区域的公共空间规划、加强生态旅游培训、促进与政府的沟通、建立运营商

① 王京传，李天元.国外旅游目的地治理研究综述［J］. 旅游学刊，2013，28（6）：15-25.

② 杨兴柱，吴瀚，殷程强，等.旅游地多元主体参与治理过程、机制与模式——以千岛湖为例［J］. 经济地理，2022，42（1）：199-210.

③ HOLDEN A，SONNE J，NOVELLI M.Tourism and poverty reduction：an interpretation by the poor of Elmina，Ghana［J］. Tourism Planning& Development，2013，8（3）：317-334.

④ JAMAL T B，GETZ D.Collaboration theory and community tourism planning［J］. Anals of Tourism Research，1995，22（1）：186-204.

⑤ CZAKON W，CZERNEK K.The role of trust-building mechanisms in entering into network coopetition：the case of tourism networks in Poland［J］. Industrial Marketing Management，2016，57：64-74.

⑥ POLSKY C，NEFF R，YARNAL B. Building comparable global change vulnerability assessments：the vulnerability scoping diagram［J］. Global Environmental Change，2007，17（3）：472-485.

⑦ ZENG B，RYAN C.Assisting the poor in China through tourism development：a review of research［J］. Tourism Management，2012，33（2）：239-248.

⑧ YING T Y，ZHOU Y G.Community，governments and external capitals in China's rural cultural tourism：a comparative study of two adjacent villages［J］. Tourism Management，2007，29（1）：96-107.

⑨ BRIEDENHANN J，WICKENS E.Tourism routes as a tool for the economic development of rural areas-vibrant hope or impossible dream？［J］. Tourism Management，2014，25（1）：71-79.

⑩ HJALAGER A M. Agricultural diversification into tourism：evidence of a European Community development programme［J］. Tourism Management，1996，17（2）：103-111.

联盟、扩大旅游经营范围，增强区域旅游竞争力[①]；应加强乡村目的地景点建设、线路规划、社区参与、公共部门支持[②]。此外，研究者特别强调乡村旅游开发应注重利益相关者的互利共赢、激发社区参与积极性，加强地方性文化的保护等，促进乡村旅游的可持续发展[③]。

1.2.3 乡村旅游巩固脱贫攻坚成果的政策保障

Taylor认为政府只有制定有利于贫困人口就业的人力资源培训政策、旅游收益分配政策，才能使旅游发展真正惠及最低收入人群，使其收入增加，进而实现贫困减缓、稳定脱贫的目的[④]。Iorio、Corsalere指出，不是所有的农村地区对城市旅游者都具有同等吸引力，仅仅靠提供住宿、餐饮并不能满足游客多样化的消费需求。竞争和挑战无处不在，必须对乡村旅游能够对农村居民收入作出重要贡献予以重视，为了发挥农业的多种功能和多重价值，增强农业旅游的附加值，可能需要加大政府补贴、做好公共服务，用优惠政策吸引投资主体多元化促进乡村旅游发展[⑤]。

Gascón则认为，乡村旅游经营的进入门槛低，可能会吸引没有受过相关教育和旅游技能培训的人，这会严重限制他们发展的潜力，很多家庭也会安于现状，不想在维持生计的基础上增加新业务，创造充分的就业机会。因为加强对旅游经营者的创新创业培训，了解市场需求，提升服务技能才是可持续发展的关键[⑥]。杨德进、白长虹等以民族八省区为例，提出民族地区乡村旅游巩固脱贫攻坚成果的政策设计需要综合考虑政策扶持、产业发展的要素支撑、社区赋权、旅游人才培养、各方利

① WEAVER D B.The vacation farm sector in Saskatchewan：a profile of operations［J］. Tourism Management，1997，18（6）：357-365.

② BRIEDENHANN J，WICKEN E.Tourism routes as a tool for the economic development of rural areas - vibrant hope or impossible dream?［J］. Tourism Management，2004，25（1）：71-79.

③ CARLISLE S，KUNC M，JONES E，et al.Supporting innovation for tourism development through multi-stakeholder approaches：experiences from Africa［J］. Tourism Management，2013，35：59 - 69.

④ TAYLOR E，DAYE M，KNEAFSEY M，et al.Exploring cultural connectedness in the sustainability of rural community tourism development in Jamaica［J］. Pasos Revista de Turismo Y Patrimonio Cultural，2014，12（3）：525-538.

⑤ IORIO M，CORSALE A.Rural tourism and livelihood strategies in Romania［J］. Journal of Rural Studies，2010，26（2）：152-162.

⑥ Gascón J.Pro-poor tourism as a strategy to fight rural poverty：a critique［J］. Journal of Agrarian Change，2015，15（4）：499-518.

益联结机制构建等因素[①]。高静认为巩固脱贫攻坚成果的关键在于优化政策制度设计，因地制宜发展产业，并坚持和完善民族地区和深度贫困区的乡村治理体系[②]。

1.2.4 研究述评

乡村旅游突破了传统社会的封闭格局，促进了城市与乡村的流动，提高了当地村民的收入水平和就业率；高速发展的同时也导致了传统民俗舞台化和商品化、农户生计模式发生分层和空间极化、社会矛盾凸显等问题，因此乡村旅游的影响研究呈现批判性特征。国外研究者多把乡村旅游看作“现代”经济行为、具有霸权性，主要体现在城市资本、权力渗透到乡村社区，反映出传统与现代、地方与全球、城市与村落的强烈碰撞，乡村旅游的正向经济影响在社区层面的实践研究被质疑，以Manyara[③]为代表的学者认为乡村旅游发展并没有使当地社区居民受益，反而有加深贫困的可能；以Muganda[④]为代表的学者则认为乡村旅游发展有利于贫困减缓，是发展中国家贫困缓解的有效工具；Iorio指出，乡村旅游业在多大程度上促进了农村的发展和再生，需要逐一进行案例地评估，不能一概而论。评估的结果主要取决于研究视角的差异，国家、地区或者地方，尤其是从所支持的角度，乡村旅游是解决农村地区问题的灵丹妙药，或者更确切地说，是使农村村民生计多样化、减少脆弱性的直接手段和方式[⑤]。

诚然，乡村旅游本质上是现代市场经济行为，同时作为现代文明的载体，对乡村的经济、文化、社会、环境产生深远而全面的影响。乡村旅游地是资本、权力的实践场域。乡村区域发展与产业振兴、文化传承与保护、乡村社会治理与调控等相关目标的实现都离不开资本和权力工

① 杨德进，白长虹，牛会聪.民族八省区旅游扶贫效应的时空分异、成因及优化对策研究［J］.广西民族大学学报（哲学社会科学版），2018，40（6）：2-7.

② 高静，武彤，王志章.深度贫困地区脱贫攻坚与乡村振兴统筹衔接路径研究：凉山彝族自治州的数据［J］.农业经济问题，2020（3）：125-135.

③ MANYARA G，JONES E.Community-based tourism enterprises development in Kenya：an exploration of their potential as avenues of poverty reduction［J］. Journal of Sustainable Tourism，2007，15（6）：628-644.

④ MUGANDA M，SAHLI M，SMITH K A.Tourism's contribution to poverty alleviation：a community perspective from Tanzania［J］. Development Southern Africa，2010，27：629-646.

⑤ IORIO M，CORSALE A.Rural tourism and livelihood strategies in Romania［J］. Journal of Rural Studies，2010，26（2）：152-162.

具。国内外对乡村旅游政策的研究伴随着乡村旅游的发展不断深入。研究领域涉及管理学、经济学、社会学等跨学科分析，研究范围由社区参与到多方参与，研究重点逐步深入乡村旅游各个阶段，包括利益相关者的相互关系、利益格局形成的内在因素、制度演化、权力力量对比等。对应乡村旅游产业在不同演进阶段，旅游综合性政策、旅游供给政策和旅游需求政策也存在差异①。由此可见，乡村旅游作为重要的政策工具被各个国家应用于传承文化和保护自然环境、稳定社会与缩小贫富差距、促进城市和乡村均衡发展等方面，国家权力成为干预乡村旅游发展的重要力量②。

我国从2005年开始，中央政府政策文件中开始出现专门的“乡村旅游”政策，并逐年增多。2007年国家旅游局、农业部联合发布《关于大力推进全国乡村旅游发展的通知》，2009年国家旅游局出台了《全国乡村旅游业发展纲要（2009—2015）》，2014—2018年连续5年的中央部委相关文件均强调了乡村旅游的发展，并致力于把乡村旅游培育成农村的新兴支柱产业，2019年6月发布的《国务院关于促进乡村产业振兴的指导意见》将“乡村休闲旅游业”确立为乡村振兴六大产业之一，并提出了提高农民参与度和建立农民广泛参与推进机制的要求。2021年1月《关于全面推进乡村振兴加快农业农村现代化的意见》指出开发休闲农业和乡村旅游精品线路，完善配套设施。2022年的中央一号文件《中共中央 国务院关于做好2022年全面推进乡村振兴重点工作的意见》提出实施乡村休闲旅游提升计划，鼓励拓展农业多种功能、挖掘乡村多元价值、聚焦产业促进乡村发展，持续推进农村一二三产业融合发展，重点发展农产品加工、乡村休闲旅游、农村电商等产业。这充分说明，乡村旅游已经成为政府话语中促进乡村居民可持续生计的重要路径。2020年农业农村部发布的数据也证明，乡村休闲旅游业直接带动吸纳就业人数1 200万人，800多万户农户受益，乡村旅游在巩固脱贫攻坚成果中，能够推进农村产业联动发展、提高农村居民收入，加快农

---

① 张树民.中国乡村旅游发展模式与政策保障研究［M］. 北京：中国旅游出版社，2014.

② 安传艳，翟洲燕，李同昇.近10年来国外乡村旅游研究特征及对中国的启示——基于Elsevier ScienceDirect收录文献的分析［J］. 资源科学，2020，42（5）：956-968.

村反贫困进程和旅游城镇化建设①。

基于以上认识，本书认为：发展乡村旅游，能够巩固脱贫攻坚的成果。

现有研究成果为本书提供了理论借鉴和逻辑起点，但他们更多关注的是如何精准脱贫，而关注脱贫之后成果巩固的文献研究还欠深入。在研究内容上，对不同类型脱贫人口的生计影响研究、不同参与主体的乡村旅游发展模式减贫效应的感知差异及其成因研究不全面，对乡村旅游巩固脱贫攻坚成果的路径设计有待进一步深入研究；在研究视角上，对发展乡村旅游巩固脱贫攻坚成果的内在机理认知不够清晰、系统性研究较为缺乏；在研究对象上，针对民族地区不同类型脱贫人口面临的返贫风险，缺乏有针对性的巩固脱贫攻坚成果的路径设计和配套的政策支持研究；在研究方法上，针对民族地区乡村旅游巩固脱贫攻坚成果的路径设计，对脱贫人口采用分类分型研究方法的文献缺乏，在一定程度上影响了研究成果对实践的指导意义。基于此，本书将以民族地区脱贫人口可持续生计为研究视角，以社会学为学科基础、可持续生计理论为支撑，在前人研究基础上进一步深入研究民族地区乡村旅游巩固脱贫攻坚成果的路径选择和政策支持。

1.3 研究思路和研究内容

1.3.1 研究思路

本书以党的二十大精神和习近平新时代中国特色社会主义思想为指导，以可持续生计为理论视角，科学界定乡村旅游精准脱贫、巩固脱贫攻坚成果的概念、内涵及外延，阐释乡村旅游巩固脱贫攻坚成果的作用机理，搭建本书研究的理论框架。在理论研究基础上，构建民族地区乡村旅游发展对脱贫人口可持续生计影响的指标评价体系，定量测度乡村旅游发展对民族地区脱贫人口的减贫效应，并选择典型案例地横向对比分析不同的乡村旅游发展模式对脱贫人口减贫效应的差异，找准影响因

① 吴倩，杨焕焕，邢希希.基于文献计量的我国乡村旅游研究进展［J］. 农村经济与科技，2021，32（24）：62-64.

素，优化发展模式，针对不同类型的脱贫人口设计乡村旅游巩固脱贫攻坚成果的路径，并提出相应的政策建议（如图1-1所示）。

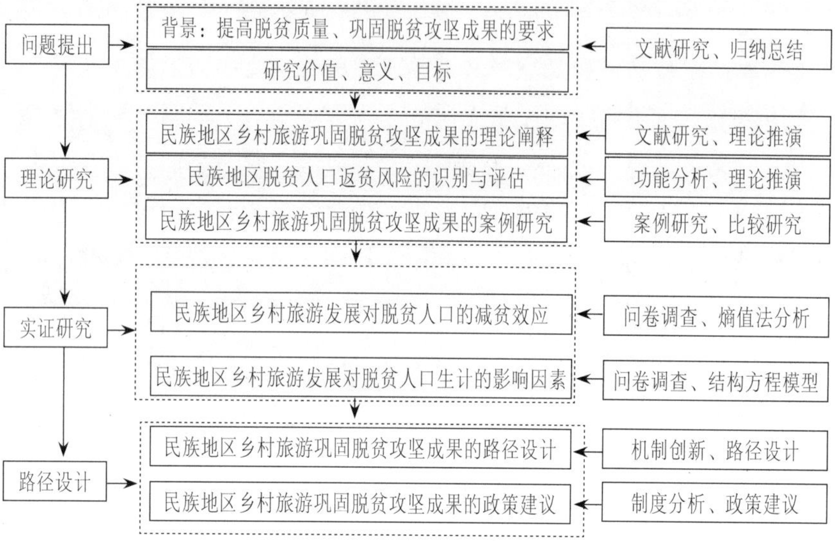

图1-1 本书的研究思路

1.3.2 研究内容

本书基于民族地区脱贫人口返贫风险的识别与评估，剖析乡村旅游巩固脱贫攻坚成果的作用机理，探索乡村旅游巩固脱贫攻坚成果的路径设计，以指导民族地区运用乡村旅游精准脱贫的综合效应增强脱贫人口的“造血”能力，从而实现可持续生计能力提升。其主要内容包括：

（1）乡村旅游巩固脱贫攻坚成果的理论阐释与研究框架。界定乡村旅游精准脱贫、巩固脱贫攻坚成果的概念、内涵和外延，阐释乡村旅游发展、可持续生计理论，进一步分析民族地区乡村旅游巩固脱贫攻坚成果的作用机理，为研究提供逻辑线索和理论分析框架。

（2）民族地区脱贫人口返贫风险的识别与评估。聚焦脱贫摘帽的西南民族地区的实证经验，研究采用生计脆弱性分析框架构建民族地区脱贫户返贫风险评估体系，探讨脱贫户生计的脆弱性，运用熵值法和综合指标评价法对西南民族地区脱贫户返贫风险进行定量测算，分析脱贫人口可能面临的返贫诱因，诊断出脱贫人口类型，逐一识别和评估各类型脱贫人口面临的返贫风险。

（3）民族地区乡村旅游巩固脱贫攻坚成果的效应评价。针对返贫风险，构建农户生计资本和生计结果评价指标体系，定量测度民族地区乡村旅游巩固脱贫攻坚成果的现状，运用结构方程模型厘清乡村旅游巩固脱贫攻坚成果的影响因素。

（4）民族地区乡村旅游巩固脱贫攻坚成果的案例研究。在上一章探讨乡村旅游巩固脱贫攻坚成果影响因素的基础上，本章将通过定性研究的方法，选择典型案例地、通过共时对比的研究方法，探讨不同旅游经营管理模式下，当地村民对乡村旅游巩固脱贫攻坚成果的感知评价，提炼影响乡村旅游发展的主要因素，以期为民族地区乡村旅游巩固脱贫攻坚成果提供经验借鉴和参考依据。

（5）民族地区乡村旅游巩固脱贫攻坚成果的路径设计。基于第3章、第4章乡村旅游巩固脱贫攻坚成果影响因素的分析，本章以贫困人口持续脱贫为目标，从脱贫人口与三生空间的互动视角、防范脱贫人口返贫风险的微观视角提出了乡村旅游巩固脱贫攻坚成果的主导路径和支撑路径，从而建构了民族地区乡村旅游巩固脱贫攻坚成果的路径体系。

（6）民族地区乡村旅游巩固脱贫攻坚成果的政策建议。延续路径设计的研究视角，从参与主体培育、产业优化、社会治理、文化振兴、生态环境、收益分享六个方面提出政策建议，以畅通乡村旅游巩固脱贫攻坚成果的实现路径，促进民族地区可持续发展。

1.4 研究方法和数据来源

1.4.1 研究方法

（1）文献分析法。本书中，文献分析的相关资料主要来自：一是EBSCO、Web of Science、CNKI等文献数据库的学术论文、学位论文、会议论文和研究报告；二是从文化和旅游部、农业农村部、统计年鉴、省（市）文旅委等权威部门发布的统计公报、年度工作总结、最新资讯；三是利用从当地政府、村委会和当地村民会议获取、实地走访获得的统计数据和深度访谈资料，用以了解当地乡村旅游发展巩固脱贫攻坚成果的成效和瓶颈。

（2）田野调查与深度访谈法。选择贵州、四川、云南、重庆乡村旅游发展的典型案例地，通过观察了解、深度访谈掌握一手资料、考察不同参与主体的乡村旅游发展模式，了解巩固脱贫攻坚成果的路径、绩效和瓶颈。

（3）定性定量分析法。运用熵权法得出各个脱贫户返贫风险评价维度的权重，对西南民族地区脱贫户返贫风险进行测算，定量测度乡村旅游发展对脱贫人口的减贫效应；用SPSS21.0软件分析乡村旅游发展对脱贫人口生计资本、生计策略和生计结果的影响，定量描述民族地区乡村旅游巩固脱贫攻坚成果的现状及障碍性因素；用“结构方程模型法”量化各因素对脱贫成果巩固的影响大小；对田野调查、深度访谈所得文字材料用NVIVO进行质性分析。

（4）比较研究法。选择民族地区政府、企业、村委会等不同参与主体的乡村旅游发展模式，横向比较分析不同的乡村旅游发展模式对脱贫人口减贫效应的差异。

（5）案例分析法。选择民族地区乡村旅游巩固脱贫攻坚成果的典型案例样本，分区域、分类型进行个案研究，总结经验、归纳和提炼不同样本地区乡村旅游巩固脱贫攻坚成果的共性因素。

1.4.2 数据来源

本书所使用的数据资料主要包括三个部分：一是在西南民族地区乡村旅游地采用抽样调查方法收集的微观数据资料。二是在西南民族地区采用典型调查方法收集的访谈数据资料。三是文化和旅游部、农业农村部等权威部门公开发布的宏观统计数据资料。

（1）西南民族地区抽样调查数据资料。这部分数据资料主要来自课题组于2021年调查的微观数据。该调查的对象主要是民族地区乡村旅游地的村民和村党支部书记、村民委员会主任等村干部，包括西南民族地区的四川省、云南省、贵州省、重庆市及西藏自治区共计三省一市一区。具体样本分布见表1-1。

表1-1　　微观数据样本分布

编号	案例地	民族	有效样本量（份）	访谈（人）
1	贵州黎平县肇兴侗寨	侗族	108	9
2	贵州雷山县郎德上寨	苗族	85	13
3	四川阿坝藏族羌族自治州理县桃坪羌寨	羌族	93	12
4	四川阿坝藏族羌族自治州茂县坪头村	羌族	76	8
5	重庆黔江小南海镇新建村	土家族	65	10
6	重庆黔江濯水景区	土家族、苗族	62	13
7	重庆武隆后坪乡天池苗寨	苗族	68	12
8	重庆武隆浩口村田家寨	仡佬族	59	9
9	重庆彭水县鞍子乡罗家坨苗寨	苗族	74	8
10	云南丽江宁蒗县永宁乡落水村	纳西族	53	10
11	云南迪庆藏族自治州德钦县雨崩村	藏族	48	6
12	云南大理双廊镇双廊村	白族	74	10

资料来源：根据实际田野调查所得。

本调查采用随机入户填写问卷的方式，调查时间分别为2021年1月至3月、2021年7月至8月，历时5个月完成。共计发放问卷1 000份，回收有效问卷865份，有效率达79.1%。入户抽样调查之前，课题组老师对学生调查员进行了严格培训，期末考试结束后在各个调研小组老师的带领下前往调研目的地进行入户调查。为确保样本的准确性和有效性，调研访谈过程中我们主要根据题项内容的设计，辅助于一对一的访谈，完成问卷答案的填写。当天晚上，各调研小组的负责人对回收问卷逐一核实，漏填、前后不一致的问卷立即反馈调查员核实补充甚至电话重访。希望扎实的入户抽样调查能在一定程度上反映西南民族地区乡村旅游巩固脱贫攻坚成果的基本情况。

（2）西南民族地区典型调查数据资料。课题组通过前期资料收集，根据案例地实地调研进展确定了进行个案分析的典型案例村，并通过当地学生的引荐对该村的村干部和部分村民进行了深度访谈。具体包括：西南民族地区以“公司+合作社+村民”模式的重庆天池苗寨、村民自主经营模式的四川理县桃坪羌寨，“国有企业+政府+村民”的贵州肇兴侗寨，“公司+村委会”的贵州郎德上寨。这四个典型案例村涵盖了西南民族地区的重庆、四川、贵州三个区域，并涉及国有企业主导、村委会自治管理、公司制经营等不同旅游经营管理类型。

（3）政府部门的宏观统计数据资料。具体包括文化和旅游部、农业农村部的统计资料和数据，用于描述民族地区大力推进乡村旅游巩固脱贫攻坚成果、促进乡村振兴的现状。

1.5 可能的创新之处

本书可能的创新之处在于：

（1）研究思路创新。稳定脱贫是精准扶贫、精准脱贫的中国特色反贫困理论体系的逻辑延续。将“发展乡村旅游”与“巩固脱贫攻坚成果”研究有机相连，多层面、多维度分析二者之间的理论关系，剖析乡村旅游巩固脱贫攻坚成果的作用机理，构建乡村旅游对脱贫人口可持续生计影响的指标评价体系；结合民族地区的自然人文资源禀赋，比较乡村旅游发展对脱贫人口的减贫效应，找出影响因素，针对各类型脱贫人口设计灵活性、操作性强的发展路径。

（2）研究方法创新。综合运用田野调查、深度访谈、比较研究法和案例研究法，了解不同参与主体的乡村旅游发展模式巩固脱贫攻坚成果的路径、绩效和瓶颈；归纳和提炼不同样本地区乡村旅游巩固脱贫攻坚成果的共性因素。采用定量分析法测度乡村旅游发展对脱贫人口的减贫效应、用结构方程模型量化各因素对脱贫成果巩固的影响大小。

（3）研究内容创新。本书基于民族地区脱贫人口返贫风险的识别与评估，剖析乡村旅游巩固脱贫攻坚成果的作用机理，从主导路径和支撑路径两个层面探索乡村旅游巩固脱贫攻坚成果的路径设计，以指导民族地区用乡村旅游精准脱贫的综合效应增强脱贫人口的“造血”能力，增加生计资本和优化生计策略，提高抗风险能力，实现增收和可持续发展。

2 乡村旅游巩固脱贫攻坚成果的理论框架构建

2.1 核心概念界定

2.1.1 乡村旅游

乡村旅游起源于19世纪中叶的欧洲，20世纪80年代开始在国外大规模发展。在英语国家中，“乡村旅游”（rural tourism）等同于“农业旅游”（agritourism），东南亚国家则称乡村旅游为“农业观光旅游”[①]。欧洲联盟（EU）和经济合作与发展组织（OECD）将乡村旅游定义为发生在乡村地区的旅游活动，并强调“乡村性”是乡村旅游一揽子计划的核心和独特卖点。Bramwell和Lane认为乡村旅游是在乡村地区进行的旅游活动，不同的国家和地区有不同的表现形式。它包括以农场为基础的假期，但也包括特殊兴趣的自然假期和生态旅游、徒步、登山和骑

① 郭焕成，韩非.中国乡村旅游发展综述［J］. 地理科学进展，2010，29（12）：1597-1605.

马，冒险、体育和健康旅游，狩猎和钓鱼，教育旅行，艺术和遗产旅游，以及在某些地区的民族旅游。其旅游活动具有乡村性、传统性、类型多样性和小规模化等特征①。Almukhamedova和Vilenskaya将乡村旅游称为一种有助于游客在农村地区永久居住，以便度假或参与农业活动的旅游②。从上述定义可以看出，不同的专家学者对乡村旅游的概念界定各有侧重，但大多数定义都强调了乡村旅游的活动地点和乡村性的本质特征。

我国的乡村旅游起源于20世纪80年代。长期以来，国内学者对乡村旅游的概念进行了广泛而深入的探讨（见表2-1）。不同的学者对乡村旅游的关注点不同，因此没有形成统一具有普适性的概念定义。国内较早研究乡村旅游的学者中，王兵从旅游活动的视角，将乡村旅游诠释为一种以农业文化景观、农业生态环境、农事生产活动以及传统的民族习俗为资源，融观赏、考察、学习、参与、娱乐、购物、度假于一体的旅游活动③。2002年何景明通过借鉴西方学者的研究成果，结合中国国情，从旅游吸引物的视角率先提出了“乡村性”的概念，认为乡村旅游是在乡村地区，以具有乡村性的自然和人文客体为旅游吸引物的旅游活动④，丰富了乡村旅游的概念内涵。王小磊从旅游活动内容的视角，将广义的乡村旅游界定为所有发生在乡村、能够吸引游客、能满足游客的需要、能为农村居民带来收入的旅游活动；将狭义的乡村旅游界定为到农村直接接触大自然、领略田园风光、体验民俗风情、了解农业文化的一种旅游形式⑤。张祖群从旅游市场的视角指出，乡村旅游是在乡村自然环境、建筑、文化等资源上拓展开发，以会务度假、休闲娱乐等项目为主题的新型旅游形式，应体现乡村与都市的差异性，坚持旅游主体客体结合，不能脱离乡村生活、乡村风情的本位⑥。

---

① BRAMWELL B.Rural tourism and sustainable rural tourism [J]. Journal of Sustainable Tourism, 1994, 2 (1-2): 1-6.

② ALMUKHAMEDOVA O, VILENSKAYA M.Perspectives of development of rural tourism in Russia [J]. Mod.Knowl.-Intensive Technol, 2013, 10: 245-246.

③ 王兵.从中外乡村旅游的现状对比看我国乡村旅游的未来 [J]. 旅游学刊，1999 (2): 38-42; 79.

④ 何景明，李立华.关于“乡村旅游”概念的探讨 [J]. 西南师范大学学报（人文社会科学版），2002 (5): 125-128.

⑤ 王小磊，张兆胤，王征兵.试论乡村旅游与农业旅游 [J]. 经济问题探索，2007 (2): 155-158.

⑥ 张祖群.当前国内外乡村旅游研究展望 [J]. 中国农学通报，2014，30 (8): 307-314.

表2-1 国内代表性文献对乡村旅游概念的界定

作者	年份	内容
王兵	1999	以农业文化景观、农业生态环境、农事生产活动以及传统的民族习俗为资源，融观赏、考察、学习、参与、娱乐、购物、度假于一体的旅游活动
何景明和李立华	2002	在乡村地区，以具有乡村性的自然和人文客体为旅游吸引物的旅游活动
王小磊	2007	广义：发生在乡村、能够吸引游客、能满足游客的需要、能为农村居民带来收入的所有旅游活动；狭义：到农村直接接触大自然，领略田园风光，体验民俗风情，了解农业文化的一种旅游形式
林宗贤	2013	在农业资源地区从事相关结合农业与商业旅游的活动，以满足游客观光游憩需求的一种旅游业态
张祖群	2014	在乡村自然环境、建筑、文化等资源上拓展开发，以会务度假、休闲娱乐等项目为主题的新型旅游形式

资料来源：作者对学术文献整理所得。

尽管学术界从旅游活动内容、旅游吸引物、旅游市场等不同角度对乡村旅游概念提出了不同的理解，但本质上都认同该概念包含了不可或缺的两个方面：一是发生背景和活动场所位于乡村地区；二是乡村性是乡村旅游区别于其他旅游类型的本质特征，乡村旅游以乡村性为旅游吸引物。所谓乡村性，是与较低的人口密度、分散化的居住地和广阔的空间相关的概念，还包括以农业、林业和自然占地为主的土地利用方式，建筑物占地面积较小，社会结构传统和文化区域固定等特征[①]。

本书将乡村旅游定义为：以各种类型的乡村为背景，以乡村文化、乡村生活和乡村田园风光为旅游吸引物，开展融观光、度假、娱乐、休闲为一体的旅游活动，使旅游者获得对乡村自然和人文的感知和体验。

概念主要强调以下四个方面的内容：

（1）乡村旅游是一个多层次的产品体系。由观光、度假休闲、体验等

① 王小磊，张兆胤，王征兵.试论乡村旅游与农业旅游［J］. 经济问题探索，2007（2）：155-158.

旅游产品组成的综合旅游产品体系，满足旅游者不同层次的消费需求。

（2）乡村性是乡村旅游的根本属性。乡村性具体体现在：①旅游依托产业的乡村性——乡村旅游是成熟农业的拓展，农业是乡村旅游赖以生存和形成特色的基础；②旅游依托环境的乡村性——具体体现在用地类型中农业用地占绝对比例、常住人口中农业人口占绝对比例；③旅游依托资源的乡村性——有丰富的农业生态环境、农事生产活动和农村民俗活动。

（3）强调社区参与。以当地村民为经营主体，充分体现“住农家屋、吃农家饭、干农家活、种农家地、购农家品、享农家乐”的民俗特色；通过旅游活动的开展为乡村家庭和个人提供就业机会和增收渠道，在开展旅游活动的过程中，通过培训、教育等手段增强旅游经营者和当地居民对乡村环境的认同，提高他们的服务技能，增强当地人的自豪感。

（4）城市居民是乡村旅游的主要客源。乡村旅游客源市场主要定位于周边城镇居民，旅游者具有明显的城市性和高回头率特征。长线旅游者有可能成为乡村旅游客源市场的一部分，但他们不足以成为乡村旅游的主要群体。

2.1.2 巩固脱贫攻坚成果

2020年，我国“精准扶贫”战略完美收官，反贫困斗争进入从解决绝对贫困问题向缓解相对贫困转变的过渡期。由于相对贫困的尺度更广，成因更复杂，因此解决相对贫困问题更需要系统综合地考量，按照中央部署，过渡期的主要任务为巩固拓展脱贫攻坚成果。脱贫攻坚成果指的是“精准扶贫”所取得的成果[①]，是在脱贫攻坚期间，党和国家在坚持“六个精准”和“五个一批”等精准扶贫方略的基础上，通过产业扶贫、生态扶贫、文化扶贫、教育扶贫、健康扶贫、易地扶贫搬迁和社会保障兜底等综合扶贫方式，在贫困地区产业发展、生态建设、文化建设、乡村治理和民生改善等方面取得的成果[②]。

学界普遍认为，巩固拓展脱贫攻坚成果分“巩固”和“拓展”两步

---

① 孙久文，林丽群，傅娟．“十四五”期间巩固拓展脱贫攻坚成果研究［J］．学术研究，2021（1）：83-89.

② 杨肃昌，范国华．“十四五”时期巩固拓展脱贫攻坚成果同乡村振兴有效衔接评价指标体系构建［J］．宁夏社会科学，2022（2）：112-123.

走。“巩固”脱贫攻坚成果是“拓展”脱贫攻坚成果，进而衔接乡村振兴战略的前提和基础[①]，在“十四五”时期的前2年内（2021—2022年），需要重点做好脱贫攻坚成果的巩固工作[②]。巩固脱贫攻坚成果需由长期以来的“扶贫战略”转向“以防贫为主”的减贫治理战略转变[③]，其主要任务是提升脱贫质量，确保不发生规模性返贫和新增致贫现象，以确保脱贫成果的持续性和稳定性。胡志平提出，后脱贫时代，巩固脱贫攻坚成果防止返贫，关键是农村相对贫困的有效治理[④]。王静定义巩固脱贫攻坚成果是针对存在致贫风险人群和返贫风险人群，从精准扶贫逐渐过渡到乡村振兴，确保边缘户不致贫、脱贫户不返贫，促进发展政策的连续性、稳定性和可持续性，做到政策和制度常态化、脱贫攻坚与乡村振兴有效衔接的一个过渡性阶段[⑤]。杨肃昌结合精准扶贫的主要措施（“五个一批”）和乡村振兴战略的总体要求（20字方针），认为脱贫攻坚成果巩固在内容上可分为产业发展成果巩固、生态建设成果巩固、文化建设成果巩固、乡村治理成果巩固和民生改善成果巩固五个方面[⑥]。张娟娟将巩固脱贫攻坚成果的内涵界定为巩固强化组织保证成果、巩固消除绝对贫困成果、巩固强化资金支持成果、巩固凝聚各方力量成果、巩固激发内生动力成果[⑦]。李博从自然条件、产业振兴、公共服务、内生动力、治理现代化方面阐释巩固脱贫攻坚成果[⑧]。尽管不同学者对于巩固脱贫攻坚成果概念和内涵的界定各有侧重，但总体而言，多数学者认同巩固脱贫攻坚成果在性质上属于相对贫困治理范畴，要求贫困治理系统化；在战略定位上处于过渡阶段，要求政策持续平稳；在工作内容上强调守住返贫底线，要求促进脱贫户可持续增收。

---

① 黄承伟.巩固拓展脱贫攻坚成果同乡村振兴有效衔接的战略演进逻辑［J］. 农业经济问题，2022（6）：4-11.

② 李小云，苑军军，于乐荣.论2020后农村减贫战略与政策：从“扶贫”向“防贫”的转变［J］. 农业经济问题，2020（2）：15-22.

③ 李昭楠，刘梦，刘七军.炊事燃料清洁转型能否巩固脱贫攻坚成果？——基于CFPS2018的微观证据［J］. 农林经济管理学报，2022，21（2）：239-248.

④ 胡志平.公共服务：巩固脱贫攻坚成果同乡村振兴有效衔接新探索［J］. 学习与探索，2022（3）：49-57.

⑤ 王静，方冰雪，罗先文.乡规民约促进脱贫成果巩固的机制研究——基于重庆市巫溪县实践的透视［J］. 农业经济问题，2022（2）：85-96.

⑥ 杨肃昌，范国华."十四五"时期巩固拓展脱贫攻坚成果同乡村振兴有效衔接评价指标体系构建［J］. 宁夏社会科学，2022（2）：112-123.

⑦ 张娟娟.建立健全巩固拓展脱贫攻坚成果长效机制［J］. 宏观经济管理，2022（3）：38-43；69.

⑧ 李博，刘佳璇.数字乡村建设助力脱贫攻坚成果巩固的逻辑：作用机理与实现路径［J］. 杭州师范大学学报（社会科学版），2022，44（1）：112-120.

本书结合国家对于巩固脱贫攻坚成果的安排部署以及学术界对于该概念的诸多探讨，将巩固脱贫攻坚成果定义为：在脱贫攻坚战取得胜利的基础上开展的相对贫困治理，从经济、社会、文化、环境等综合维度提升脱贫地区的内生发展能力，促进脱贫人口可持续减贫，确保脱贫地区不出现大规模返贫现象。其内涵包括：

（1）及时有效地防控返贫风险。巩固脱贫攻坚成果要求全面建立防止返贫动态监测帮扶机制，精准确定监测对象，及时落实帮扶措施，规范退出标准和程序，稳定消除返贫致贫风险。（2）可持续地实现脱贫人口多维减贫。从脱贫人口可持续生计出发，充实脱贫人口生计资本，提高脱贫人口生计能力，缓解其在住房、健康、教育、权利等方面[①]的相对贫困。（3）凝心聚力地促进脱贫地区发展。聚焦产业和就业帮扶两个关键，促进产业兴旺发展，确保脱贫人口就业稳中有增。推动脱贫地区产业提质增效、转型升级，积极发展特色优势主导产业和劳动密集型产业，努力缩小脱贫地区与其他地区的发展差距。

2.1.3 乡村旅游巩固脱贫攻坚成果

中央“一号文件”多次强调要拓宽农村居民生计选择方式，增加农民收入和提高农民福祉，鼓励农民创业、加大土地流转力度、推进农业现代化及信息化发展[②]。乡村旅游作为外力进入农村社区，不可避免地对乡村的经济结构、社会文化、资源配置、生态环境等产生强烈扰动，从而对农户生计带来多重影响[③]。

梳理前人研究可以发现，乡村旅游丰富了农户的生计选择，在旅游发展的带动下，旅游融入到农户原有的生计发展体系中，与生计系统中的其他要素形成复杂关系，改变农户的生计资本、生计策略和生计组合形式等特点[④]，促进农户生计可持续发展，从而产生减贫效应。因此，本书将乡村旅游巩固脱贫攻坚成果的概念界定为：将乡村旅游作为背景

① SEN A.Commodities and capabilities［J］. OUP Catalogue，1999.
② 杨柠泽，周静，马丽霞，等.信息获取媒介对农村居民生计选择的影响研究——基于CGSS2013调查数据的实证分析［J］. 农业技术经济，2018（5）：52-65.
③ NEPAL S K.Tourism and rural settlements Nepal's Annapurna region［J］. Annals of Tourism Research，2007，34（4）：855-875.
④ 许扬，保继刚．“阿者科计划”对农户生计的影响分析——基于DFID可持续生计框架［J］. 热带地理，2022，42（6）：867-877.

和手段嵌入民族地区发展，在乡村旅游产业政策引导下，形成以旅游为主导的农户生计策略，进而不断增强脱贫地区农户的内生发展动力，使脱贫基础更加稳固、成效更可持续。

其概念内涵体现在：(1) 以乡村旅游产业兴盛为前提。乡村旅游产业兴旺是巩固脱贫攻坚成果的前提，以乡村旅游产业为手段巩固脱贫攻坚成果，适用于在脱贫攻坚战中证实了旅游减贫可行性的农村地区。发挥好区域自然风光或历史文化的比较优势，打造好契合市场需求的乡村旅游产品，做大做强乡村旅游，才能带动农村经济发展、农民增收。(2) 以旅游的益贫性为关键。旅游产业作为脱贫攻坚的有效方案，兼具营利性与普惠性，在巩固脱贫攻坚成果的政策统筹下，推动乡村旅游产业发展可持续、已脱贫户增收可持续。(3) 以脱贫人口参与为核心。通过正式制度确立和规范脱贫人口参与，使居民需求和能力与其所获得的社会性资源相匹配。(4) 以破除多维贫困为目标。确保脱贫人口在经济上彻底摆脱返贫风险，实现生活富裕；在政治上提升话语权，扩大决策参与；在社会上维系良好关系，充实社会资本；在制度上合理利益分配，消除相对剥夺感；在能力上持续培训提升，减轻生计脆弱性。

2.2 乡村旅游巩固脱贫攻坚成果的理论阐释

2.2.1 可持续生计理论

可持续生计理论渊源可追溯回20世纪50年代各国主要发展范式的反思。20世纪80年代末，联合国世界环境与发展大会明确提出可持续生计观念，其内涵为“具备维持基本生活所必需的充足的食品与现金储备量以及流动量”。20世纪末21世纪初，可持续生计观念系统形成，从发展型福利主义、可行能力视角下对可持续生计理论进行了详细阐释[①]。21世纪以来，该理论不断拓展，开始关注非物质福利、全球合作对可持续生计的作用，实证研究成果越来越丰富，出现了本土化、多领

① 王三秀.国外可持续生计观念的演进、理论逻辑及其启示［J］. 毛泽东邓小平理论研究，2010（9）：79-84.

域的理论改良。

可持续生计理论论述了贫困农户如何实现脱贫发展。可持续生计理论遵循在一定的政策环境下，基于生计资本，运用生计策略，达成生计结果的逻辑，强调人力、社会、自然、物质、金融资本的有效获得是实现可持续生计和避免生计脆弱性的前提。在原则上，可持续生计理论强调以人为本、多层次、动态性、可持续[①]。在目标上，可持续生计理论以民众可持续发展为核心，旨在通过一种生计策略应对压力和冲击，维持或提高其能力和资产，并且不会造成更多的破坏。在手段上，可持续生计理论主张政府主导的多元主体合作共治和生计主体能力的提升[②]。英国国际发展部（The UK's Department for International Development，DFID）、联合国开发计划署（The United Nations Development Programme，UNDP）、世界银行（The World Bank，WB）等各自提出了可持续生计分析框架。

可持续生计理论为防止规模性返贫、识别和预警脱贫人口的返贫风险提供了有力的理论支撑。

首先，生计资本可以被视作脱贫户维持生计的基础和核心。生计资本的缺失将引发生计脆弱性，从而产生返贫风险。脱贫户人力资本缺失将直接削弱农户的造血能力，催生人力风险。物质资本是脱贫户生计的保障和顺利实现可持续生计的物质基础，物质资本不足或是对物质资本不可持续使用将扰乱生计过程，引发生计脆弱性，最终造成返贫的物质风险。脱贫户对自然资本的不可持续利用将透支农户未来的自然资本，加重生计循环中的脆弱性程度，加剧农户返贫风险。金融资本是农户最直观和最重要的资本，可以很大程度上弥补其他资本的短板。金融风险是农户生计的重大隐患，可能导致生计资本全面崩塌。社会资本代表了农户在生计过程中的社会因素限制和可以动用的社会力量，社会风险虽非返贫的决定性因素，但也在农户生计活动中扮演着重要角色。

其次，生计策略是避免返贫的关键。只有在既有的生计资本上选择可持续的生计方式才能为农户实现可持续生计创造动能。在本书中，乡

① 侯雨峰.自然保护区农户生计脆弱性评价［D］. 福州：福建师范大学，2018.

② SHEN F, HUGHEY K F D, SIMMONS D G. Connecting the sustainable livelihoods approach and tourism: A review of the literature ［J］. Journal of Hospitality and Tourism Management, 2008, 15 (1): 19-31.

村旅游为脱贫户提供了一种生计选择的可能性，充分发挥乡村旅游减贫的作用，调动脱贫人口充分参与，弥补传统生计策略的脆弱性，乡村旅游成为巩固脱贫攻坚成果的重要手段。

最后，生计结果指向脱贫攻坚成果得到巩固。通过旅游型生计策略，增加脱贫户的生计产出，持续增加脱贫户收入，补充脱贫户的物质基础，提升脱贫户可持续生计能力和抵御生计风险能力，改善脱贫户的人居环境，扩大脱贫户的社会参与，实现多维减贫目标，带动区域经济、社会、文化、环境全方位发展。

2008年，Shen等人将可持续生计理论和旅游业的关键原则结合，在DFID的可持续生计分析框架的基础之上提出了可持续旅游生计框架(Sustainable Livelihood Framework for Tourism，SLFT)。SLFT是可持续生计理论在旅游领域的修正，仍然遵循可持续生计理论的基本逻辑。该框架展示了旅游生计系统的主要特征（如图2-1所示），需要考虑旅游业、旅游生计资本、生计策略、生计结果、制度管理和脆弱性背景。

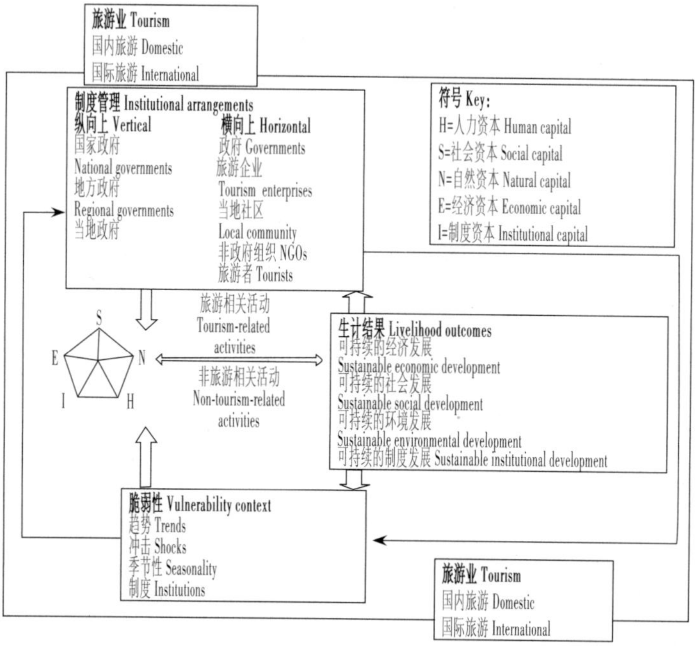

图2-1 可持续旅游生计框架[①]

① 郭华，杨玉香.可持续乡村旅游生计研究综述［J］. 旅游学刊，35 (9)，2020，134-148.

可持续旅游生计理论为系统地研究乡村旅游巩固脱贫攻坚成果的机理、现状和路径提供有力的理论支撑。

首先，乡村旅游改善脱贫户生计资本，从而发挥巩固脱贫攻坚成果的效应。乡村旅游从人力、社会、自然、经济、制度维度提升脱贫户的生计资本，充足的生计资本可以转变为生计能力，是农户生计可持续的源泉，也是区域发展可持续的内生动力。

其次，乡村旅游开发模式影响巩固脱贫攻坚成果的成效。不同乡村旅游开发模式下，受制度安排影响，不同的利益主体权力、地位、作用各异，尤其是社区参与方式和程度各异，形成了不同的脱贫户生计资本、生计策略，造就了巩固脱贫攻坚成果的不同特征。对比分析差异化问题，寻求巩固脱贫攻坚成果的最优解；研究共性问题，推广巩固脱贫攻坚成果的成功经验。

2.2.2 利益相关者理论

"利益相关者"的概念最初在美国1929年经济大萧条之后产生[①]，指那些能影响企业目标的实现或被企业目标的实现所影响的个人或群体[②]。1963年，利益相关者理论正式被提出并使用，指企业管理者为综合平衡利益攸关方不同利益诉求而进行的管理理论探索与实践[③]。最初应用于企业管理，经由Ansoff、Freeman、Clarkson、Mitchell、Starik、Rowley等人的发展，已在管理学和经济学领域广为接受[④]。

利益相关者指与企业产生利益关系，从而与企业发生双向影响的个人和团体，这些个人和团体具有不同的权力和利益诉求[⑤]。按照相关者群体与企业合同关系的性质划分，可分为契约型利益相关者（contractual stakeholders）和公众型利益相关者（community

---

① 郝云宏，钱晨.企业利益相关者的利益协调模式：综述与研究［J］.经济学动态，2008（9）：81-84.

② 任海云.利益相关者理论研究现状综述［J］.商业研究，2007（2）：30-32.

③ 晋聪聪，商临萍.利益相关者理论在慢性病护理中的应用研究进展［J］.护理学杂志，2020，35（23）：102-105.

④ 蔡炯，田翠香，冯文红.利益相关者理论在我国应用研究综述［J］.财会通讯，2009（12）：51-54.

⑤ 黄昆.利益相关者理论在旅游地可持续发展中的应用研究［D］.武汉：武汉大学，2004.

stakeholders)。前者包括股东、雇员、顾客、分销商、供应商、贷款人等；后者包括全体消费者、监管者、政府部门、压力集团、媒体、当地社区等[①]。利益相关者理论侧重于解释和预测处于特定环境下的某个单位群体和周围群体发生联系和相互影响时所表现出来的功能[②]，基本出发点是企业的社会责任，强调企业应追求利益相关者的整体利益，而非个体利益。利益相关者理论应用大致依据的分析框架为：利益相关者界定-利益相关者各自的权力和利益分析-利益相关关系的协调。

与企业运行过程相似，乡村旅游巩固脱贫攻坚成果的过程中也涉及众多单位群体，各单位群体的权力和利益各不相同，乡村旅游发展是为了追求整体利益——巩固脱贫攻坚成果。因此，可以将利益相关者理论运用到乡村旅游巩固脱贫攻坚成果中。利益相关者理论为研究不同地区乡村旅游对脱贫人口的减贫效应、透视不同模式的乡村旅游对于巩固脱贫攻坚成果的作用机理提供了理论视角，为巩固脱贫攻坚成果的路径设计提供新思路。

首先，乡村旅游巩固脱贫攻坚成果主要涉及的利益相关方包含政府部门、旅游企业、乡村社区、非营利组织，他们在巩固脱贫攻坚成果中起到不同的作用。政府部门是乡村旅游巩固脱贫攻坚成果的关键行动者和旅游巩固脱贫攻坚成果的主导力量，政府管理部门与其他利益主体的利益诉求和协调是保持整个治理行动者网络稳定的重要前提[③]。旅游企业是乡村旅游中最直接的参与主体，通常拥有较高的商业技能和知识，是乡村旅游产业市场化运营的主体，在一定程度上激发社区居民的旅游参与，提供就业机会。部分旅游企业自觉承担扶贫等任务，对于维持乡村旅游的发展至关重要[④⑤⑥]。乡村社区在乡村环境和文化的保护中起着

---

① CHARKHAM J P.Corporate governance: lessons from abroad [J]. European Business Journal, 1992, 4 (2): 8.

② 佟敏.基于社区参与的我国生态旅游研究 [D]. 哈尔滨：东北林业大学，2005.

③ 杨兴柱，吴瀚，殷程强，等.旅游地多元主体参与治理过程、机制与模式——以千岛湖为例 [J]. 经济地理，2022，42 (1)：199-210.

④ SHEN S, WANG H, QUAN Q, et al.Rurality and rural tourism development in China [J]. Tourism Management Perspectives, 2019, 30: 98-106.

⑤ SITUMORANG R, TRILAKSONO T, JAPUTRA A. Friend or Foe? The complex relationship between indigenous people and policymakers regarding rural tourism in Indonesia [J]. Journal of Hospitality and Tourism Management, 2019, 39: 20-29.

⑥ 沈萍，温士贤.旅游开发中的多元主体与利益博弈：粤北Y村个案研究 [J]. 北方民族大学学报，2021 (4)：54-60.

重要作用，基于脱贫人口“报团取暖”式的朴素价值观，乡村社区成为天然的脱贫个人的发声通道和抗衡其他利益相关者的重要力量。非营利组织是乡村旅游巩固脱贫攻坚成果中的重要支持者和利益相关者，作为独立于乡村之外的客观力量，为脱贫群体谋利，促成旅游巩固脱贫攻坚成果。同时作为监督者，在乡村旅游开发中兼顾贫困地区的经济、社会和环境三方面的效益平衡。社会力量的缺位与不足构成旅游开发致贫效应的重要影响因素，会加剧旅游地治理结构的不均衡①。

其次，不同利益相关者在乡村旅游巩固脱贫攻坚成果中具有不同的权力、地位和利益诉求。政府主要关注区域持续发展的综合利益，具有公权力，可以为旅游业发展提供服务、解决问题②，有助于协调所有相关方利益，重新分配旅游收益，帮助社区增权，加强市场监管，防范环境、社会风险③。乡村旅游企业追求经济利益，在乡村旅游开发和运营中有充分的话语权和决定权。乡村旅游社区追求社区和居民的可持续发展，在乡村旅游巩固脱贫攻坚成果中常处于被动状态。非营利组织不以经济利益为前提涉入扶贫旅游开发，在实践中多数情况下直接面向贫困群体④，关注巩固脱贫攻坚的成效和区域全面可持续发展。

最后，协调利益相关方的利益关系至关重要。在上述利益相关者之间，可能形成合作关系，也可能形成利益博弈关系。研究表明：私营、公共和非营利部门代表之间形成多方利益相关者伙伴关系是社区旅游目的地发展的重要推动力⑤。其中，当地社区是乡村旅游发展的重要利益相关者，社区参与有利于旅游发展决策的制定，同时社区参与也能使当地居民更容易接纳和响应所制定的旅游发展决策与计划⑥。社区参与旅

---

① 李耀锋.需求、资源与能力：旅游开发致贫效应的机理分析——基于赣琼两个旅游村的实地调研［J］. 学术论坛，2015，38（10）：116-123.

② LIU C，DOU X，LI J，et al.Analyzing government role in rural tourism development：An empirical investigation from China［J］. Journal of Rural Studies，2020，79：177-188.

③ 张汇明，杨庆媛，苏康传，等.乡村振兴视角下乡村民宿发展对农户生计资本变化的影响研究［J］. 西南大学学报（自然科学版），2021，43（7）：11-21.

④ 何继红，孙冰，施招婉，等.基于PPT战略的广东省乐昌市生态旅游扶贫模式探讨［J］. 热带地理，2021，41（3）：645-655.

⑤ JAMAL T B，GETZ D.Collaboration theory and community tourism planning［J］. Annals of Tourism Research.1995，22（1）：186-204.

⑥ PRABHAKARAN S，NAIR V，RAMACHANDRAN S.Community participation in rural tourism：Towards a conceptual framework［J］. Procedia-Social and Behavioral Sciences，2014，144：290-295.

游发展既是促进可持续发展的手段，又是发展的目标本身[①]。实践证实，忽视社区因素和当地居民诉求的乡村旅游发展，将造成旅游环境污染、经济秩序混乱、文化传统扭曲、两极分化严重等问题[②]。因此，社区参与是构建利益相关者之间的良性合作伙伴关系、推动乡村旅游可持续发展的关键。

2.2.3 社区参与理论

社区参与是社区参与旅游发展（community participated in tourism development）的简称[③]，起源于对传统发展模式的反思。西方学者在20世纪70年代提出社区旅游（community tourism）的概念[④]，即以社区的旅游资源为依托，以社区居民参与旅游开发为主导，以社区的互动理论为指导，突出游客体验，以资源环境保护和社区经济、社会、文化发展为目的的旅游开发模式及其产品。20世纪80年代，墨菲（P.E. Murphy）出版了《旅游：一种社区方法》一书，正式引入了社区参与的概念，尝试从社区的角度研究和把握旅游[⑤]，此后学术界开始大量关注旅游业的社区参与问题，并将社区及其旅游参与当作一种旅游规划方法进行研究。1997年6月，世界旅游组织、世界旅游理事会与地球理事会联合颁布了《关于旅游业的21世纪议程》，明确提出将居民作为旅游业发展的关怀对象之一，并把居民参与当作旅游发展过程中的一项重要内容[⑥]。国内对社区旅游参与的研究起步于20世纪90年代[⑦]，主要关注旅游发展与旅游目的地、居民、社区发展之间的互动关系。

社区参与理论强调"人"的发展，与巩固脱贫攻坚成果、提升脱贫人口生计可持续性的内在要求不谋而合，是乡村旅游巩固脱贫攻坚成

---

① 刘纬华.社区参与旅游发展研究应有的理论视野——兼与黎洁老师商榷［J］. 海南大学学报（人文社会科学版），2002（2）：98-103.

② 刘纬华.关于社区参与旅游发展的若干理论思考［J］. 旅游学刊，2000（1）：47-52.

③ 孙九霞.社区参与旅游发展研究的理论透视［J］. 广东技术师范学院学报，2005（5）：89-92.

④ 张彦.社区旅游增权研究［D］. 济南：山东大学，2012.

⑤ MURPHY P. Tourism：A community approach （RLE Tourism）［M］. London：Routledge，2013.

⑥ 张广瑞.关于旅游业的21世纪议程（一）——实现与环境相适应的可持续发展［J］. 旅游学刊，1998（2）：49-53.

⑦ 保继刚，文彤.社区旅游发展研究述评［J］. 桂林旅游高等专科学校学报，2002（4）：13-18.

果的路径设计的基础。社区参与乡村旅游巩固脱贫攻坚成果应包含如下机制：

（1）保证脱贫人口参与的咨询和决策机制。定期开会商谈旅游发展相关问题，在旅游发展决策、具体思路、影响方面上传下达，充分反映巩固脱贫攻坚成果的目标和社情民意。脱贫人口可以通过参与社区权力组织、旅游发展规划过程、旅游项目策划等形式参与决策。

（2）保证脱贫人口参与的利益分享机制。在直接参与方面，尽可能向本地居民提供就业和商业机会，建立脱贫人口受益、内部公平的旅游收益分配机制，鼓励脱贫人口参与旅游资源共管与保护。在间接参与方面，尽可能在本地寻找供应商，旅游行政部门在政策和财政上予以扶持，针对旅游征地等予以合理的补偿。此外，旅游企业要将对社区居民和环境的负面影响最小化。

（3）培训脱贫人口旅游专业技能的机制。包含旅游专业知识、环境保护方面的意识、知识和技能教育培训，提升脱贫人口的谋生技能。

2.3 研究的理论分析框架

2.3.1 框架思路

（1）乡村旅游能够巩固脱贫攻坚成果吗？

学术界对旅游减贫作用的研究始于20世纪60年代末[①]。目前，学术界对旅游减贫的有效性存在一定争议。较为悲观的观点认为贫困地区缺乏发展旅游业的经济基础，旅游市场大部分被外来资本占据，致使利润外流，出现旅游漏损[②]，且贫困人口受制于个人素质和能力的欠缺，只能从事劳累且低薪的工作。然而，不可否认的是，以乡村旅游作为减

① 李如友，郭鲁芳.旅游减贫效应之辩——一个文献综述［J］. 旅游学刊，2017，32（6）：28-37.

② WALPOLE M J，GOODWIN H J.Local economic impacts of dragon tourism in Indonesia［J］. Annals of tourism research，2000，27（3）：559-576.

贫方案已有不少成功先例。首先，在经济影响方面，主要体现在扩大收入上。一则，旅游消费拉动就业，在越南高地，旅游业发展促进了贫困人口的收入和生活水平提高[①]。二则，旅游乘数效应凸显，有力带动关联产业发展，以非洲旅游减贫为例，游客的直接旅游消费能够带来60%~120%的间接影响，游客每消费1美元，当地人将获得1.60美元~2.20美元的总收入[②]。其次，在非经济影响方面，乡村旅游使得贫困人口生计资本总量增加，生计脆弱性降低，卫生环境[③]、交通、医疗、教育等条件改善。因此，Scheyvens指出旅游很有可能只是一只"替罪羊"，为一些与其无关的问题承担罪名，而且很多否定的观点忽略了政府和社区两个重要的行为主体[④]。可以认为，旅游业的高度综合性使其受区域经济基础、资源禀赋、基础设施建设以及区域发展战略的制约，这些因素的区域差异造成了旅游减贫效应的空间异质性。

我国贫困与旅游资源在空间分布上具有高度重叠性，贫困人口分布的集中连片区往往交通不便、多民族混居，又多处于国家生态功能区，限制或禁止开发[⑤]。传统的农业和工业发展受限，成为脱贫攻坚工作的重大挑战。乡村旅游开发将贫困地区发展的挑战转化为机遇，带动旅游产业链各个环节的发展，贫困人口得以在乡村旅游发展中通过上岗就业实现工资性增收，通过自主创业实现经营性增收，通过土地流转等实现财产性增收。我国脱贫攻坚的实践也表明，乡村旅游是切实有效的减贫手段。2016年发布的《全国乡村旅游扶贫观测报告》指出，2015年全国建档立卡贫困村通过乡村旅游实现脱贫人口约264万人，占年度脱贫总人数的18.3%；2018年发布的《全国乡村旅游扶贫监测报告（2017年度）》显示，2017年通过乡村旅游实现脱贫人数占脱贫总

① HOANG T T H，ANTON V R，MEYFROIDT P，et al.Impact of tourism development on the local livelihoods and land cover change in the Northern Vietnamese highlands [J]. Environment, Development and Sustainability，2020，22（2）：1371-1395.

② FOLARIN O，ADENIYI O.Does tourism reduce poverty in Sub-Saharan African countries? [J]. Journal of Travel Research，2020，59（1）：140-155.

③ 陈佳，张丽琼，杨新军，等.乡村旅游开发对农户生计和社区旅游效应的影响——旅游开发模式视角的案例实证 [J]. 地理研究，2017，36（9）：1709-1724.

④ 宋德义，李立华.国外旅游减贫研究述评——基于经济学理论研究和旅游减贫实践的视角 [J]. 地理与地理信息科学，2014，30（3）：88-92.

⑤ 邓小海，肖洪磊.理解与反思：后扶贫时代脱贫地旅游发展困境与转向 [J]. 生态经济，2022，38（5）：147-152.

人数的17.5%。

2020年脱贫攻坚战圆满收官，但欠发达地区返贫风险仍存，已脱贫的9 000多万建档立卡贫困人口中，近200万人存在返贫风险；边缘人口中，有近300万人存在致贫风险。同年12月《中共中央 国务院关于实现巩固拓展脱贫攻坚成果同乡村振兴有效衔接的意见》提出要在巩固拓展脱贫成果的基础上，做好乡村振兴这篇大文章，接续推进脱贫地区的发展和群众生活的改善①。在后脱贫时代，扶贫政策的延续性上，产业政策的黏性是最强的②。乡村旅游产业凭借投资少、见效快以及就业门槛低、产业关联广的优势，在脱贫攻坚实践中，其减贫的有效性得到证实，被视为精准扶贫十大工程之一。从脱贫摘帽地区产业稳中求进、已脱贫户实现可持续生计的考虑出发，长期培育和支持脱贫地区旅游产业发展，能够稳固脱贫基础，带动农民增收致富。

综上，全球性旅游减贫的成功案例为乡村旅游巩固脱贫攻坚成果提供了现实参考，学术界的众多观点为乡村旅游巩固脱贫攻坚成果提供理论依据，加之我国贫困地区乡村旅游减贫可行性、有效性在长期以来的反贫困工作的实践中得以证实，因此本书认为乡村旅游能够巩固脱贫攻坚成果。

（2）乡村旅游如何巩固脱贫攻坚成果？

乡村旅游通过直接效应、间接效应和动态效应巩固脱贫攻坚成果。

首先，乡村旅游对巩固脱贫攻坚成果的直接效应源自旅游消费，通过消费帮扶直接拉动区域经济。旅游消费需求的增多造成供给不足，而旅游业具有就业门槛低、劳动密集的特性，已脱贫户容易获得大量就地创业和就业机会，实现增收，进一步稳固脱贫户的经济脱贫基础，防止返贫。

其次，乡村旅游对巩固脱贫攻坚成果的间接效应源自旅游收入的再分配，包括旅游企业原材料的消费，以及从旅游发展中获益群体的生活性和享受性消费。乡村旅游的经济效益充实了地区财政收入，政

① 覃志敏.巩固拓展脱贫成果的基层实践类型与治理逻辑——以西部3个脱贫村产业帮扶为例［J］.南京农业大学学报（社会科学版），2021，21（6）：23-32.

② 张红梅，沙爱霞，王凯.后脱贫时代的生态移民区产业减贫对策——以宁夏葡萄酒旅游产业为例［J］.旅游学刊，2021，36（4）：3-5.

府得以更有力地针对脱贫人口进行转移支付，对返贫风险人群实施必要救助，为脱贫人口提供教育培训，提升其可持续生计能力，缓解多维贫困。

最后，乡村旅游对巩固脱贫攻坚成果的动态效应指旅游业长期促进经济增长和对其他部门的溢出效应。在脱贫摘帽地区持续地发展乡村旅游，使旅游产业持续向好发展，进而成为地区经济增长的重要支柱，促进经济持续增长，稳岗就业，成为保证脱贫人口不返贫的“稳定器”。发挥旅游产业的强关联性，运用“+旅游”思维，反哺农业，刺激文化产业，优化乡村地区产业结构，促进乡村产业兴旺，构成脱贫群体致富的“助推器”。旅游产业发展提质增效，对脱贫群体的旅游从业技能和个人素质提出了更高要求，成为脱贫群体实现可持续生计的“能量泵”。在乡村旅游发展实践中探索出了社区参与、自我管理的模式，脱贫人口话语权提升，更能从乡村旅游发展中获益，获得感、幸福感、安全感不断提高，乡村旅游成为脱贫人口增权的“催化剂”。

（3）乡村旅游巩固脱贫攻坚成果的路径是什么？

乡村旅游巩固脱贫攻坚成果以守住规模性返贫底线为短期目标，以实现乡村振兴战略为长期目标，处在脱贫攻坚与乡村振兴的过渡期。在脱贫攻坚时期，从“一达标、两不愁三保障”的标准来看，乡村旅游的作用最直接表现在增加贫困人口收入、实现“一达标”目标，而对实现“两不愁三保障”的作用更多是间接性的[①]。乡村振兴则追求乡村产业、人才、文化、生态、组织的全面振兴，乡村旅游发展对脱贫摘帽地区的经济、社会、文化、生态方面的正向影响契合乡村振兴战略产业兴旺、生态宜居、乡风文明、治理有效、生活富裕的总要求。

基于可持续旅游生计理论，由于生计资本的差异性，在乡村旅游这一生计策略的介入下，会在经济、社会、文化、环境等方面形成不同的生计影响，缓解多维贫困，促进区域发展，巩固脱贫攻坚成果。从脱贫户生计资本状况入手，测度乡村旅游巩固脱贫攻坚成果的现状，探究乡村旅游造成农户不同生计结果的影响因素，找准巩固脱贫攻坚成果的发

① 邓小海，肖洪磊.从脱贫攻坚到乡村振兴：乡村旅游转向研究——以贵州省为例[J]. 湖北民族大学学报（哲学社会科学版），2020，38（5）：42-49.

力点。

乡村旅游巩固脱贫攻坚成果的路径设计，应注重扶贫到巩固脱贫攻坚成果的延续性，利用旅游扶贫时期的规划、制度和政策惯性，在稳住乡村旅游良好发展态势的基础上，提质增效向好发展，坚持益贫导向、加强创新引领、扎实稳岗就业、践行绿色发展、推进文化建设，从多维贫困视角帮助脱贫群体摆脱返贫风险、提升可持续生计能力。本书拟设计的乡村旅游巩固脱贫攻坚成果路径包含主导型路径和支撑型路径。主导型路径基于脱贫摘帽地区脱贫群体与三生空间的主客互动关系，走生命-生产-生活-生态共生共融、共进共荣之路。支撑型路径基于对脱贫人口的动态监测，对不同风险类型和程度的脱贫人口提供可操作性的解决方案。

（4）乡村旅游巩固脱贫攻坚成果的政策支持是什么？

从1995年，旅游扶贫被国家旅游局正式写入《中国旅游业发展“九五”计划和2010年远景目标纲要》以来，我国出台了多项政策文件指导乡村旅游扶贫工作，一如既往地支持旅游减贫工作（见表2-2）。随着脱贫攻坚战取得决定性胜利，中央对乡村旅游减贫作出新的部署，重心转移至巩固脱贫攻坚成果、助力乡村振兴实施。2021年2月21日，《中共中央 国务院关于全面推进乡村振兴加快农业农村现代化的意见》明确指出，实现巩固拓展脱贫攻坚成果同乡村振兴有效衔接，加快推进农业现代化，构建现代乡村产业体系，开发休闲农业和乡村旅游精品线路，完善配套设施。

表2-2　**我国乡村旅游减贫的主要政策概览**

阶段	时间	发文机关	政策文件	政策内容
乡村旅游扶贫	1995年	国家旅游局	《中国旅游业发展“九五”计划和2010年远景目标纲要》	旅游扶贫被国家旅游局承认。
	2013年	中央办公厅、国务院办公厅	《关于创新机制扎实推进农村扶贫开发工作的意见》	将乡村旅游扶贫列为新时期扶贫开发的十项重点工作之一。

续表

阶段	时间	发文机关	政策文件	政策内容
乡村旅游扶贫	2015年	国务院办公厅	《关于进一步促进旅游投资和消费的若干意见》	实施乡村旅游提升计划，大力推进乡村旅游扶贫
	2015年	农业部与国家发展改革委等11部门	《关于积极开发农业多种功能 大力促进休闲农业发展的通知》	从用地政策、财税支持、融资渠道、公共服务方面完善落实促进休闲农业发展的政策措施，对中西部少数民族地区和集中连片特困地区发展休闲农业的建设用地指标给予倾斜
	2016年	国家旅游局、国家发展改革委、国务院扶贫办等12部门	《乡村旅游扶贫工程行动方案》	确定乡村旅游扶贫工程的五大任务，提出实施乡村旅游扶贫八大行动
	2016年	国务院	《“十三五”脱贫攻坚规划》	在产业发展脱贫的规划中，提出旅游扶贫的详细措施，因地制宜发展乡村旅游、大力发展休闲农业、积极发展特色文化旅游。旅游扶贫成为我国政府层面主导推行的反贫困重要手段[①]
	2016年	中共中央、国务院	《中共中央 国务院关于深入推进农业供给侧结构性改革加快培育农业农村发展新动能的若干意见》	大力发展乡村休闲旅游产业，扎实推进脱贫攻坚

续表

阶段	时间	发文机关	政策文件	政策内容
乡村旅游扶贫	2017年	国家发展改革委、工业和信息化部等13部门	《促进乡村旅游发展提质升级行动方案（2017年）》	建立人才交流互访和资源共享机制，推动大学生村官工作与乡村旅游扶贫开发相结合，鼓励和引导大学生从事乡村旅游创新创业
	2017年	农业部	《农业部办公厅关于推动落实休闲农业和乡村旅游发展政策的通知》	创新融资模式，鼓励利用PPP模式、众筹模式、互联网+模式、发行私募债券等方式，引导社会各类资本投资休闲农业和乡村旅游
	2018年	国家发展改革委、文化和旅游部等13个部门	《促进乡村旅游发展提质升级行动方案（2018年—2020年）》	实施“三区三州”等深度贫困地区旅游基础设施改造升级行动计划，在“十三五”文化旅游提升工程中增补一批旅游基建投资项目，专项用于支持“三区三州”等深度贫困地区旅游基础设施和公共服务设施建设
	2019年	国务院	《国务院关于促进乡村产业振兴的指导意见》	将“乡村休闲旅游业”确立为乡村振兴五大产业之一，并提出了提高农民参与度和建立农民广泛参与推进机制的要求

续表

阶段	时间	发文机关	政策文件	政策内容
乡村旅游巩固脱贫攻坚成果	2021年	中共中央、国务院	《中共中央 国务院关于全面推进乡村振兴加快农业农村现代化的意见》	实现巩固拓展脱贫攻坚成果同乡村振兴有效衔接，加快推进农业现代化，构建现代乡村产业体系，开发休闲农业和乡村旅游精品线路，完善配套设施
		中共中央办公厅、国务院办公厅	《关于加快推进乡村人才振兴的意见》	完善文化和旅游人才扶持政策，培养一批乡村旅游示范者，为乡村旅游巩固脱贫攻坚成果、促进乡村振兴提供人才支撑
		中共中央、国务院	《国家综合立体交通网规划纲要》	推进交通与旅游融合发展，完善公路沿线、服务区、客运枢纽等旅游服务设施功能，支持红色旅游、乡村旅游、度假休闲旅游、自驾游等相关交通基础设施建设
		中共中央办公厅、国务院办公厅	《关于在城乡建设中加强历史文化保护传承的意见》	加强文化保护利用传承，探索农业文化遗产、灌溉工程遗产保护与发展路径，促进生态农业、乡村旅游发展，推动乡村振兴

续表

阶段	时间	发文机关	政策文件	政策内容
乡村旅游巩固脱贫攻坚成果	2021年	国务院	《“十四五”旅游业发展规划》	规范发展乡村旅游，建立健全利益联结机制，让农民更好分享旅游业发展红利，提升农民参与度和获得感。有效衔接乡村振兴战略，重点支持脱贫地区乡村旅游发展壮大
	2022年	中共中央、国务院	《中共中央 国务院关于做好2022年全面推进乡村振兴重点工作的意见》	巩固提升脱贫地区特色产业，完善联农带农机制，提高脱贫人口家庭经营性收入

①陈明.后脱贫时代乡村旅游扶贫及其巩固脱贫成果的潜在优势研究［J］. 湖湘论坛，2020，33（6）：125-133.

通过梳理我国的乡村旅游减贫政策，不难发现，不论是乡村旅游扶贫，还是乡村旅游巩固脱贫攻坚成果，都是贯彻落实中共中央决策部署的重大工程。在政策结构上，按照“统-总-分”模式，即由党中央“统”（统揽全局）、中央政府“总”（总体分配）、地方各级党委和政府“分”（具体实施）[①]。乡村旅游巩固脱贫攻坚成果不仅需要强大的顶层设计，还需要各部门通力保障和基层的全力执行。在政策设计中，遵循社会公正原则、接续性原则、可行性原则、普惠性原则，发挥乡村旅游市场的决定性作用，深入挖掘乡村旅游资源，开发富有市场活力、文化魅力乡村旅游的产品，打造一支懂乡村、懂旅游的人才队伍。

2.3.2 乡村旅游巩固脱贫攻坚成果的理论分析框架

在宏观层面，从学理分析乡村旅游具备能够巩固脱贫攻坚成果的特质。在中观层面，乡村旅游介入乡村区域发展，造就经济增长、社会和

① 杨志军.“统—总—分”政策结构下中国自上而下政策变化及其规律探寻［J］. 中国行政管理，2022（5）：81-88.

谐、文化复兴、生态环境宜居的区域发展结果，加速城乡一体化发展。在微观层面，乡村旅游介入脱贫户个人的生计策略选择，多维贫困得以缓解，人力、社会、自然、经济、制度资本富足，逐步迈向共同富裕（如图2-2所示）。

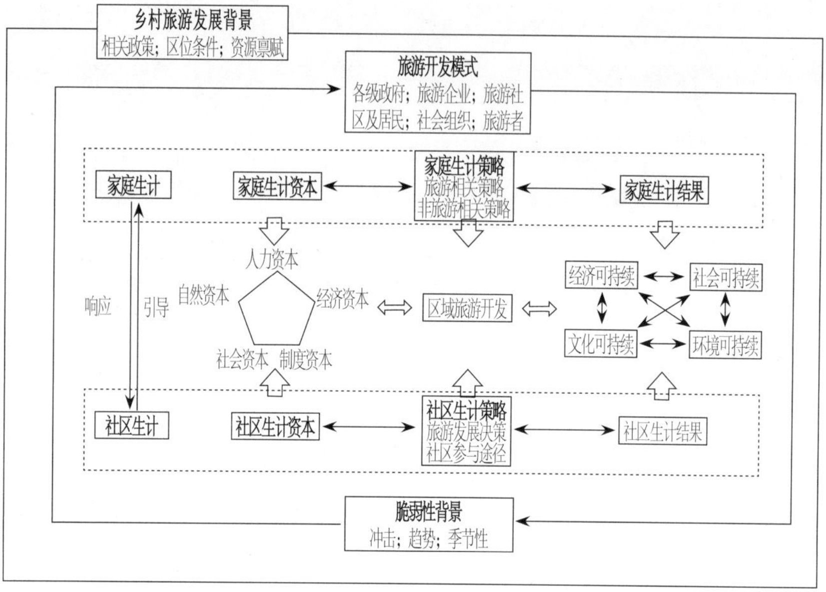

图2-2 民族地区乡村旅游巩固脱贫攻坚成果的理论分析框架

（1）宏观层面：理论视角

从理论视角的宏观层面来看，乡村旅游的自身特性决定了乡村旅游能够提升脱贫户生计的可持续性，助力脱贫户多维减贫，从而巩固脱贫攻坚成果；多元主体利益协调保证了乡村旅游能够巩固脱贫攻坚成果。

乡村旅游作为减贫工具，在巩固脱贫攻坚成果的过程中天然地发挥作用。首先，乡村旅游是劳动密集型产业，创造的就业岗位多且包容性大，既需要精英人才的资金和智力投资，更需要大量满足景区、酒店、餐饮行业需求的服务人员。这类工作岗位需求大，对脱贫人口来说入职门槛低、技能学习快，为脱贫人口稳岗就业创造机会。其次，乡村旅游的产业关联度大，不仅能带动食住行游购娱六大行业部门发展，还对工业、农业、手工业、商业等传统产业呈现出包容推动之态，促进脱贫摘帽地区增收。最后，乡村旅游的经济带动能力强，站在高质量发展的转型期，以“旅游+”“+旅游”的形式整合利用乡村资源，创造产业发展优势。厚植文化土壤，加强文化和旅游业态融合、产品融合、市场融合、服务融合，面向乡村旅游市场，开发特色文创产品，实现文化变现；农旅一体化发展加强重要农业文化遗产挖掘、保护、传承和利用，实现农旅互促。基于此，乡村旅游丰富脱贫户的生计策略，持续改善脱贫生计现状，促进脱贫人口长足发展。乡村旅游对脱贫户人力资本进行回填与培育，对经济资本进行夯实和补充，对自然资本进行保护与开发，对社会资本进行协调和提升，对制度资本进行保障和创新，进而整体提升脱贫摘帽地区的全面发展潜能。

乡村旅游具有鲜明的产业属性，而可持续减贫工作强调公益属性，这决定了在乡村旅游巩固脱贫攻坚成果的过程中，不同利益主体的利益最大化诉求不同，利益矛盾和利益博弈不可避免。然而不同利益主体的根本利益一致，即谋求可持续发展，因此，这种利益矛盾是非对抗、可协调的，主体利益协调保证了乡村旅游能够巩固脱贫攻坚成果[①]。利益协调的关键是凸显共同的根本利益，以可持续发展为目标，以统筹兼顾为手段。

有为的政府能够运用公权力组织、协调和引导资本力量、社区力量和社会力量形成合力，从而成为影响各个利益主体博弈结果的关键。政府作为乡村旅游巩固脱贫攻坚成果的掌舵人，监督各主体行为，兼顾各主体利益，促进区域整体发展。对脱贫个人，监测返贫风险，通过转移支付对处于返贫边缘的脱贫人口进行合理、及时、有效的帮扶；对摘帽社区，完善基础设施建设，强调和保障社区参与、社区增权，保证脱贫人口受益；对旅游企业，监督市场化运作行为，提供旅游用地优惠，针对企业益贫行为进行财政补贴；对社会组织，予以一定的政策和资金支持、充分的信任，配合非营利组织行动。

有效的市场在于发挥乡村旅游企业在巩固脱贫攻坚成果中主平台的作用，在区域经济发展中起到带头作用。兼顾经济利益与非经济利益，经营好、发展好、带动好，响应政策号召，自觉承担起社会责任、包容

① 蒋硕亮.科学发展观与和谐社会利益矛盾的化解［J］. 上海师范大学学报（哲学社会科学版），2009，38（4）：35-41.

社区参与、宣传传统文化、履行环保义务、接受广泛监督。

有能力的集体要求乡村旅游社区发挥巩固脱贫攻坚成果主力军的作用，起到管理、服务、保障、教育功能，在政府和脱贫人口之间上传下达，落实减贫政策，保障处于弱势的脱贫人口利益。值得注意的是，脱贫人口是乡村旅游社区巩固脱贫攻坚的主体性力量，发挥脱贫人口致富的主观能动性，兼顾眼前利益与长远利益，提升自我持续发展能力。有机的社会要求非营利组织在巩固脱贫攻坚成果中主要起到弥补疏漏的作用，可以作为政府工作的协助者、贫困人群的使能者、旅游企业的监督者，推动乡村旅游向追求经济、社会、文化、生态的综合效益发展。非营利组织也可作为乡村旅游开发和经营的主导者，一定程度上代替旅游企业的功能。

（2）中观层面：多维分析

从区域发展视角的中观层面来看，乡村旅游脱贫攻坚消除了贫困人口的经济贫困。后脱贫时代，乡村旅游以经济脱贫为基础，强调社区参与，辐射社会、文化、生态，对脱贫摘帽地区巩固脱贫攻坚成果起到正向推动作用。

经济维度上，乡村旅游产业以自身的优势和政策优势为支撑，延续脱贫攻坚时期向好发展态势，不断提升乡村旅游自身效益，不断壮大乡村旅游产业链，不断稳固既有就业岗位、释放新的岗位，充分发挥乡村旅游的富民功能，保证脱贫人口持续性获益增收，严守规模性返贫底线，朝着生活富裕目标稳中有进。在脱贫攻坚战打下的经济基础之上，力图产业多元融合发展，建成现代化乡村产业体系，撬动乡村从旅游产业一枝独秀向百业兴旺迈进。

社会维度上，应乡村旅游对客接待服务的要求，加强社区治安管理、整治乡村传统陋习、提升村民道德水平，助力乡村形成爱国爱乡、遵纪守法、家庭和睦、邻里团结的道德风尚，创建文明乡风。

文化维度上，随着乡村旅游发展，脱贫人口保护和发扬传统文化的获得感增多，对文化的尊重和自信、社区自豪感和环境保护意识提高，对乡村的文化认同感、民族归属感增强，促进乡村文化振兴。

环境维度上，乡村旅游促进乡村生态宜居。就生态建设而言，统筹山水林田湖草系统治理，守好绿水青山是乡村旅游发展的必要前提和内在要求。就宜居建设而言，进一步完善水、电、路等基础设施，改善乡村人居环境，治理环境污染，强调乡土气息和传统风貌，既是乡村旅游高质量发展的重要保证，也是实现人与自然和谐共生的有效途径。

（3）微观层面：实证研究

从脱贫人口的微观层面，以乡村旅游为背景和手段嵌入民族乡村地区发展，以巩固脱贫攻坚成果这一生计结果为结果变量，以脱贫户的乡村旅游生计资本（人力、社会、自然、经济和制度资本）为前因变量，探讨乡村旅游巩固脱贫攻坚成果（脱贫户个人生计和脱贫摘帽社区在经济、社会、文化、环境层面的可持续协调发展）的影响因素。针对影响因素的优先序排列，找到民族地区巩固脱贫攻坚成果的主导路径和支撑路径，并辅之以相应的政策供给。

就生计资本而言，脱贫户生计资本缺失可能引发返贫风险，乡村旅游为扩充生计资本创造机会。人力资本上，乡村旅游业态升级，特色民宿、景观农业、田园综合体蓬勃发展，对乡村人才提出了新要求，从激发其内生动力和培养其发展能力两个方面协同着力，脱贫人口由此获得更多元的受教育和培训的机会，以缓解脱贫人口能力贫困。社会资本上，乡村旅游巩固脱贫攻坚成果强调社区参与和公平合理的利益分配，缩小贫富差距，减缓脱贫人口社会贫困。自然资本上，一方面，优美的生态环境、整洁的村容村貌是乡村旅游发展的内在需求；另一方面，乡村旅游发展分担了社区在生态保护、环境治理、村容村貌改善中的部分工作，充实了脱贫人口的自然资本。经济资本上，乡村旅游巩固脱贫攻坚成果要求完善利益分配格局，创造旅游企业盈利与脱贫人口增收的双赢局面，缓解脱贫人口失去土地、住房后的心理贫困。制度资本上，包括政府、企业、社区等在内的多元主体共同保证乡村旅游的社区参与和脱贫人口的知情权、话语权，缓解脱贫人口的权利贫困。

就生计策略而言，过于单一的生计策略会加剧脱贫户的生计脆弱性，乡村旅游为丰富生计策略提供可能。当乡村地区进入旅游发展阶段之后，由于生计资本发生变化，家庭旅游生计策略经历“从无到有”的变迁过程，会呈现出2种结果：一种是旅游替代原有的生计方式成为村民新的生存依赖；另一种是旅游发展只是成为村民生计方式的补充，并与原有的生计方式协调共存，共同形成生计多样化的状态，降低传统生计风险。具体可以分为务工主导型、半工半农型、纯农户型、旅游专营型、均衡兼营型[①]。研究显示，脱贫户兼业程度越高，生计风险越小。乡村旅游巩固脱贫攻坚成果通过扩大脱贫人口的旅游参与，丰富脱贫人口的生计策略选择，可以达到稳定脱贫户生计现状，预防返贫风险，进而实现可持续生计的目的。

就生计结果而言，大量乡村旅游实践表明，旅游生计活动对于脱贫户生计可持续发展有所助益。云南省元阳县阿者科村采取旅游相关型生计策略后，农户除自然资本与非旅游相关型农户相差不大外，其余生计资本水平都高于非旅游相关型农户[②]。甘肃省陇南市花桥村旅游户各项生计资本均高于非旅游户[③]。秦巴山区乡村旅游地农户生计多元化发展，旅游业影响下农户生计资本规模得以提升，结构得以优化，多种生计资本甚至高于全区平均水平[④]。云南省西双版纳傣族自治州勐景来村参与旅游活动的家庭生计资本总值往往高于其他生计策略的家庭，且参与程度高的家庭生计资本总值最高，参与程度低的家庭生计资本总值则较低[⑤]。

2.4 本章小结

本章从对乡村旅游和乡村旅游巩固脱贫攻坚成果的概念界定出发，基于可持续生计理论、利益相关者理论和社区参与理论，梳理乡村旅游与巩固脱贫攻坚成果的关系，构建本书的理论分析框架。得出以下结论：

---

① 王伟.旅游扶贫政策引导下的农户生计策略选择［J］. 农业经济，2019（10）：77-78.

② 许扬，保继刚．“阿者科计划”对农户生计的影响分析——基于DFID可持续生计框架［J］. 热带地理，2022，42（6）：867-877.

③ 斯丽娟，夏琪，陶杰，等.旅游精准扶贫绩效影响因子研究——基于可持续生计理论［J］. 西北农林科技大学学报（社会科学版），2019，19（1）：29-38.

④ 崔晓明，杨新军.旅游地农户生计资本与社区可持续生计发展研究——以秦巴山区安康一区三县为例［J］. 人文地理，2018，33（2）：147-153.

⑤ 尚前浪，陈刚，明庆忠.民族村寨旅游发展对社区和家庭生计变迁影响［J］. 社会科学家，2018（7）：78-86.

（1）乡村旅游巩固脱贫攻坚成果是将乡村旅游作为可持续减贫工具引入贫困社区，在乡村旅游政策引导下，形成以旅游为主导的农户生计策略，进而不断增强脱贫地区农户的内生发展动力，使脱贫基础更加稳固、成效更可持续。

（2）全球性旅游减贫的成功案例为乡村旅游巩固脱贫攻坚成果提供了现实参考，学术界的众多观点为乡村旅游巩固脱贫攻坚成果提供学理依据，加之我国贫困地区乡村旅游减贫可行性、有效性在长期以来的反贫困工作实践中得以证实，因此本书认为乡村旅游能够巩固脱贫攻坚成果。

（3）本书遵循社会学研究的三个层次，从宏观、中观和微观层次构建乡村旅游巩固脱贫攻坚成果的理论研究体系。在宏观层面，乡村旅游的自身特性决定了乡村旅游能够巩固脱贫攻坚成果，多元主体利益协调保证了乡村旅游能够巩固脱贫攻坚成果。在中观层面，乡村旅游脱贫攻坚消除了贫困人口的经济贫困，后脱贫时代，乡村旅游以经济脱贫为基础，强调社区参与，辐射社会、文化、生态，对脱贫摘帽地区巩固脱贫攻坚成果起到正向推动作用。在微观层面，基于修正的可持续旅游生计框架，以乡村旅游为背景和手段嵌入民族乡村地区发展，以巩固脱贫攻坚成果这一生计结果为结果变量，以脱贫户的乡村旅游生计资本（人力、社会、自然、经济和制度资本）为前因变量，探讨乡村旅游巩固脱贫攻坚成果（脱贫户个人生计和脱贫摘帽社区在经济、社会、文化、环境层面的可持续协调发展）的影响因素。针对影响因素的优先序排列，找到民族地区巩固脱贫攻坚成果的主导路径和支撑路径，并辅之以相应的政策供给。

3 民族地区脱贫户返贫风险的识别与预警

习近平总书记在全国脱贫攻坚总结表彰大会上指出脱贫摘帽不是终点，而是新生活、新奋斗的起点，强调让脱贫基础更加稳固、成效更可持续，对易返贫致贫人口要加强监测，做到早发现、早干预、早帮扶[①]。在深度贫困集中分布的民族地区，致贫因素复杂、扶贫难度大、效果不明显，贫困治理工作往往会陷入“扶贫-脱贫-返贫”的恶性循环[②]。有研究表明，农户陷入返贫危机的根源在于功利扶贫模式下农户自身脆弱的生计状况没有发生有益的改变[③]，因此敏锐识别并预警返贫风险对切断“脱贫-返贫”通路、预见性地阻断返贫，具有较强的现实意义。

---

① 习近平.在全国脱贫攻坚总结表彰大会上的讲话［N］. 人民日报，2021-02-26（2）.

② 黄承伟.中国扶贫理论研究论纲［J］. 华中农业大学学报（社会科学版），2020（2）：1-7；161.

③ 卜海.我国脱贫再返贫防范机制的建立和运行问题研究［J］. 江苏师范大学学报（哲学社会科学版），2018，44（6）：1-9.

3.1 脱贫人口生计脆弱性导致返贫风险的作用机理

由于脆弱性导致返贫风险的作用机制尚未厘清，目前农户的生计脆弱性会导致什么样的返贫风险，如何有效评估返贫风险还处于研究空白状态。国外学者Polsky等提出“暴露度-敏感性-适应能力”的分析框架，提供了一个脆弱性水平的量化分析评价模型①。国内学者对农户生计脆弱性的研究主要集中于农户脆弱性的影响机理与评价指标构建，从不同维度阐述了农户脆弱性成因及类型②③。虽然已有学者④指出农户生计脆弱性会带来生计风险，但是以往的研究常常将生计脆弱性作为背景，即外部因素，少有学者对基于农户脆弱性这一前置变量可能带来的返贫风险进行研究。而生计脆弱性带来的不可持续生计，对脱贫户而言是巨大的隐患，值得深入探讨。

3.1.1 生计脆弱性

脆弱性是在不利影响下的受损程度、敏感程度以及承受能力的综合特性，可以被量化测量。Polsky提出了“暴露度-敏感性-适应能力”的脆弱性分析框架⑤。生计脆弱性本质上是一种“脆弱性”，具有脆弱性的一切特征，Siegel等认为生计脆弱性是与陷入贫困的可能性密切联系的事前和事后状态，表征了未来贫困和福利受损的可能⑥。关于生计与脆弱性关系，可持续生计框架认为农户生计包括脆弱性背景，指外部环境的不确定性；另一类研究⑦认为脆弱性是家庭条件行动和风险的产

---

① POLSKY C, NEFF R, YARNAL B. Building comparable global change vulnerability assessments: The vulnerability scoping diagram [J]. Global Environmental Change, 2007 (17): 472-485.

② 杨龙，李萌，汪三贵.贫困村互助资金降低农户脆弱性了吗——来自5省1213户三期面板数据的证据 [J]. 农业技术经济，2018 (6): 57-70.

③ 吴吉林，刘帅，刘水良，等.张家界农户乡村旅游脆弱性评价与影响因素 [J]. 地理科学，2020，40 (8): 1336-1344.

④ 李立娜，何仁伟，李平，等.典型山区农户生计脆弱性及其空间差异——以四川凉山彝族自治州为例 [J]. 山地学报，2018，36 (5): 792-805.

⑤ POLSKY C, NEFF R, Yarnal B. Building comparable global change vulnerability assessments: The vulnerability scoping diagram [J]. Global Environmental Change, 2007 (17): 472-485.

⑥ SIEGEL P B, ALWANG J. An asset-based approach to social risk management: a conceptual framework [R]. Washington DC: The World Bank, 1999.

⑦ 阎建忠，喻鸥，吴莹莹，等.青藏高原东部样带农牧民生计脆弱性评估 [J]. 地理科学，2011，31 (7): 858-867.

物，指出影响农户可持续生计有内外两种因素，内部原因来自脆弱性，外部冲击则用风险阐释，Dercon建立了“风险-生计脆弱性”分析框架[①]。两类观点都认为风险是外生于农户生计的，常用风险大小衡量农户生计脆弱性分析框架中的暴露程度，即风险可能会导致生计脆弱性。在论及农户生计脆弱性的内生因素时，有学者用生计能力来解释[②]。综合上述观点，本书认为生计脆弱性是农户受内外因素叠加影响的结果，是农户在外部冲击下，由于自身承受力和恢复力的缺失而表现出的生计不可持续性。生计脆弱性可能会导致农户的高敏感性和低适应能力，从而处于可能遭受损失的不确定状态，通过对生计脆弱性的测度可以反映风险。

3.1.2 返贫风险

如果说脆弱性描述了未来可能遭受损失的状态，那么风险则以会发生损害为前提，阐释了这种损失的可能性大小。返贫意味着原来已经脱贫的人口因某种原因，不能维持正常的生存状况，又重新陷入贫困状态。这种现象表明，贫困者的生存状况和发展方式没有发生根本性变化，难以在短时间内摆脱贫困状态。在返贫风险的类型界定问题上，学者们莫衷一是。付少平等提出，脱贫人口面临的主要生计风险是生计资本风险、生计能力风险和生计策略风险三类[③]；汪磊等将返贫风险因素分为系统风险和非系统风险两大类[④]；耿新把民族地区返贫风险分为能力缺失风险、政策性返贫风险、环境性返贫风险和发展性返贫风险[⑤]。可以看出，返贫风险是多样化的，但当前已基本达成返贫风险包含农户生计内外两种因素的共识。内因表现为农户生计的不可持续性，进而造成生计脆弱性，最终形成返贫风险；外因类似于在生计脆弱性论述中提到的“风险”，表现为生计脆弱性中的暴露度水平，同样通过生计脆弱

---

① DERCON S. Assessing Vulnerability [J]. Jesus College and CSAE, Department of Economics, Oxford University, 2001.

② 杨瑚.返贫预警机制研究 [D]. 兰州：兰州大学，2019.

③ 付少平，石广洲.乡村振兴背景下脱贫人口面临的生计风险及其防范 [J]. 西北农林科技大学学报（社会科学版），2021，21（1）：19-28.

④ 汪磊，汪霞.基于风险分析的西南喀斯特山地省区农村返贫问题研究——以贵州为例 [J]. 贵州大学学报（社会科学版），2013，31（3）：27-30；67.

⑤ 耿新.民族地区返贫风险与返贫人口的影响因素分析 [J]. 云南民族大学学报（哲学社会科学版），2020，37（5）：68-75.

性造成返贫风险。在前人研究的基础之上，本书认为，返贫风险即已脱贫农户再次陷入贫困的可能性，根据可持续生计框架可以划分为人力风险、金融风险、物质风险、自然风险、社会风险五大生计风险子类。

3.1.3 生计脆弱性导致返贫风险的作用机理（如图3-1所示）

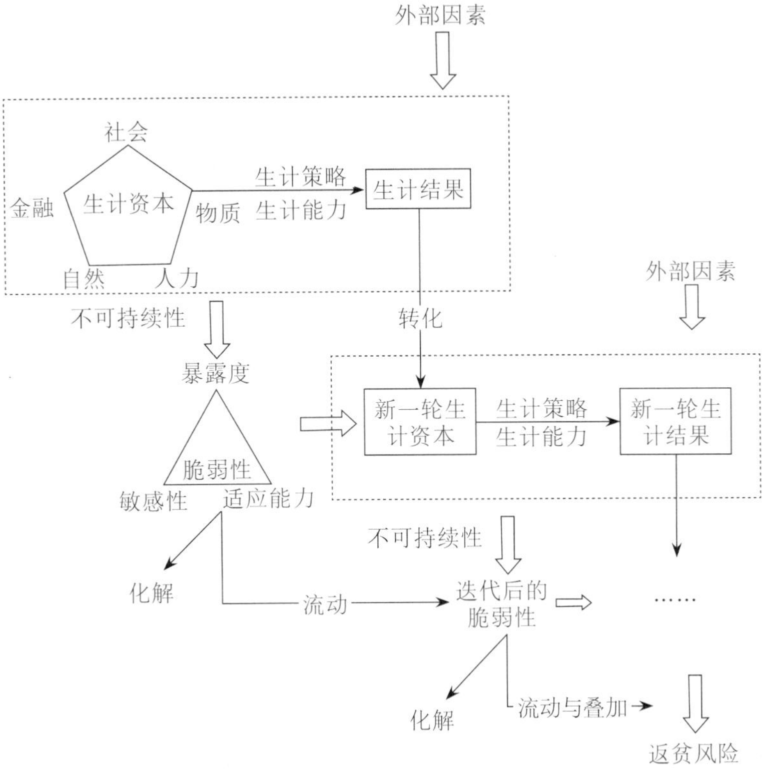

图3-1 生计脆弱性导致返贫风险的作用机理

从动态视角来看，返贫风险的形成是生计脆弱性量变演化的质变结果，大致遵循“不可持续生计—脆弱性—返贫风险”的作用路径。首先，生计脆弱性具有动态性，生计脆弱性动态发展可能导致脱贫户返贫风险。不可持续的生计策略在生计资本的综合使用上出现偏差，造成脆弱的农户生计，虽不会直接损害农户福利，但在生计循环中不断发展，将可能形成生计风险，生计风险对应到脱贫户体现为返贫风险，返贫风险或将直接损害脱贫成效。其次，生计脆弱性具有传递性，返贫风险是生计脆弱性传递叠加的结果。农户的生产生活是一个周而复始的循环过程[①]，生计脆弱性内生于生计过程，随生计循环“流动”。同时，农户新一轮生计循环也可能衍生出新的生计脆弱性，生计脆弱性便在生计循环之中不断地积累与迭代，造成返贫风险。值得一提的是，生计能力是一项重要影响因素。一方面，原生脆弱性可以通过恰当的生计策略选择被部分化解，生计策略与生计能力匹配程度越高，农户的风险适应能力越强。另一方面，历史遗留的生计脆弱性将很大程度上削弱脱贫户当前的生计能力，对成功化解生计脆弱性造成阻碍。

从静态视角来看，由于返贫风险的阶段性演化，脱贫户在某一时点面临的返贫风险又具有规律性，可细分为五大生计风险子类。脱贫户人力资本缺失将直接削弱农户的造血能力，长此以往，陷入恶性的生计循环，催生人力风险。物质资本是脱贫户生计的保障和顺利实现可持续生计的物质基础，物质资本不足或者对物质资本不可持续使用将扰乱生计过程，引发生计脆弱性，最终造成返贫的物质风险。脱贫户对自然资本的不可持续利用将透支农户未来的自然资本，加重生计循环中的脆弱性程度，加剧农户返贫风险。金融资本是农户最直观和最重要的资本，可以很大程度上弥补其他资本的短板，金融风险是农户生计的重大隐患，可能导致生计资本全面崩塌。社会资本代表了农户在生计过程中的社会因素限制和可以动用的社会力量，并非返贫的决定性因素。还需注意，子风险之间相互关联。其一，脱贫户各个生计资本相互牵动，一种生计风险可能牵连其他生计资本，产生更大的返贫可能。其二，各项生计风险在脱贫户生计循环中相互纠缠，共同作用于脱贫户生计活动，催生返贫风险。

3.2 民族地区脱贫户返贫风险评估指标体系构建

所有地区的返贫风险具有相似性，原因在于较多学者基于可持续生计框架将返贫风险解构为人力风险、物质风险、自然风险、金融风险和

① 许汉石，乐章.生计资本、生计风险与农户的生计策略［J］. 农业经济问题，2012，33（10）：100-105.

社会风险等5个维度，这些维度的评价量表（指标体系）已较为成熟[①-②]。然而民族地区返贫风险又具有复杂性，贫困历史长、贫困程度深、地区位置远、经济要素少、外部支持弱、社会认知差等原因导致民族地区返贫风险的不同指标权重与非民族地区具有较大不同，如民族地区林地指标达到0.80，非民族地区一般不将该指标纳入；同时本书对每个子风险类型进行脆弱性溯源，暴露度、敏感性和适应能力将较多指标综合起来从状态-压力-响应视角表征农户某种生计资本的脆弱性，进而反馈脱贫户返贫风险，这个过程可表征民族地区居民在不同指标上的重视程度，尤其是在适应能力方面的差异直接反映某些指标的特殊性，如社会信任，少数民族地区由于特殊宗族因素致使社会信任与非民族地区差异性较大。

具体而言，暴露度（E）指脱贫户所拥有的某项生计资本在脱贫户不同的生计策略选择和外部冲击下的损失程度，是客观现实。暴露度越高，脱贫户生计越脆弱，在脆弱的生计基础上的生计循环中积攒形成返贫风险的可能性越大。敏感性（S）则与脱贫户心理有关，是从脱贫户自身感知出发，衡量对所受冲击的担忧程度，脱贫户的担忧程度越大，表明脱贫户对该项风险的敏感性越强，风险程度越高。本书将生计能力纳入适应能力（A）中，认为适应能力包括在外界冲击下的承受能力以及遭受冲击后自身的恢复力，二者分别对应生计资本在遭受损失后的现存量和农户的生计能力。适应能力越强，返贫风险造成的损害越弱、对生计脆弱性的纠误能力越强，未来返贫的风险也就越低。

在参考相关研究结果的基础之上，根据西南民族地区脱贫户的生计现状和地区特征，以农户各类风险对应的暴露度、敏感性、适应能力为指标，遵循科学系统性原则、层次性原则、可操作性原则和区域性原则，从Web of Science和中国知网关于“脆弱性”“农户生计”和“风险”的18篇外文文献和14篇中文文献中选取了30个高频指标，构建了

① TAO T, WALL G.Tourism as a sustainable livelihood strategy [J]. Tourism Management, 2009, 30 (1): 90-98.

② SU M M, WALL G, WANG Y, et al. Livelihood sustainability in a rural tourism destination - Hetu Town, Anhui Province, China [J]. Tourism Management, 2019, 71 (4): 272-281.

脱贫户返贫风险评估指标体系（见表3-1）。本书将人力风险（H）视为脱贫户人力资本的数量、质量、发展潜力以及拖累情况因素叠加的结果。家庭成员的健康状况和劳动力流失指标从人力资本的质量和数量两个角度呈现暴露度水平，从对教育负担和赡养负担的担忧程度测度脱贫户的敏感性，用劳动能力和受教育程度衡量适应能力。脱贫户面临的物质风险（P）分为私有形式的物质风险和公有形式的物质风险，选取表示受损程度的住房结构、家庭固定财产损失指标衡量暴露度，从对粮食减产和家庭财产损失的担忧程度衡量敏感性，从公共基础设施、耐用品拥有量衡量适应能力。在我国西南民族地区，耕地与林地是脱贫户抵御自然风险（N）的重要自然资本，可以用来衡量脱贫户自然资本脆弱性下的适应能力，本书选取自然灾害和环境污染两个指标衡量自然风险对应的自然资本脆弱性的暴露度水平，用对自然灾害和环境污染的担忧程度衡量敏感性。金融风险（F）下对应指标从脱贫户的农业和非农业收入入手测量暴露度，以脱贫户收入波动情况和脱贫户非农就业难度衡量对金融风险的敏感性，用信贷来源和收入状况反映脱贫户的适应能力。生计脆弱性带来的社会风险（S）可以围绕社会资本的拥有情况进行衡量，通过社会参与状况和信息通达性指标描述脱贫户社会资本受损的情况，即暴露度水平，对政策波动和社会网络瓦解的担忧程度反映脱贫户对社会资本的敏感程度，领导能力和社会信任两个指标共同从脱贫户对于社会资本的掌控能力着手界定脱贫户社会资本存量，反映脱贫户对于社会风险的适应能力。

表3-1　**民族地区脱贫户返贫风险评价指标**

准则层	指标层	测度指标	指标含义及赋值	指标类型
人力风险	暴露度	HE_1健康状况	很健康为5，比较健康为4，一般为3，不太健康为2，不健康为1	正
		HE_2劳动力流失	用外出劳动力占家庭人口比例衡量，大于0.8为5，0.6~0.8为4，0.4~0.6为3，0.2~0.4为2，0.2及以下为1	负

续表

准则层	指标层	测度指标	指标含义及赋值	指标类型
人力风险	敏感性	HS_1 赡养老人负担	非常担忧为5，比较担忧为4，担忧为3，有点担忧为2，不担忧为1	负
		HS_2 子女教育负担		负
	适应能力	HA_1 劳动能力	用家庭中可参加劳动的人数来衡量	正
		HA_2 受教育程度	大专及以上为5，高中为4，初中为3，小学为2，文盲为1	正
物质风险	暴露度	PE_1 住房结构	土木房为4，砖瓦房为3；砖混房为2，混凝土房为1	负
		PE_2 家庭固定财产损失	非常严重为5，比较严重为4，一般为3，不太严重为2，不严重为1	负
	敏感性	PS_1 粮食减产	非常担忧为5，比较担忧为4，担忧为3，有点担忧为2，不担忧为1	负
		PS_2 家庭财产损失	非常满意为5，比较满意为4，一般为3，不满意为2，非常不满意为1	负
	适应能力	PA_1 公共基础设施		正
		PA_2 耐用品拥有量	非常充足为5，比较充足为4，一般为3，比较缺乏为2，非常缺乏为1	正
自然风险	暴露度	NE_1 自然灾害	非常严重为5，比较严重为4，一般为3，不太严重为2，不严重为1	负
		NE_2 环境污染		负
	敏感性	NS_1 遭遇自然灾害	非常担忧为5，比较担忧为4，担忧为3，有点担忧为2，不担忧为1	负

续表

准则层	指标层	测度指标	指标含义及赋值	指标类型
自然风险	敏感性	NS_2 环境污染影响农作物产量	非常担忧为5，比较担忧为4，担忧为3，有点担忧为2，不担忧为1	负
	适应能力	NA_1 耕地指标	非常充足为5，比较充足为4，一般为3，比较缺乏为2，非常缺乏为1	正
		NA_2 林地指标		正
金融风险	暴露度	FE_1 农业亏损	非常严重为5，比较严重为4，一般为3，不太严重为2，不严重为1	负
		FE_2 补偿标准低		负
	敏感性	FS_1 非农就业难	非常担忧为5，比较担忧为4，担忧为3，有点担忧为2，不担忧为1	负
		FS_2 收入不稳定		负
	适应能力	FA_1 获得信贷来源	政府无偿援助为4，亲戚或朋友为3，银行或信用社为2，高利贷为1	正
		FA_2 家庭人均年收入	大于80 000元为4，30 001~80 000元为3，10 001~30 000元为2，10 000元及以下为1	正
社会风险	暴露度	SE_1 社会参与	用参与公共事务决策程度衡量，几乎都参与为5，大多数参与为4，一般为3，不太参与为2，几乎不参与为1	正
		SE_2 信息通达性	用政策知晓度衡量，几乎全部了解为5，大多数了解为4，一般为3，不太了解为2，几乎不了解为1	正

续表

准则层	指标层	测度指标	指标含义及赋值	指标类型
社会风险	敏感性	SS_1政策波动	非常担忧为5，比较担忧为4，担忧为3，有点担忧为2，不担忧为1	负
		SS_2社会网络瓦解		负
	适应能力	SA_1领导能力	家庭有村委会成员赋值为2，没有赋值为1	正
		SA_2社会信任	用对周围人的信任度衡量，几乎全部信任为5，大多数信任为4，一般信任为3，不太信任为2，几乎不信任为1	正

3.3 民族地区脱贫户返贫风险的实证研究

3.3.1 研究区域

少数民族地区往往贫困程度深、扶贫成本高、脱贫难度大，农业农村基础差、底子薄、发展滞后，是脱贫攻坚的主战场[①]。在本身经济欠发达的西南民族地区，令人瞩目的脱贫攻坚成果来之不易，意味着该地区的阻断返贫工作面临更为严峻的形势，以该地区为例开展返贫风险评估和预警机制研究具有典型性。本书选取了我国西南地区三省一市共5个少数民族贫困村作为案例点，调研小组在2021年1月到2021年3月间通过实地走访共收集了205份有效问卷。案例点分别是重庆市黔江区濯水景区、重庆市武隆区浩口苗族仡佬族乡浩口村田家寨、四川省阿坝藏族羌族自治州茂县坪头村、云南省迪庆藏族自治州德钦县雨崩村、贵州省黔东南苗族侗族自治州雷山县郎德上寨。五个案例点均在少数民族地区，将脱贫攻坚工作与发展乡村旅游相结合，脱贫户生计很大程度上受到了旅游业发展的影响，多元化趋势更加明显。受访对象中男性105

① 王延中，丁赛.民族地区脱贫攻坚的成效、经验与挑战［J］. 西南民族大学学报（人文社会科学版），2020，41（11）：8-16.

人，占总样本的51.2%；女性100人，占总样本的48.8%，男女比例基本持平。从年龄来看，被试对象以中老年居多。其中18~31岁的35人，占样本总数的17.1%；32~42岁的38人，占样本总数的18.5%；43~55岁的62人，占30.2%；56岁以上的70人，占34.1%。从受教育程度看，被调查者受教育程度普遍偏低，其中小学及以下文化程度43人，占样本总数的21.0%；初中文化程度68人，占33.2%；高中文化程度63人，占30.7%；大专及以上文化程度仅31人，占15.1%。

3.3.2 研究方法

熵是评价系统有序程度的客观衡量，熵越小，指标变异程度越大，所包含信息量越多，在指标体系中的重要程度越高。熵值法是一种客观赋权法，运用该方法给指标赋权可以保证权重的绝对客观性①。因此，本书在熵值法的基础上对脱贫户进行返贫风险综合评价，计算步骤为：

（1）数据标准化

对各个指标数据进行无量纲化处理：

正向指标：$x'_{ij} = (x_{ij} - \bar{x})/s_j$ （1）

逆向指标：$x'_{ij} = (\bar{x} - x_{ij})/s_j$ （2）

对标准化后的数值进行平移，得：

$$Z_{ij} = x'_{ij} + A \tag{3}$$

（2）计算各指标的信息熵

第j项指标下，第i个数据值的比重p_{ij}为：

$$p_{ij} = Z_{ij} \Big/ \sum_{i=1}^{n} Z_{ij} (i = 1,\ 2,\ \cdots,\ n;\ \ j = 1,\ 2,\ \cdots,\ m) \tag{4}$$

指标熵值e_j为：

$$e_j = -1/\ln n * \sum_{i=1}^{n} p_{ij} \ln p_{ij} (i = 1,\ 2,\ \cdots,\ n;\ \ j = 1,\ 2,\ \cdots,\ m) \tag{5}$$

（3）确定各指标权重

第j项指标的差异系数g_j为：

$$g_j = 1 - e_j \tag{6}$$

① 毛锦凰.乡村振兴评价指标体系构建方法的改进及其实证研究［J］.兰州大学学报（社会科学版），2021，（3）：47-58.

第j项指标的权重w_j为：

$$w_j = g_j \Big/ \sum_{j=1}^{m} g_j \ (j = 1, 2, \cdots, m) \tag{7}$$

（4）为方便描述，参考以往研究，得到第i个脱贫户返贫的风险系数r_i：

$$r_i = \sum_{j=1}^{m} 100 w_j \times p_{ij} \tag{8}$$

3.3.3 结果分析

较多研究指出，历史上发展欠账较多、生态环境资源转化资产迟缓、居民自我脱贫意识薄弱、外部支持条件不持续性以及基础设施建设滞后性，是民族地区巩固脱贫攻坚成果面临的难题，而非民族地区这些问题没有显著凸显，这是两者的基本区别。基于上述5个方面的不同，再加上民族地区政府主导的巩固脱贫，注重物质帮扶忽视精神培育、重视行政措施轻视市场调节与制度构建，致使民族地区返贫风险系数高、频数大，且返贫风险容易呈现主导风险因子与多种风险因子并存的现象，在接下来的分析中将详细阐述。

本书运用熵值法对案例地的研究数据进行了处理，得出各个脱贫户返贫风险评价维度的权重，形成民族地区脱贫户返贫风险评估体系（见表3-2）。

表3-2　**西南民族地区脱贫户返贫风险评估体系表**

维度	指标层	指标	信息熵值e	差异系数g	权重系数w	风险权重
人力风险（H）	暴露度	HE_1健康状况	0.9745	0.0255	0.0208	0.1553
		HE_2劳动力流失	0.9343	0.0657	0.0534	
	敏感性	HS_1赡养老人负担	0.9841	0.0159	0.0129	
		HS_2子女教育负担	0.984	0.016	0.0130	
	适应能力	HA_1劳动能力	0.9712	0.0288	0.0234	
		HA_2受教育程度	0.9608	0.0392	0.0318	

续表

维度	指标层	指标	信息熵值e	差异系数g	权重系数w	风险权重
物质风险（P）	暴露度	PE_1住房结构	0.8947	0.1053	0.0856	0.2366
		PE_2家庭固定财产损失	0.9795	0.0205	0.0167	
	敏感性	PS_1粮食减产	0.9813	0.0187	0.0152	
		PS_2家庭财产损失	0.9854	0.0146	0.0119	
	适应能力	PA_1公共基础设施	0.9377	0.0623	0.0507	
		PA_2耐用品拥有量	0.9305	0.0695	0.0565	
自然风险（N）	暴露度	NE_1自然灾害	0.9693	0.0307	0.0250	0.1941
		NE_2环境污染	0.9754	0.0246	0.0200	
	敏感性	NS_1遭遇自然灾害	0.9862	0.0138	0.0112	
		NS_2环境污染影响农作物产量	0.9821	0.0179	0.0146	
	适应能力	NA_1耕地指标	0.9464	0.0536	0.0435	
		NA_2林地指标	0.9018	0.0982	0.0798	
金融风险（F）	暴露度	FE_1农业亏损	0.9747	0.0253	0.0206	0.1746
		FE_2补偿标准低	0.9891	0.0109	0.0089	
	敏感性	FS_1非农就业难	0.9753	0.0247	0.0201	
		FS_2收入不稳定	0.9819	0.0181	0.0147	
	适应能力	FA_1获得信贷来源	0.877	0.123	0.0999	
		FA_2家庭人均年收入	0.9872	0.0128	0.0104	
社会风险（S）	暴露度	SE_1社会参与	0.9607	0.0393	0.0320	0.2394
		SE_2信息通达性	0.9805	0.0195	0.0158	
	敏感性	SS_1政策波动	0.9181	0.0819	0.0666	
		SS_2社会网络瓦解	0.9795	0.0205	0.0166	

续表

维度	指标层	指标	信息熵值e	差异系数g	权重系数w	风险权重
社会风险（S）	适应能力	SA_1领导能力	0.9204	0.0796	0.0647	0.2394
		SA_2社会信任	0.9461	0.0539	0.0437	

基于脱贫户返贫风险评估体系，运用前述的综合评价法对脱贫户的返贫风险系数进行了测算。本书中，风险的综合得分越低，脱贫户返贫的危机程度越高。参考前人研究[①②]的风险等级划分，本书依据脱贫户风险系数由大到小将脱贫户的返贫风险分为5个等级：重度返贫风险、高度返贫风险、中度返贫风险、轻度返贫风险和无返贫风险。

（1）现阶段案例地脱贫户面临较高的返贫风险和较为严峻的返贫形势。将样本脱贫户从1到205编号，样本脱贫户返贫风险系数 $r \in [0.3919, 0.6394]$。共识别出重度风险脱贫户19户，高度风险脱贫户100户，中度风险脱贫户62户，轻度风险脱贫户18户，无风险脱贫户6户。样本脱贫户中48.8%的脱贫户有高度返贫风险，半数以上的脱贫户处于高度和重度返贫风险中。

（2）人力资本和金融资本对脱贫户返贫风险的贡献率最高，是脱贫户返贫风险的主导因素。如表3-2所示，返贫风险评估体系中，人力风险和金融风险的权重系数分别为15.53%和17.46%，人力风险和金融风险更有可能拉低脱贫户的综合得分，增大脱贫户返贫风险。一般而言，金融风险和人力风险呈正相关关系，脱贫户面临的生计风险往往是金融风险和人力风险共同或其中之一为主导，而上述两类风险具体的表现形式以及其子风险组合存在较大的地区和个体差异，需要分别讨论。

19户面临重度返贫风险的脱贫户对于返贫风险的研究具有典型性（见表3-3）。其中，有9户是以人力风险为主导，9户以金融风险为主

① 杨扬.中国系统性金融风险测度及预警研究［D］. 重庆：重庆大学，2014.
② 赵文倩.基于实体经济与虚拟经济背离角度的金融危机预警研究［D］. 济南：山东财经大学，2015.

导，1户以自然风险为主导。究其原因，人力资本与脱贫户的生计能力直接相关，生计能力又决定了对所有生计资本的综合运用能力。人力风险主要来自脱贫户家庭人力资源数量不足和质量欠缺，受脆弱性的影响程度深，脱贫户在风险面前的暴露度高。本就缺少人力资本的脱贫户对于人力资本的敏感性更大，人力资本一旦流失，脱贫户将不堪重负，陷入新一轮的贫困。此外脱贫户的知识水平和文化程度往往较低，文盲、半文盲占较高比例，他们学习新知识和接收各种信息的能力较弱，难以维系可持续的生计，风险适应能力弱。在面临重度返贫风险的脱贫户中，以金融风险为主导的脱贫户该项风险得分在［0.0506，0.0766］，最低值低于人力风险最低值0.0647，表明在重度返贫风险的脱贫户之中，金融风险对于脱贫户生计可能有更为沉重的打击。金融资本是脱贫户脱贫的根本性指标和脱贫户生计资本中最为活跃的因素，高金融风险来源于脱贫户本身薄弱的金融资本基础，传统务农的生计方式易受外界影响，收入不稳定，暴露度高。金融资本是脱贫户最具象、最直观的资本，受脱贫户关注度高，敏感性较强。由于自身认知的限制，脱贫户在遭遇金融风险时多向亲友求助，借贷渠道较为局限；客观而言，面临重度返贫风险的脱贫户自身的金融资产储备并不足以支撑其在有强脆弱性的生计循环中平稳度过，面临重度返贫风险的脱贫户在金融风险前的适应能力也极为有限。

表3-3　　**重度返贫风险脱贫户的风险构成**

编号	人力	金融	社会	物质	自然
14	0.0744	0.0726	0.0793	0.0993	0.0962
17	0.0659	0.0759	0.1071	0.1085	0.0810
28	0.0586	0.0506	0.1102	0.1070	0.1130
49	0.0827	0.0725	0.0943	0.0843	0.1032
61	0.0752	0.0777	0.0881	0.1013	0.0945
66	0.0831	0.0561	0.1166	0.0843	0.0871
69	0.0739	0.0727	0.1049	0.0970	0.0815

续表

编号	人力	金融	社会	物质	自然
74	0.0720	0.0751	0.1174	0.0939	0.0821
75	0.0647	0.0667	0.0979	0.0973	0.0702
76	0.0725	0.0772	0.0816	0.0885	0.0947
91	0.0655	0.0772	0.1059	0.0991	0.0886
94	0.0765	0.0751	0.1021	0.0940	0.0927
111	0.0822	0.0766	0.0754	0.1009	0.0927
124	0.0729	0.0733	0.0845	0.1013	0.0866
125	0.0755	0.0734	0.0788	0.1032	0.0931
134	0.0761	0.0713	0.0867	0.1011	0.0957
135	0.0701	0.0996	0.0771	0.1043	0.0749
170	0.0667	0.0910	0.0965	0.0941	0.0912
180	0.0615	0.0874	0.1139	0.0787	0.0504

（3）脱贫户的返贫风险并非单一因素引发的，而是由单个脆弱性因素主导，各项脆弱性因素共同作用导致的。脱贫户的主导生计风险将导致脱贫户获取和运用其他生计资本受阻，其他生计资本被削弱不利于脱贫户摆脱主导生计风险，各项生计风险共同参与，诱发返贫风险。总体来看，样本脱贫户的返贫风险类型主要集中在人力风险和金融风险，这两种风险也是大多数脱贫户面临的最主要返贫风险，人力资本和金融资本在脱贫户稳固脱贫中的重要性可见一斑。然而，主导风险是相对的，它并不对其他类型的风险构成遮蔽，脱贫户返贫仍是多方因素共同作用的结果，同时面临两种及以上主要风险的脱贫户占比很大，客观来讲，脱贫户的社会、物质、自然风险也需要兼顾。值得注意的是，面临较高返贫风险的脱贫户的风险往往是复合型的，不同类型的风险相互影响、相伴而生，对有重度返贫风险的脱贫户需要多管齐下，综合提升抗风险

能力。

3.4 民族地区脱贫户返贫风险预警机制构建

本书提出的预警机制从系统上涉及风险分析与风险防控两个方面（如图3-2所示），其中风险分析是前提，风险防控是关键，而整个预警机制构建的核心是风险系数的确立。预警机制的具体构建过程如下：

一是评估返贫风险，计算脱贫户返贫风险得分，这是确定返贫风险警戒线与划分返贫风险类型的依据。根据脱贫户生计风险监测程序，严格依照返贫风险评估指标体系及对应权重进行脱贫户生计风险综合评价，计算风险得分。

二是确定警兆，即确定返贫风险系数的临界值（警戒线），这直接关系着整个预警机制系统的运行。结合巩固脱贫、返贫风险以及各种危机预警机制等相关文献，基于调研地区脱贫户风险系数的取值范围（0.3919到0.6394），再加上对所有调查对象生计资本、生计策略、生计能力的综合考量，确定警兆值为0.5404，大于该值，表明脱贫户已经完成了脱贫且有较强的持续“造血”能力，只需要对其进行定期的风险评估，常规监控。反之，则意味着脱贫户生计能力较为脆弱，极容易再次返贫，需动态监控，及时发布预警。

三是明确警度。对于跨越预警线的脱贫户，根据其风险系数，进行精准划分，以便于发布对应等级的风险预警，这是对第二步低于警兆值脱贫户的进一步划分。根据风险系数的取值范围，参考杨瑚、赵文倩等学者的研究，风险系数处于0.4909到0.5404之间的脱贫户属于中度返贫风险类型；如果风险系数小于0.4909，脱贫户则处于高度返贫风险的范围；基于19户脱贫户风险得分最大值和最小值分别为0.4405和0.3919，我们认为一旦脱贫户的返贫风险得分低于0.4405，说明脱贫户处于重度返贫风险状态。

四是识别警源与确定干预措施。借助上一步脱贫户风险程度的划分，对不同警度的脱贫户进行返贫风险点诊断，并基于风险因子识别，确立干预、防控措施。一方面，依据风险评估中所识别出的警源，结合现有应对措施，从覆盖全面性和扶持力度两个方面进行政策反思，找到政策薄弱点，确定下一阶段防止返贫的施力方向。另一方面，对于中度返贫风险的脱贫户，应采取一定的预防措施兜底，鼓励脱贫户依靠自身生计能力消除生计脆弱性，从而减轻返贫风险；针对处于高度及以上返贫风险的脱贫户，应对脱贫户面临的具体返贫风险成因进行分析，依据返贫风险评估体系计算脱贫户各个风险得分，摸清脱贫户的风险类型，找到脱贫户的返贫风险点，然后对症下药。此外，依据警度大小和警源构成的复杂程度，确定干预周期内对脱贫户的监控强度，保持持续关注，同时还应配合对脱贫户返贫风险的密切监控，动态调整相关政策，切实保障脱贫户稳固脱贫不返贫。

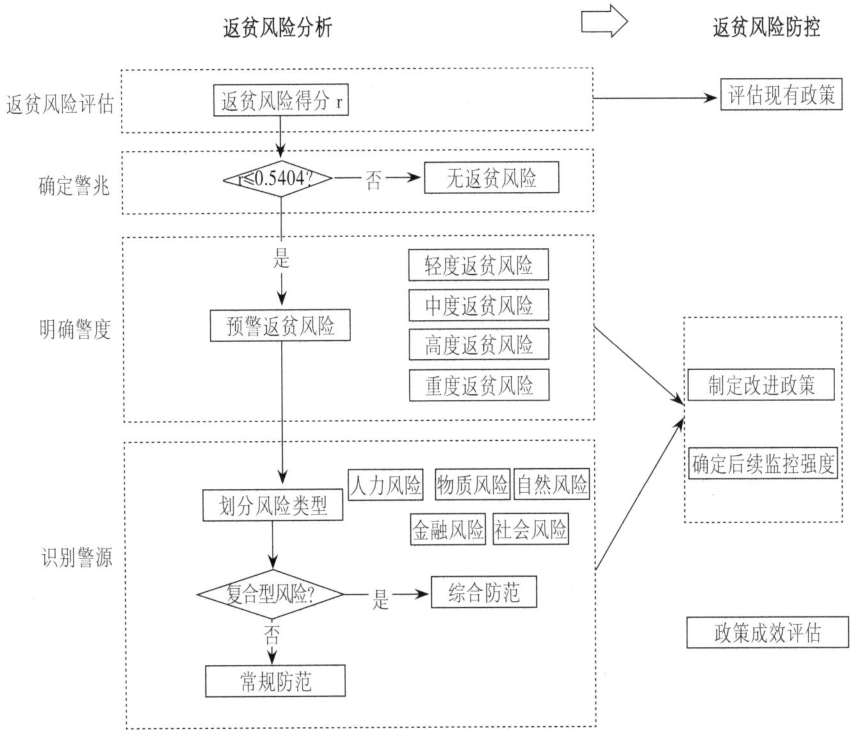

图 3-2　脱贫户返贫风险预警机制

3.5 本章小结

巩固脱贫攻坚成果，应及时阻断脱贫户返贫，科学有效的返贫风险评估和预警必不可少。基于对西南民族地区脱贫户的实地调研，本章基于生计脆弱性导致返贫风险的作用路径确立了脱贫户返贫风险定量评估体系，从可持续生计框架和生计脆弱性角度考虑了脱贫户返贫更全面的风险因素，量化测度其返贫风险，构建了脱贫户返贫风险预警机制。经过实证分析以及进一步的研究，得出以下结论：

（1）从动态视角来看，返贫风险的形成是生计脆弱性量变演化的质变结果，大致遵循“不可持续生计—脆弱性—返贫风险”的作用路径。同时，农户新一轮生计循环也可能衍生出新的生计脆弱性，生计脆弱性便在生计循环之中不断地积累与迭代，造成返贫风险。从静态视角来看，由于返贫风险的阶段性演化，脱贫户在某一时点面临的返贫风险又具有规律性，可细分为物质资本、金融资本、社会资本、自然资本和人力资本等五大生计风险子类。各个生计资本相互牵动，一种生计风险可能牵连其他生计资本，产生更大的返贫可能；各项生计风险在脱贫户生计循环中相互纠缠，共同作用于脱贫户生计活动，催生脱贫人口的返贫风险。

（2）脱贫户的返贫风险可划分为五大生计风险子类，每个子风险的大小可基于生计脆弱性导致脱贫户返贫风险的作用机理，通过对脱贫户脆弱性的测度反映出来。脱贫户返贫风险评估体系指标内容根据可持续生计分析框架和脆弱性分析框架选定，指标权重依据熵值法确定，达到较好的返贫风险测度效果。

（3）根据脱贫户生计风险监测程序，严格依照返贫风险评估指标体系及对应权重进行脱贫户生计风险综合评价，计算脱贫人口返贫风险得分。确定返贫风险系数的警兆值，大于0.5404，表明脱贫户已经完成了脱贫且有较强的持续“造血”能力，反之，则意味着脱贫户生计能力较为脆弱，极容易再次返贫，需动态监控，及时发布预警。对于跨越预警线的脱贫户，根据其风险系数，进行精准划分，以便于发布对应等级的风险预警。研究发现：风险系数处于0.4909到0.5404之间的脱贫户属于中度返贫风险类型；如果风险系数小于0.4909，脱贫户则处于高度返贫风险的范围；返贫风险得分低于0.4405，说明脱贫户处于重度返贫风险状态。针对不同风险等级的脱贫户，分类分型制定干预措施，并通过对脱贫户生计状况的持续测度评估政策有效性，优化改进方案，切实保障脱贫户稳固脱贫不返贫。

4 民族地区乡村旅游巩固脱贫攻坚成果的现状测度

上一章研究采用生计脆弱性分析框架构建民族地区脱贫户返贫风险评估体系，探讨脱贫户生计的脆弱性，运用熵值法和综合指标评价法对西南民族地区脱贫户返贫风险进行定量测算，分析脱贫人口可能面临的返贫诱因，诊断出脱贫人口类型，逐一识别和评估各类型脱贫人口面临的返贫风险。本章将针对返贫风险，构建农户生计资本和生计结果评价指标体系，定量测度乡村旅游巩固脱贫攻坚成果的现状，运用结构方程模型厘清乡村旅游巩固脱贫攻坚成果的影响因素。

4.1 调查问卷概述

4.1.1 调查问卷的设计

“民族地区乡村旅游巩固脱贫攻坚成果的村民感知调查问卷”分为三部分。

第一部分是调查问卷的引言部分，说明此次调查的目的、调查的主要内容、调查单位、保密措施等，感谢被调查者予以的协助。第二部分是村民对乡村旅游巩固脱贫攻坚成果的感知评价。采用李克特量表，从1到5分别代表“完全不同意”“不太同意”“中立”“比较同意”“完全同意”五个等级，被调查对象在“完全不同意-完全同意”维度上进行选择。第三部分是被调查者基本信息。具体包含其性别、年龄、政治面貌、受教育程度、职业类别、参与乡村旅游的主要方式、家庭参与人数、受益程度、乡村旅游开发模式等。

4.1.2 数据收集

本次调研选择了西南民族地区作为样本调查区域，具体包括贵州省、云南省、四川省、重庆市共计三省一市。区域内生活着土家族、苗族、侗族、藏族、纳西族等50多个少数民族，是我国少数民族主要聚居区，也是国家实施精准脱贫、巩固脱贫攻坚成果的重点区域。2021年1月至3月、2021年7月至8月，课题组历时5个月深入西南民族地区进行实地调研。本次基线调查主要包括贵州省黔东南苗族侗族自治州黎平县、贵州省黔东南苗族侗族自治州雷山县郎德上寨、四川省阿坝藏族羌族自治州理县桃坪羌寨、四川省阿坝藏族羌族自治州茂县坪头村、云南省丽江市宁蒗县落水村、云南省迪庆藏族自治州德钦县雨崩村、重庆市武隆区后坪乡天池苗寨、重庆市武隆区浩口苗族仡佬族乡浩口村田家寨、重庆市黔江区濯水景区、重庆市黔江区小南海镇新建村和重庆市彭水苗族土家族自治县鞍子乡罗家沱苗寨等三省一市。围绕西南民族地区如何通过发展乡村旅游巩固脱贫攻坚成果，不同经营发展模式对村民可持续生计的影响等问题深度访谈120人，撰写调研报告10份，共计发放调查问卷1 000份，回收有效问卷865份，有效率达79.1%。

4.2 描述型统计分析

表4-1为被调查者的基本统计特征描述。从性别分布来看，男性407人，占样本总数的47.05%，女性458人，占样本总数的52.95%，男

女比例基本持平。

表 4-1 **样本农户基本情况分析**

类别	分类情况	样本统计	占比（%）
性别	男	407	47.05
	女	458	52.95
年龄	18~31 岁	142	16.42
	32~42 岁	387	44.74
	43~55 岁	276	31.91
	56 岁以上	60	6.93
受教育程度	小学及以下文化程度	233	26.94
	初中文化程度	342	39.54
	高中文化程度	162	18.73
	大专及以上文化程度	128	14.79
政治面貌	共产党员 民主党派 共青团员 群众	86 0 108 671	9.94 0 12.49 77.57

资料来源：根据调查问卷整理而得。

从年龄来看，被试对象以中青年居多，占比高达 76.65%。其中 32~42 岁的 387 人，占样本总数的 44.74%，43~55 岁的 276 人，占样本总数的 31.91%，印证了民族地区外出打工者较少的事实。

从受教育程度看，被调查者受教育程度普遍偏低，其中小学及以下文化程度 233 人，占样本总数的 26.94%；初中文化程度 342 人，占 39.54%；高中文化程度 162 人，占 18.73%；大专及以上文化程度仅 128 人，占 14.79%。

从政治面貌看，大部分被调查者为普通群众，共计 671 人，占样本总数的77.57%；共产党员86人，占样本总数的9.94%；共青团员108人，占样本总数的12.49%。

4.3 乡村旅游可持续减贫的评价指标体系构建

4.3.1 指标构建原则

本书在设置指标体系时，遵循以下原则：

（1）科学性：指标体系既能客观全面且真实地反映生计资本和生计结果的特点和状况，指标不能太多也不能太少，避免出现不真实现象。

（2）系统性：指标体系能够全面反映生计资本和生计结果系统的总体特征，能够进行整体的评估。每一个子系统之间需要相互独立，但是又相互联系。每一个子系统下设的指标都需要一致地反映子系统，形成有机统一体。

（3）可操作性：体系中的指标具备可测性，指标体系采用五点李克特量表，计算方法简单，指标不具有模棱两可的选项，农户可以清楚地作出判断。指标采取通俗易懂的语言进行描述，便于农户理解。

（4）侧重性：在构建农户生计资本和生计结果指标体系时应具有侧重点，一个指标体系不可能面面俱到，我们需要结合研究目的以及当地乡村的实际情况来侧重指标的选取。

4.3.2 评价指标的层级体系

可持续生计框架在很多的扶贫开发和生计建设项目中开发并逐渐成熟，不同的学者对于生计的理解不同，由此导致产生了很多不同的生计框架。英国国际发展部的可持续生计分析框架被众多组织和学者采用，这是分析样本区域乡村旅游与可持续生计直接关系的逻辑起点和落脚点。

本书在可持续发展指标体系框架的基础上，建立了多层次结构的乡村旅游可持续减贫的评价指标体系，分为目标层、准则层（系统层）、指标层（要素层）等若干层次。目标层为综合性指标，在总体上反映了可持续减贫的程度和水平，本框架分为生计资本和生计结果两个目标层。准则层由反映目标层的指标构成，生计资本目标层包括人力资本、经济资本、社会资本、自然资本、制度资本五个准则层；生计结果目标层包括经济、社会、文化和环境四个准则层。可以用来反映准则层各部分的单项指标，一般由菜单式多指标组成。本书从生计资本和生计结果两个目标层及其下设准则层、指标层反映农户的可持续生计。

4.3.3 指标的选取与说明

要选取相互间具有一定逻辑关系的指标，它们不仅要从不同的侧面反映各生计资本的主要特征和状态，还要反映整体系统之间的内在联系。每一个子系统都是由一组相互独立又彼此联系的指标构成的有机统一体。指标体系的构建自上而下，具有从宏观到微观的层次性，并层层深入，形成一个不可分割的完整的评价体系。

因此，在可持续旅游生计理论基础上，本书根据民族地区农户的生计特征、乡村旅游发展的特殊性等，构建了乡村旅游可持续减贫评价指标体系。采用德尔菲法（Delphi Method），向10名长期从事乡村旅游以及农户可持续生计研究的专家学者进行征询，专家分别以匿名函件方式对指标体系给予建议，经过几次反复征询和反馈，最后获得集体判断结果。最终生计资本目标层确定了38个二级指标，生计结果目标层确定了37个二级指标。

4.4 民族地区乡村旅游巩固脱贫攻坚成果的现状评价

通过发放问卷对西南民族地区乡村旅游巩固脱贫攻坚成果进行现状评价，经过数据分析，各准则层均通过信效度检验，运用熵值法计算得出每个准则层的熵值以及具体指标的熵值（见表4-2），再通过耦合协调度计算五个系统间的耦合度和耦合协调度，具体数据见

表 4-3。

表 4-2　　西南民族地区居民生计结果熵值

准则层	指标层	单个指标熵值	维度熵值
经济	家里经济收入持续增加	0.022	0.470
	就业选择变得越来越多	0.032	
	农副产品销量越来越好	0.044	
	每月有旅游收入的分红	0.145	
	我有足够资金参与旅游开发经营	0.073	
	每个月的经济收入相差很大	0.046	
	本地贫富差距越来越大	0.048	
	本地物价和生活成本越来越高	0.060	
社会	我现在比以前更受人尊敬了（包括在家庭里）	0.016	0.178
	小孩们的教育资源越来越好	0.021	
	本地的基础设施越来越完善	0.008	
	我们有权作出一些与我们利益相关的决策	0.040	
	我拥有保险的保障	0.014	
	生活条件越来越好	0.007	
	食品安全性越来越高	0.008	
	我有足够时间参与旅游开发经营	0.026	
	人际关系越来越疏远了	0.019	
	人与人之间相处越来越防备了	0.020	
文化	当地传统文化得到了很好的保护	0.015	0.194
	居民对民族文化认同感增强	0.011	
	我认为当地建筑重视地方特色	0.008	
	促进了与外来文化的交流	0.009	
	村民的文明程度越来越高	0.008	

续表

准则层	指标层	单个指标熵值	维度熵值
文化	社区参与制度越来越完善	0.014	0.194
	我有足够知识和技术参与旅游开发经营	0.058	
	受教育与培训的机会越来越多	0.043	
	休闲娱乐活动越来越多了	0.027	
环境	旅游发展后本村的空气质量更好	0.013	0.158
	森林覆盖率越来越高	0.012	
	旅游发展后本村的水质水源更好	0.015	
	本村的街道变得比以前更加干净卫生了	0.010	
	本村的垃圾处理回收很及时	0.014	
	旅游发展以来本村的公共厕所增多	0.038	
	我认为垃圾处理方式是合格的	0.012	
	村民的环保意识越来越强	0.009	
	我认为建筑与周围环境是没有违和感的	0.011	
	旅游发展以来村里污染越来越严重	0.025	

表4-3 **生计结果间系统耦合协调度结果**

	系统间耦合度	系统间耦合协调度
值	0.913	0.566

4.4.1 经济方面

在经济方面，其维度熵值为0.470。其中每月有旅游收入的分红这个指标是经济维度中熵值最大的指标，其值为0.145。家里经济收入持续增加这个指标是经济维度熵值最小的指标，其值为0.022。这一结果说明了在经济方面，乡村旅游巩固脱贫攻坚成果显著。每月有旅游收入的分红这一指标对经济层面的贡献度较大。本地的物价和生活水平越来越高，家里经济收入持续增加在经济维度的熵值较小，说明旅游发展过后物价上浮程度不明显，家庭经济收入增加的幅度也有限，旅游在经济收入提升方面仍然有提升的空间。

4.4.2 社会方面

在社会方面，其维度熵值为0.178。在社会维度下的指标我们有权作出一些与我们利益相关的决策权重最大，其值为0.040，表明农户在乡村旅游的参与过程中更重视对决策的参与，农户参与旅游不仅仅希望获得利益分享，还需要参与决策。生活条件越来越好、食品安全性越来越高、本地的基础设施越来越完善这三个指标的权重较低，分别为0.007、0.008和0.008，说明农户认为食品安全性的重要程度较低，未引起重视。调研村落之一的罗家坨苗寨，道路设施不够完善，游客的可进入性低，应对网络通信、医疗、道路设施等进行完善。

4.4.3 文化方面

在文化方面，其维度熵值为0.194，在维度熵值中排名第二，说明乡村旅游介入后，文化方面得到了一定的传承和保护。我有足够知识和技术参与旅游开发经营这个指标在文化维度的熵值最大，值为0.058，受教育与培训的机会越来越多这个指标熵值排名第二，说明拥有旅游经营相关的知识和技术去参与旅游开发的经营对农户来讲是很有必要的，应向农户多提供受教育和培训的机会。西南民族地区发展乡村旅游村落的政府重视对农户的培训，会开展相应的讲座或者安排人才对农户培训，保障农户具备从事乡村旅游的知识。我认为当地建筑重视地方特色、促进了与外来文化的交流、村民的文明程度越来越高三个指标的权重均小于0.001，说明民族地区发展乡村旅游时，当地建筑未凸显当地特色，与外来文化之间没有形成良好的交融，村民的文明程度无显著变化。

4.4.4 环境方面

在环境方面，其维度熵值为0.158，是四个维度中权重最小的。环境维度下的指标层权重差别不大，没有明显差异。环境维度对总维度的贡献率较小，表明农户对环境的感知较少，这也可能是农户对空气质量、水源水质等的评判标准不清晰导致的。该维度下旅游发展以来本村的公共厕所增多这一指标的权重最大，说明旅游发展过后，村里的公共厕所数量增加，这与我国相关政策也相符合，2021年7月23日召开了全国农村厕所革命现场会，农村厕所革命成为“十四五”时期乡村振兴的重要工作之一。

从整体上看，生计结果系统间耦合度为0.913，属于高度耦合，系统间耦合协调度为0.566，属于勉强协调发展的水平，这表明经济、文化、社会、环境四个层面在巩固脱贫攻坚成果上的步调一致，但是没有形成良好的互动机制，制约了四个系统间的协调发展，乡村旅游在经济、文化、社会、环境四个层面巩固脱贫攻坚成果的推动作用有限，其推动作用有限的原因也是需要亟待关注和研究的问题。从熵值法的结果来看，乡村旅游在西南民族地区的介入给经济、文化、社会、环境这些方面带来了不同程度的影响，熵值按照大小顺序排列依次是经济、文化、社会、环境。表明乡村旅游巩固脱贫攻坚成果在经济方面的作用效果大于其他三个方面。

4.5 民族地区乡村旅游巩固脱贫攻坚成果的影响因素

如上所述，乡村旅游的发展给脱贫地带来了经济、社会、文化和环境等多方面的效益，本书按照可持续旅游生计框架的核心思想，将生计结果从经济、社会、文化和环境四个方面纳入一个整体，生计结果处于高度耦合但是勉强协调发展的现状。生计资本通过乡村旅游这一生计策略来影响生计结果，Shen等学者①表明生计资本是可持续研究的核心，旅游这一生计策略介入后是哪些生计资本对生计结果造成了影响，这一问题是亟待研究的。

① SHEN F, HUGHEY K F D, SIMMONS D G. Connecting the sustainable livelihoods approach and tourism: a review of the literature [J]. Journal of Hospitality & Tourism Management, 2008, 15 (1): 19-31.

4.5.1 民族地区乡村旅游巩固脱贫攻坚成果的影响因素指标体系构建

乡村旅游对农户的生计结果在经济、社会、文化、环境都具有影响，但是研究单维度的影响不利于分析整体效益，本书旨在探求乡村旅游对巩固脱贫攻坚成果的整体影响，通过生计结果整个系统的变化来厘清影响因素①，生计结果系统间耦合程度关系到乡村旅游是否作用于巩固脱贫攻坚成果，系统间协调度关系到作用程度的大小。所以本书将生计结果系统间耦合度和耦合协调度作为因变量研究②。

根据前文现状评估的结果，旅游巩固脱贫攻坚成果在经济、社会、文化、环境四个层面的耦合协调处于勉强协调的状况，为了进一步探寻乡村旅游巩固脱贫攻坚成果作用程度有限的影响因素，需要构建西南民族地区乡村旅游巩固脱贫攻坚成果的指标体系。基于可持续旅游生计理论，由于生计资本的差异性，在乡村旅游这一生计策略的介入下，会在经济、社会、文化、环境等方面形成不同的影响。因此，若想深入探究乡村旅游造成农户不同生计结果的影响因素，应该关注农户生计资本的情况。生计资本的测量模型已经比较完善，国内许多研究是按照人力资本、社会资本、自然资本、经济资本和制度资本五个维度来构建的。本书根据民族地区农户的生计资本具体情况、乡村旅游发展的进程等，选取恰当的指标构建了量表（见表4-4）。人力资本代表技能、知识、劳动能力和良好健康，使人们能够共同追求不同的生计策略和实现他们的生计目标，因此人力资本选择了有关健康、劳动能力、教育相关的三个指标；社会资本借鉴苗珊珊③运用因子分析法的分类结果，从社会声望、社会参与、社会网络三个方面确定具体指标；借鉴曹宝④将自然资本分为生物资本和非生物资本的分类，确定了动物、土地、水资源、村

---

① 张春燕，资明贵，周梦，等.乡村旅游融合性测度及其影响因素研究——以大别山区潜山市为例［J］.地理科学进展，2022，41（4）：595-608.

② 郭凌.旅游减贫助推乡村文化振兴：一个尝试性的分析框架［J］.四川师范大学学报（社会科学版），2021，48（2）：72-79.

③ 苗珊珊.社会资本多维异质性视角下农户小型水利设施合作参与行为研究［J］.中国人口·资源与环境，2014，24（12）：46-54.

④ 曹宝，秦其明，王秀波，等.自然资本：内涵及其特点辨析［J］.中国集体经济，2009（12）：89-91.

容村貌相关的四个指标；经济资本包含物质资本和金融资本，根据Shen的理论框架①可知，物质资本主要是指维持生产生活的房屋、灌溉系统、生产工具和机器等，金融资本主要包括自由现金、贷款和借款，因此本书选取保险、耐用品、基础设施、借贷机构相关的四个指标；制度资本为人们提供进入旅游市场的机会、旅游利益共享、进入和参与决策过程的途径，以及人们参与意愿在多大程度上反映在实现更好生计结果的政治决策中。因此选取政府支持政策、从事旅游业审批手续、乡村自组织、村规民约、参与意愿相关的指标。最终生计资本准则层有19个指标层。

表4-4　**西南民族地区乡村旅游巩固脱贫攻坚成果影响因素量表**

潜变量	测量变量
人力资本F1	家庭中的成员都很健康F11
	家庭中可参加劳动的人数多F12
	当地有好的教育资源F13
社会资本F2	我的家庭与村干部的关系状况较好F21
	我经常对村里的公共事务决策发表意见F22
	我家里有事时亲朋会主动来帮忙F23
自然资本F3	家里饲养了足够多的牲畜F31
	家里的土地属于好田好地F32
	当地有效保护和治理了水资源F33
	村容村貌得到改善F34
经济资本F4	家庭成员都有其中一种社会保险（养老、医疗、失业、工伤、生育）F41
	家庭有充足且丰富的耐用品F42
	乡村公共基础设施建设越来越好（道路、医疗、网络）F43
	当地有提供借贷难度小的机构或组织F44
制度资本F5	当地政府提供了支持、补贴政策F51
	从事旅游相关工作的审批手续简便合理F52
	我对乡村旅游自组织的参与很满意F53
	我认为村规民约是合理的F54
	我支持旅游业在本地的发展F55

① SHEN F, HUGHEY K F D, SIMMONS D G. Connecting the Sustainable Livelihoods Approach and Tourism: A Review of the Literature [J]. Journal of Hospitality & Tourism Management, 2008, 15 (1): 19-31.

生计资本是整个生计系统的投入和创造生计所需的直接手段，决定着农户生计策略选择和生计结果，同时也是农户抵御外在生计脆弱性风险及增强可持续生计能力的重要保障。生计资本不足是精准扶贫落实和人们从旅游发展中获益的制约因素。基于可持续旅游生计理论，由于人力、社会、自然、经济、制度生计资本的差异性，在乡村旅游这一社区生计倡导下，农户可以通过获取不同的旅游生计资本来改善自身生计状况，降低农户的生计脆弱性，增强农户的抗风险能力，农户群体性的乡村旅游参与促使乡村旅游成为真正意义上的社区生计策略选择，在经济、社会、文化、环境可持续方面造成不同的影响。因此，应深究乡村旅游造成农户不同生计结果的影响因素，同时农户乡村旅游生计资本的情况不容忽视。

（1）人力资本

人力资本代表技能、知识、劳动能力和良好健康，使人们能够共同追求不同的生计策略和实现他们的生计目标。从农户个人来看，具有良好人力资本的农户能够通过乡村旅游这一发展契机，获得发展机会，更加有效地参与旅游生计，能够实现整体生计水平的进一步改善与提升。从区域发展来看，庞大和高质量的人力资本积累是旅游业高质量发展重要因素，为发挥乡村旅游产业优势，巩固脱贫攻坚成果奠定基础。基于此，本书提出假设1：

H1：乡村旅游人力资本（F1）对巩固脱贫攻坚成果（A）具有显著的正向影响

（2）社会资本

社会资本在农户生计结构中占主导地位，不仅对经济发展有直接的重要作用，而且还对其他形式的资本产生影响，从而提升整体生计资本水平。个体社会资本能够增强农户在乡土社会中的纽带关系，获得更多社会资源，最能够实现有效的资本积累，促进可持续生计；集体社会资本通过网络联结增强个体社会资本，扩大集体社会资本的存量，吸纳更多资源，实现地区的长久发展。基于此，本书提出假设2：

H2：乡村旅游社会资本（F2）对巩固脱贫攻坚成果（A）具有显著

的正向影响

（3）自然资本

自然资本指农户维持家庭生计的自然资源禀赋，是农户生存发展的基础资源，良好的生态环境构成乡村景观，成为旅游吸引物。研究指出，采取旅游相关生计策略比传统生计策略的抵御风险的能力更强，自然资本便是促进农户选择兼旅型生计策略的关键要素。依托于自然资本的旅游产业是提升贫困人群“造血”能力的最佳途径，能够成为乡村可持续发展的关键性产业。基于此，本书提出假设3：

H3：乡村旅游自然资本（F3）对巩固脱贫攻坚成果（A）具有显著的正向影响

（4）经济资本

经济资本包含物质资本和金融资本，物质资本是农户参与乡村旅游的物资生产材料，金融资本增强了农户的投入能力。乡村旅游发展打破了案例地农户原有的生计方式，丰富了各类型接待设施及家庭生活性固定资产等物质资本，物质资本增加可以打破“贫困恶性循环”，促进经济发展农户通过参与旅游经营、从事旅游就业等途径增加了家庭收入和经济储蓄。有力的金融资本支持可以缓解信贷约束，提高农户可负担性，进一步增强农户享用金融服务的意愿及能力，以此增强抗险能力，助力农户增收，实现减贫效应。基于此，本书提出假设4：

H4：乡村旅游经济资本（F4）对巩固脱贫攻坚成果（A）具有显著的正向影响

（5）制度资本

制度资本是将制度作为投入要素来参与生产和销售，并因此获得“利润”分享机会和“收益”权利，能够保障农户的旅游参与，为人们提供进入旅游市场的机会、旅游利益共享、进入和参与决策过程的途径，人们参与的意愿在多大程度上反映在实现更好生计结果的政治决策中。基于此，本书提出假设5：

H5：乡村旅游制度资本（F5）对巩固脱贫攻坚成果（A）具有显著的正向影响

4.5.2 数据统计[①]与分析

1）问卷信度分析

信度分析中，确保同一个维度下不同题项的样本所受误差影响较小，本书采用Cronbach's α系数来评估量表一致性，本书信度分析结果如表4-5所示。一般认为Cronbach's α系数在0.6以上表示信度可接受，0.8以上表示高信度较高，因此符合研究需要。

表4-5 乡村旅游巩固脱贫攻坚成果影响因素量表信度分析

潜变量	测量变量	校正的项总计相关性	项已删除的Cronbach's Alpha值	可靠性统计量	
				Cronbach's α	项数
人力资本F1	家庭中的成员都很健康F11	0.778	0.860	0.894	3
	家庭中可参加劳动的人数多F12	0.806	0.837		
	当地有好的教育资源F13	0.791	0.850		
社会资本F2	我的家庭与村干部的关系状况较好F21	0.793	0.950	0.931	3
	我经常对村里的公共事务决策发表意见F22	0.893	0.873		
	我家里有事时亲朋会主动来帮忙F23	0.896	0.870		
自然资本F3	家里饲养了足够多的牲畜F31	0.688	0.851	0.871	4
	家里的土地属于好田好地F32	0.762	0.820		
	当地有效保护和治理了水资源F33	0.699	0.846		
	村容村貌得到改善F34	0.758	0.825		
经济资本F4	家庭成员都有其中一种社会保险（养老、医疗、失业、工伤、生育）F41	0.794	0.858	0.896	4
	家庭有充足且丰富的耐用品F42	0.795	0.857		

① 由于和前面的样本数据相同，因此数据来源与描述性统计分析不在此赘述。

续表

潜变量	测量变量	校正的项总计相关性	项已删除的Cronbach's Alpha值	可靠性统计量	
				Cronbach's α	项数
经济资本F4	乡村公共基础设施建设越来越好（道路、医疗、网络）F43	0.776	0.864	0.896	4
	当地有提供借贷难度小的机构或组织F44	0.718	0.886		
制度资本F5	当地政府提供了支持、补贴政策F51	0.666	0.831	0.858	5
	从事旅游相关工作的审批手续简便合理F52	0.718	0.818		
	我对乡村旅游自组织的参与很满意F53	0.712	0.819		
	我认为村规民约是合理的F54	0.685	0.826		
	我支持旅游业在本地的发展F55	0.591	0.850		
巩固脱贫攻坚成果A	生计结果系统间耦合度A1	0.902		0.851	2
	生计结果系统间耦合协调度A2	0.902			

2）问卷效度分析

因子分析之前需要进行的一个步骤是做KMO检验和Bartlett球形检验，来验证量表是否能够进行主成分分析。一般需要满足两个条件，其一是KMO的值大于0.7，其二是Bartlett球形检验的显著性小于0.05，若满足这两个条件，则证明观测变量之间有很强的内在一致性，具备做因子分析的条件。KMO检验和Bartlett球形检验结果见表4-6和表4-7。

表4-6 **KMO检验和Bartlett球形检验结果**

KMO 和 Bartlett 的检验		
取样足够多的 Kaiser-Meyer-Olkin 度量		0.900
Bartlett 的球形度检验	近似卡方	3318.201
	df	171
	Sig.	0.000

检验结果表明：数据的KMO值为0.900，大于0.7，说明问卷数据具备做因子分析的条件，可进行下一步分析。Bartlett球形检验的显著性近似为0.000（$P<0.05$），因此量表适合做因子分析。

表4-7中，在进行因子提取时，公因子方差均大于0.5，说明提取的公因子能够较好地代表题项。

表4-7 **公因子方差**

公因子方差		
	初始	提取
F11	1.000	0.812
F12	1.000	0.840
F13	1.000	0.819
F21	1.000	0.814
F22	1.000	0.915
F23	1.000	0.920
F31	1.000	0.674
F32	1.000	0.791
F33	1.000	0.687
F34	1.000	0.763
F41	1.000	0.788
F42	1.000	0.813

续表

公因子方差		
F43	1.000	0.765
F44	1.000	0.731
F51	1.000	0.649
F52	1.000	0.696
F53	1.000	0.714
F54	1.000	0.663
F55	1.000	0.566
提取方法：主成分分析		

（1）探索性因子分析

在因子分析过程中，需要进行主成分分析，进行方差极大正交旋转，SPSS21.0 输出的结果如表 4-8 所示，总解释方差比例为 75.897%，超过 60%，说明选取前五个因子能很好地解释生计资本变量的信息。

表4-8 **生计资本解释总方差结果**

成分	初始特征值			提取平方和载入			旋转平方和载入		
	合计	方差的%	累积%	合计	方差的%	累积%	合计	方差的%	累积%
1	8.364	44.023	44.023	8.364	44.023	44.023	3.197	16.826	16.826
2	2.388	12.569	56.592	2.388	12.569	56.592	3.107	16.354	33.179
3	1.428	7.518	64.110	1.428	7.518	64.110	2.922	15.378	48.557
4	1.229	6.469	70.579	1.229	6.469	70.579	2.601	13.688	62.245
5	1.010	5.318	75.897	1.010	5.318	75.897	2.594	13.652	75.897
6	0.678	3.566	79.463						
7	0.524	2.758	82.222						
8	0.473	2.492	84.714						
9	0.435	2.290	87.004						

续表

成分	初始特征值			提取平方和载入			旋转平方和载入		
	合计	方差的%	累积%	合计	方差的%	累积%	合计	方差的%	累积%
10	0.394	2.075	89.079						
11	0.344	1.813	90.892						
12	0.303	1.592	92.484						
13	0.285	1.499	93.982						
14	0.273	1.436	95.419						
15	0.232	1.219	96.638						
16	0.201	1.058	97.696						
17	0.182	0.959	98.655						
18	0.167	0.880	99.534						
19	0.089	0.466	100.000						

提取方法：主成分分析

表4-9 **生计资本量表旋转后的因子载荷矩阵**

旋转成分矩阵[a]					
	成分				
	1	2	3	4	5
F11					0.861
F12					0.839
F13					0.863
F21				0.767	
F22				0.886	
F23				0.880	
F31			0.675		
F32			0.813		
F33			0.724		
F34			0.775		
F41		0.796			

续表

旋转成分矩阵[a]					
F42		0.859			
F43		0.791			
F44		0.815			
F51	0.622				
F52	0.756				
F53	0.754				
F54	0.732				
F55	0.666				

提取方法：主成分分析

旋转法：具有Kaiser标准化的正交旋转法

a.旋转在6次迭代后收敛

上表是旋转在6次迭代后收敛的因子矩阵表，根据表格，可将19个测量变量归类为五个因子，每个测量变量的因子载荷均大于0.5，且每个维度下的测量变量都按照之前的理论假设归聚到一起，说明问卷具有较好的内容效度。

（2）验证性因子分析

数据在通过了探索性因子分析过后，还需要用验证性因子分析来检验各个潜变量与测量变量之间的关系是否符合我们预先设定的生计资本间的理论关系，验证理论与数据是否一致。

表4-10 **整体拟合系数表**

χ^2/df	RMSEA	NFI	RFI	IFI	TLI	CFI
1.950	0.062	0.927	0.913	0.963	0.955	0.963

由表4-10可知，χ^2/df为1.950，小于3，适配能力较好；RMSEA为0.062，小于0.08，适配能力可接受；NFI为0.927，RFI为0.913，IFI为0.963，TLI为0.955，CFI为0.963，均大于0.9，适配能力较好；

综合来看，生计资本与生计结果系统间耦合协调度整体的模型适配良好。

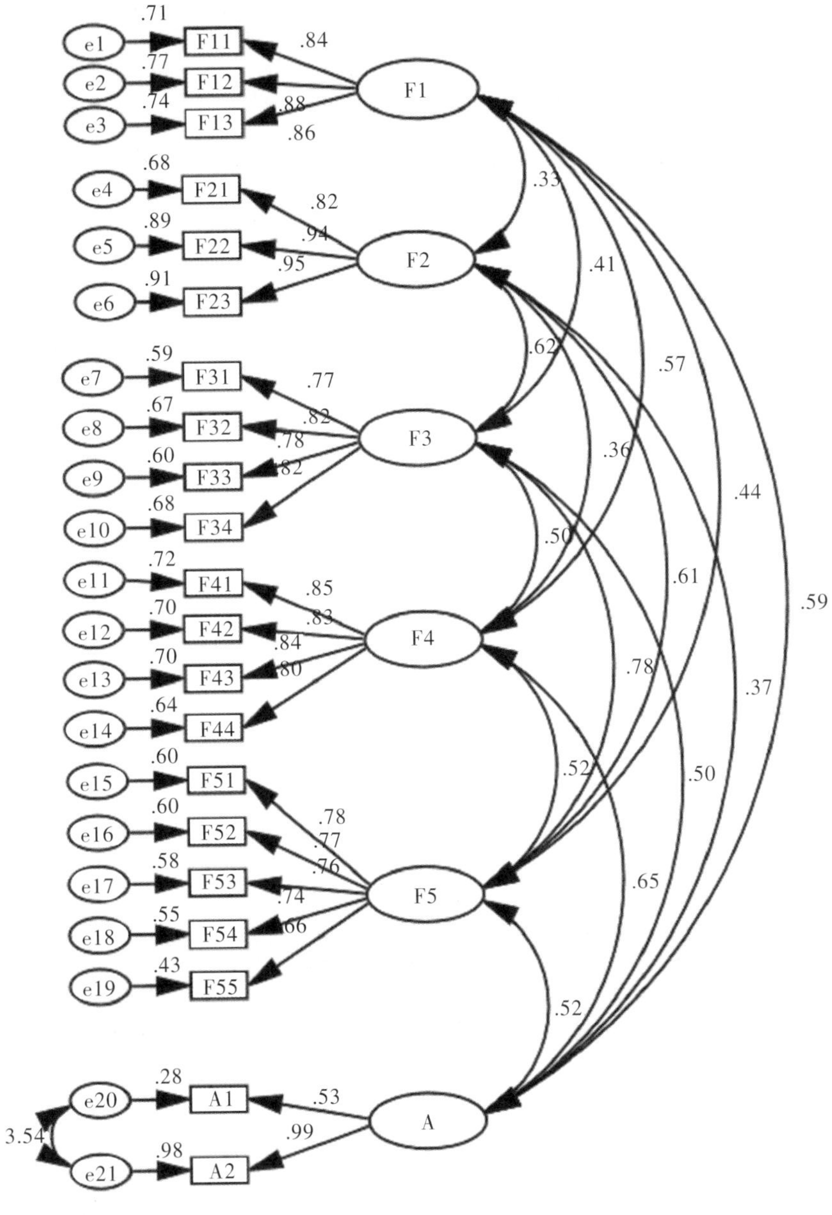

图 4-1　生计资本验证性因子分析结果

表4-11 **验证性因子分析结果**

路径			Estimate	AVE	CR
F13	<---	F1	0.861	0.738	0.894
F12	<---	F1	0.875		
F11	<---	F1	0.841		
F23	<---	F2	0.955	0.837	0.939
F22	<---	F2	0.945		
F21	<---	F2	0.822		
F34	<---	F3	0.823	0.635	0.874
F33	<---	F3	0.776	0.635	0.874
F32	<---	F3	0.819		
F31	<---	F3	0.768		
F44	<---	F4	0.799	0.689	0.899
F43	<---	F4	0.836		
F42	<---	F4	0.834		
F41	<---	F4	0.850		
F55	<---	F5	0.648	0.552	0.860
F54	<---	F5	0.741		
F53	<---	F5	0.767		
F52	<---	F5	0.780		
F51	<---	F5	0.770		
A2	<---	A	0.991	0.629	0.756
A1	<---	A	0.525		

由上表可知，每个题项的标准化因子载荷均大于0.5，说明每个题项有很大的程度去解释测量变量所在的维度。各维度的聚敛效度通过AVE值来反映，AVE值越大，相对的测量误差就小，一般取值要求大于0.5，上表可以看出每个潜变量的AVE值均大于0.5，说明量表具有很好的聚敛效度。组合信度（CR）可以反映每个潜变量的所有测量变量能否一致地解释该潜变量，一般认为大于0.7即可，通过上表可知，每个潜变量的CR均大于0.7，有着较好的组合信度。

表4-12 **区分效度**

	F1	F2	F3	F4	F5	A
F1	0.738					
F2	0.027***	0.837				
F3	0.032***	0.023***	0.635			
F4	0.046***	0.027***	0.032***	0.689		
F5	0.031***	0.022***	0.027***	0.031***	0.552	
A	0.004***	0.002***	0.002***	0.004***	0.002***	0.629
AVE平方根	0.859	0.915	0.797	0.830	0.743	0.793
对角线为AVE平均方差变异抽取量						

注：***表示达到0.001的显著性水平；**表示达到0.01的显著性水平；*表示达到0.05的显著性水平。后文相同。

如表4-12所示，人力资本、社会资本、自然资本、经济资本、制度资本和生计结果系统间耦合协调程度具有显著的相关性（P<0.001），相关性系数的绝对值均小于0.5，且均小于AVE的平方根，说明潜变量之间具有一定的相关性且彼此之间又具有区分度，即说明量表数据有着较好的区分效度。

4.5.3 结构方程模型分析

1）模型初步估计与检验

在前文描述性分析、信效度分析的基础上，按照4.5.1部分的研究假设，构建了生计资本对乡村旅游巩固脱贫攻坚成果影响的理论模型图。运用AMOS24软件对模型进行分析，得到了结构方程模型路径系数图，如图4-2所示。

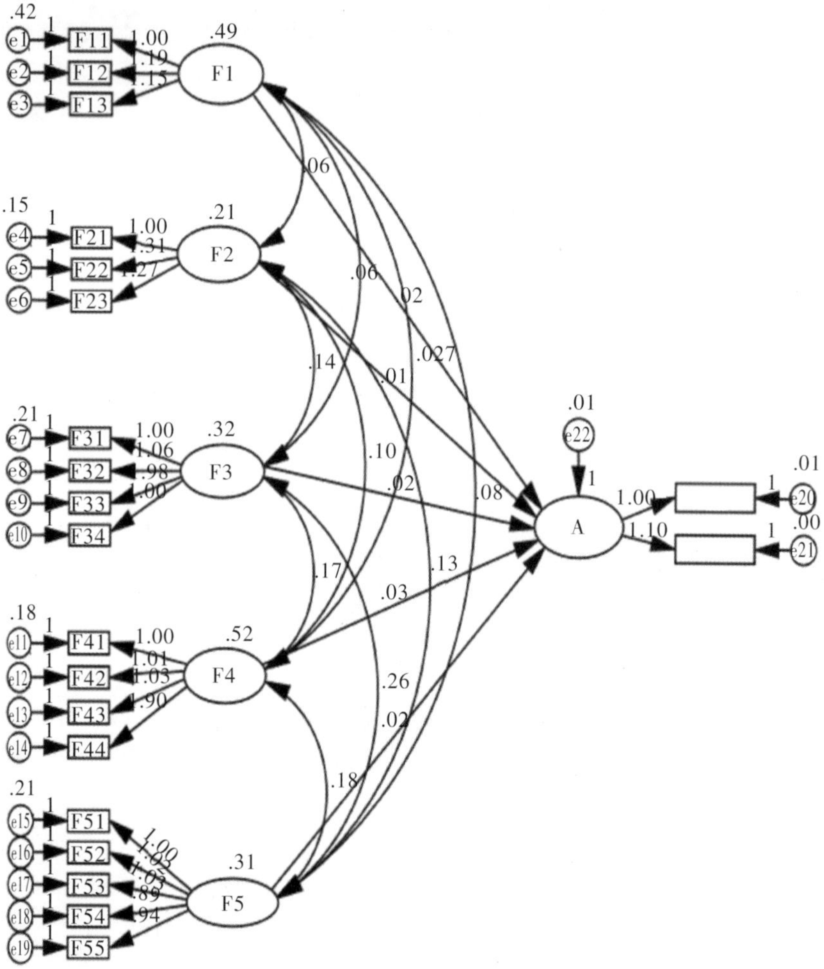

图4-2 结构方程模型路径图

在判断结构方程模型是否成立时，需要通过一些拟合指标来进行衡量，绝对拟合效果检验指标卡方自由度比χ^2/df通常要求小于3，RMSEA一般小于0.08，相对拟合效果指标NFI、RFI、IFI、TLI和CFI通常大于0.9表示模型适配能力较好。如表4-13所示，χ^2/df等于1.982（低于3），RMSEA等于0.063（低于0.08），NFI、RFI、IFI、TLI和CFI均大于0.9，综合看来模型拟合效果较好。

表4-13 **结构方程模型整体拟合系数表**

χ^2/df	RMSEA	NFI	RFI	IFI	TLI	CFI
1.982	0.063	0.923	0.907	0.960	0.952	0.960

2）模型变量间效应分析

通过表4-14的标准化路径系数可知，影响乡村旅游巩固脱贫攻坚成果的重要性从大到小依次为经济资本、人力资本、自然资本、制度资本、社会资本。生计资本在一定程度上均对生计结果有作用，对乡村的经济、社会、文化和环境方面都有影响。根据标准化系数的大小可以进一步判断生计资本对经济、社会、文化和环境几方面的影响程度大小，从而确定乡村旅游巩固脱贫攻坚成果的具体影响因素。

表4-14 **结构方程模型路径系数及假设检验**

假设	路径关系			非标准化系数	标准误	T	P	标准化系数	结果
H1	A	<---	F1	0.021	0.004	16.636	***	0.167	成立
H2	A	<---	F2	0.008	0.004	0.518	*	0.045	成立
H3	A	<---	F3	0.020	0.007	4.019	**	0.129	成立
H4	A	<---	F4	0.032	0.006	17.094	***	0.267	成立
H5	A	<---	F5	0.017	0.007	5.686	**	0.109	成立

（1）人力资本对旅游巩固脱贫攻坚成果的标准化路径为0.167，P小于0.001，H1成立，人力资本禀赋对乡村旅游巩固脱贫攻坚成果具有显著的正向影响。一是，人力资本是促进农户生计可持续的主要推动因

素，家庭中人员的健康程度、家庭中参与劳动人数的提升、当地教育资源的改善，都将对巩固脱贫攻坚成果有一定的推动作用。二是，农户是巩固脱贫攻坚成果的主体力量，有着健康强壮的身体才能为参与旅游生计活动、实现稳步脱贫致富保驾护航。三是，教育资源的改善可以强化农户巩固脱贫的意识，激发其内生动力，强大的内生动力是防止返贫的重要因素。同时鞍子苗寨、濯水古镇和蒲花河景区等地的政府大力开展从事旅游业相关的培训，使农户具备旅游参与的能力，这也激发了农户的内生动力。

（2）社会资本对旅游巩固脱贫攻坚成果的标准化路径为0.045，P小于0.05，H2成立，社会资本禀赋对乡村旅游巩固脱贫攻坚成果具有显著影响，但影响作用最小。一是，案例民族乡村农户的社会资本“极化”现象突出。以鞍子苗寨为例，过于强调乡村旅游的扶贫效益，政府出面将游客引流到贫困户家中食宿，干扰了乡村旅游市场的正常秩序，旅游相关决策排除非贫困农户，加剧了占多数的普通农户失权现象，打破了均质化社会结构下农户对于平均主义的朴素愿望，引发了村民的强烈不满，激化内部矛盾，不利于社会可持续发展。二是，案例民族乡村农户的社会资本的利用能力不强。主要在于案例旅游村村民的公共事务参与层次尚浅，多村通过定期召开村民大会等方式为村民参与公共事务提供渠道，但受限于自身受教育水平、个人素质、专业能力等，难以最大限度地行使权利。尤其是在与旅游发展相关的事务上，村民无法对旅游市场作出科学的研判并据此规划旅游生计活动，从而错失争取旅游可持续生计资本的机会。

（3）自然资本对旅游巩固脱贫攻坚成果的标准化路径为0.129，P小于0.01，H3成立，自然资本禀赋对乡村旅游巩固脱贫攻坚成果具有显著的正向影响。一是，自然资本为农户提供进行旅游生计活动的本钱，开办农家乐是农户参与乡村旅游的主要形式之一，原汁原味原生态的农家饭无疑是重要的旅游吸引物，饲养足够的牲畜会为其从传统型农户向旅游型农户的转变创造条件。二是，在旅游开发中自然资本可以转化为经济资本，直接助力农户致富。案例村落在乡村旅游发展过程中征收土地进行景区建设，给予农户经济补偿，这种补偿一般与离景区的距离和农田的质量成正比，农户有了经济补偿可以将其作为发展乡村旅游的启动资金，通过旅游生计活动巩固脱贫攻坚成果。三是，乡村旅游开发促进了村落的人居环境改善。在乡村旅游开发的吸引客流这一目标下，不断加强水资源的治理与村容村貌的提升，塑造美丽宜人的乡村旅游地形象，充实了农户的自然资本，推进脱贫攻坚成果的巩固进程。

（4）经济资本对旅游巩固脱贫攻坚成果的标准化路径为0.267，P小于0.001，H4成立，经济资本禀赋对乡村旅游巩固脱贫攻坚成果具有显著的正向影响，且影响作用最大。一是，乡村旅游促进进一步充实家庭耐用品。随着案例村落发展了乡村旅游，游客食宿接待的需要提高了农户家庭耐用品拥有量，参与旅游经营的农户冰箱、电视、太阳能热水器配备完整，为农户提供了巩固脱贫攻坚成果的物质支持。二是，乡村旅游进一步加快基础设施建设。对外交流和提高可进入性的需要推进了乡村网络建设和乡村旅游道路等基础设施建设，以前的水泥路慢慢变成沥青路。三是，乡村旅游进一步支撑多样化生计。借贷难度的降低使农户进入旅游市场的机会大大提升，农户有更高的积极性参与乡村旅游，制定多样化生计策略，进而影响其生计结果，起到巩固脱贫攻坚成果的作用。

（5）制度资本对旅游巩固脱贫攻坚成果的标准化路径为0.109，P小于0.01，H5成立，制度资本对乡村旅游巩固脱贫攻坚成果具有显著的正向影响。一是，政府的支持、补偿政策对旅游巩固脱贫攻坚成果起到了重要的作用。在乡村旅游多主体交织中，政府起到了主导作用，审批手续简便合理降低了进入旅游市场的门槛。二是，包含NGO在内的乡村旅游自组织的参与也会对巩固脱贫攻坚成果起到正向影响，濯水古镇的旅游协会能够协调民宿游客的入住数量，能够处理游客投诉，他们的参与使乡村旅游活动更有秩序地进行。三是，农户自身对于旅游活动的支持也是必不可少的，要激发内生动力，主动参与乡村旅游，通过乡村旅游实现生计的多样化，提高防风险能力，巩固脱贫攻坚成果。

4.6 本章小结

为了进一步摸清西南民族地区乡村旅游巩固脱贫攻坚成果的现状及乡村旅游巩固脱贫攻坚成果的影响因素，课题组深入四川省、云南省、贵州省、重庆市等三省一市进行了大量的实地调研，掌握了一手资料。

（1）基于可持续旅游生计理论，构建乡村旅游巩固脱贫攻坚成果现状评价体系，最终生计资本目标层确定了38个二级指标，生计结果目标层确定了37个二级指标。

（2）评价民族地区乡村旅游巩固脱贫攻坚成果的现状。研究发现：①经济、文化、社会、环境四个层面在巩固脱贫攻坚成果上的步调一致，但是没有形成良好的互动机制，属于勉强协调发展的水平；②根据熵值法的结果分析，乡村旅游给民族地区的经济、文化、社会、环境等方面带来了不同程度的影响，熵值按照大小顺序排列依次是经济（熵值为0.470）、文化（熵值为0.194）、社会（熵值为0.178）、环境（熵值为0.158）。表明乡村旅游巩固脱贫攻坚成果在经济方面的作用程度大于其他三个方面。

（3）探讨民族地区乡村旅游巩固脱贫攻坚成果的影响因素。研究发现：民族地区乡村旅游巩固脱贫攻坚成果的影响因素重要性从大到小依次为经济资本、人力资本、自然资本、制度资本、社会资本，均具有显著正向影响。

5　民族地区村民对乡村旅游巩固脱贫攻坚成果的感知评价

上一章定量分析了民族地区乡村旅游巩固脱贫攻坚成果的现状，探讨了乡村旅游巩固脱贫攻坚成果的影响因素，在一定程度上反映了西南民族地区乡村旅游发展的基本情况。在本章，将通过定性研究的方法，选择典型案例地、通过共时对比的研究方法，探讨在不同旅游经营管理模式下，当地村民对乡村旅游巩固脱贫攻坚成果的感知评价，提炼影响乡村旅游发展的主要因素，以期为民族地区乡村旅游巩固脱贫攻坚成果提供经验借鉴和参考依据。

5.1　案例地选择的理由

5.1.1　案例具有典型性、可借鉴性以及可推广性

四个案例区都是国家实施乡村旅游巩固脱贫攻坚成果有效衔接乡村振兴的重点区域，兼具民族地区传统村寨的共性特征：现存传统建筑风

貌完整、村落选址和格局保持传统特色、非物质文化遗产活态传承，分别反映了苗族、羌族和侗族村民的生产生活方式以及与之相适应的文化形态，具有浓郁的民俗风情或地域特色，在旅游资源的构成上具有典型性，见表5-1。

表5-1 民族村寨案例选择点情况

案例选择点	民居建筑	民族风情	地域特色	典型性
天池苗寨	井干式吊脚楼	苗族风情	位于武隆、丰都、彭水交接处，苗族农业景观及生活方式	入选“中国传统村落”名录，被评为“全国乡村旅游重点村”
桃坪羌寨	羌族碉楼	羌族风情	位于杂谷脑河下游，羌族农业景观及生活方式	世界羌文化遗址、羌族建筑艺术的活化石
肇兴侗寨	干栏式吊脚楼	侗族风情	肇兴镇政府所在地，侗族农业景观及生活方式	有“侗乡第一寨”的美誉，鼓楼群在全国独一无二，被列入大世界吉尼斯之最
郎德上寨	吊脚楼和美人靠	苗族风情	位于雷公山峦的丹江河畔，苗族农业景观及生活方式	中国民间艺术之乡、全国百座特色博物馆、全国重点文物保护单位

5.1.2 四个案例区的代表性

四个案例区分别地处重庆、四川、贵州，分别采用“公司+合作社+村民”型、“村民自治”型、“政府+公司+村民”型、“公司+村委会”型四种民族地区乡村旅游经营的模式，反映了村民参与旅游开发的不同程度和受益大小。选择四个案例区在扩大案例地域范围的同时，也增强了样本分析的代表性。

5.1.3 四个案例区的推广性

四个村寨的旅游被开发的时间有早有晚，因此它们处于旅游产业发展生命周期的不同阶段。对于不同旅游发展阶段的民族村寨，乡村旅游巩固脱贫攻坚成果的具体发展路径是学术界和业界普遍关心的问题。因此对四个案例区的剖析和比较研究，有利于打造乡村旅游巩固脱贫攻坚成果的样本，为各级政府推动旅游精准脱贫、巩固脱贫攻坚成果提供路径支撑、决策参考和政策建议，具有代表性和示范效应。

5.2 研究方法

四个案例区均采用现场深度访谈和实地问卷调研相结合的方法收集相关资料。具体方法如下：

5.2.1 深度访谈

访谈对象主要锁定为民族村寨的村民和村委会干部。在当地学生的引荐下，对案例区的居民进行访谈。访谈主要围绕乡村旅游发展给村寨带来的经济、社会、文化、环境等方面的影响。访谈内容采用边听边记录的方式留存，事后用主题分析法、高频词提取法来分析访谈结果。

5.2.2 问卷调查

采用第4章设计的问卷，用李克特量表，分为完全不同意、不太同意、中立、比较同意、完全同意5个等级来测定当地村民对乡村旅游巩固脱贫攻坚成果的感知评价。其中1代表完全不同意，5代表完全同意。调查时间为2021年1月至3月，2021年7月至8月，调查对象也包括寒、暑假回家的学生与外出工作回家探亲的本地居民。问卷回收情况第4章也做了详细阐述，此处不再赘述。采用SPSS21.0对调研回收问卷进行数据分析。

5.2.3 辅助文本材料

研究者将网络新闻报道、相关案例区的学术论文和学术专著、官方获取的旅游宣传手册、历年的统计数据、村委会相关文件等作为辅助文本材料。这些辅助材料有助于帮助研究者了解案例区的基本情况和旅游发展状况。

5.3 天池苗寨：乡村旅游对脱贫人口的减贫效应

5.3.1 案例地概况[①]

天池苗寨位于重庆市武隆区东北部的后坪乡，在武隆区与丰都县、彭水县交接处，距武隆城区约60公里，曾是武隆最偏远、最落后的乡镇，被列入重庆市深度贫困乡镇。2019年9月17日，天池苗寨正式开寨，在保护苗寨原有特色的基础上，打造了民宿度假区、苗医体验区、特色美食加工区、民俗文化体验区和田园山野游憩区，由苗情乡村旅游股份合作社统一建设、统一运营、统一营销，同时还恢复了苗家古式榨油坊、面粉坊、苗药坊和酿酒坊，兴建起酒店、儿童乐园、茶坊和练歌坊等供游客参与体验，共品百年古寨独特的民俗风情。脱贫攻坚的全面胜利，让这里的413户建档立卡贫困户实现了"两不愁三保障"并全部脱贫，贫困人口可支配收入增加到12 957.6元，2020年后坪乡天池苗寨成为中国向全世界展示脱贫攻坚成效的考察点。

天池苗寨建筑以井干式吊脚楼为主，穿斗式实木结构，飞檐、斜面、小青瓦，古色古香。其所在的文凤村山清水秀、生态优美、气候宜人，全年无高温炎热天气，负氧离子含量高，是人们休闲养肺、避暑纳凉的好去处。天池苗寨被选入"中国传统村落"名录，其所在的文凤村被评为"全国乡村旅游重点村"和"重庆市第一批历史文化名村"。

① 一是查阅学术期刊网上公开发表的有关天池苗寨的文献资料；二是通过对村委会成员的访谈获取苗寨的相关信息；三是通过案例地实地调研获得的相关信息。

5.3.2 天池苗寨乡村旅游发展概况[1]

公司+合作社+村民经营模式（2019年至今）：后坪乡是市级深度贫困乡镇。在统筹推进脱贫攻坚过程中，武隆区相关部门多次到天池苗寨调研，寻找脱贫的出路。经过反复论证，相关部门结合当地的资源特色和气候特点，认为天池苗寨适合发展旅游业。以"云上苗寨·幸福后坪"为主题推进乡村旅游，探索发展农村集体经济，实现"资源变资产、资金变股金、农民变股东"的三变改革。

在武隆区委、区政府的精心组织和安排下，重庆市武隆喀斯特旅游产业（集团）有限公司（以下简称喀斯特公司）以300万元现金入股苗情乡村旅游股份合作社[2]，44户农户以"田、地、林、房"10年经营权折资530万元合股联营，形成"公司+合作社+农户"的经营模式，采取"固定分红+收益分红"方式共同打造天池苗寨，壮大农村集体经济，拓宽农民增收渠道。2019年9月17日，喀斯特公司围绕"旅游+扶贫"倾力打造民族特色的后坪天池苗寨正式开寨迎客。2019年接待游客近3万人次，旅游收入达到30多万元。90%以上的农户直接或间接参与乡村旅游经营，其中25户农户开办了特色农家乐和旅游民宿。入股农户已分红51万元，其中罗开发、罗元发等13户建档立卡贫困户通过发展乡村旅游，人均年收入从脱贫前的6 459元增长至10 343元。

5.3.3 村民对乡村旅游巩固脱贫攻坚成果的感知评价

（1）经济感知

通过问卷调查分析村民对乡村旅游巩固脱贫攻坚成果的经济感知（见表5-2），其总均值为3.80[3]，表明村民对乡村旅游巩固脱贫攻坚成果的经济感知较为强烈，认同乡村旅游开发能增加家庭经济收入，扩大就业选择面。

---

① 感谢为此次调查提供翔实资料的武隆区苗情乡村旅游股份合作社理事长潘军等同志。

② 2019年，后坪乡依托当地古建筑群落——天池苗寨里的原生态农耕环境及传统手工艺，成立了武隆区苗情乡村旅游股份合作社，采取"合作社+农户"的形式，加快乡村旅游发展。

③ 均值1~2.4表示反对，2.5~3.4表示中立，3.5~5表示同意。

从“家庭经济收入持续增加”来看，均值为4.11，说明村民对乡村旅游发展能持续增加家庭经济收入持肯定态度。在苗寨门口游客中心上班的脱贫户罗元发说，“前些年，我老婆常年生病就医，四处借钱看病。我每年都外出打工，挣的钱仍无法支撑家庭的各项开支。2019年村里搞旅游，让我们把房子、土地入股，年底享受分红。开始的时候大家都很积极，正式入股的时候，又害怕被骗了，临时不干了。我反正就赌一把，把家里的七间房租了出去。年底分红的时候，我拿到了21 000多元的分红，这比打工强多了”“我自己还有点手艺，打工当过厨师，前年开寨时我也在景区开起了农家乐，赚了10 000多元，空闲的时候，我还在项目工地上打工挣钱，一天能挣200元。我现在就希望景区修得更好，来的游客更多，我家餐馆的生意就更好”。

表5-2　**天池苗寨村民对乡村旅游巩固脱贫攻坚成果的经济感知**

经济感知	均值	标准差
家里经济收入持续增加	4.11	0.583
就业选择变得越来越多	4.28	0.669
农副产品销量越来越好	4.20	0.752
每月有旅游收入的分红	4.33	0.686
我有足够的资金参与旅游经营	3.00	0.767
每个月的经济收入相差很大	3.61	0.608
本地贫富差距越来越大	3.26	0.616
本地物价和生活成本越来越高	3.61	0.778
总均值	3.80	

资料来源：根据问卷调查结果整理。

从“就业选择变得越来越多”来看，均值为4.28，说明村民对此持肯定态度。过去几年，苗寨一半以上的年轻人外出打工，而2019年景区旅游业的快速发展带来了很多商机，有生意头脑的村民开始回村创业，开设民宿、农家乐等。他们不用背井离乡，就地就近解决就业问题，外出打工者的数量在逐渐减少。

我们的实地调研访谈也验证了这一点。养蜜蜂的赵朋告诉笔者，“搞旅游就是好，游客来就有买土货的需要。我回来创业，买了300只鸡仔和30箱蜜蜂。光靠养蜂，一年的收入就有好几万，虽然有点辛苦，但还是值得”。“我以前都是在外地打工，一年也赚不到好多钱，自从我们村搞旅游，我就开了家烧烤店，加上民宿的租金，一年还是有好几万”，卖烧烤的王丽自豪地说道。天池苗寨乡村旅游的发展，给村民提供了多样的就业选择，从单一的外出打工维持生计模式向从事住宿、农家乐、土特产品销售、烧烤等多样化就业选择转变。

从“农副产品销量越来越好”来看，均值为4.20，说明村民对旅游业的开发带动农副产品销售持肯定态度。“现在来的游客多了，农产品的销量也好了，寨子里的金秋梨、无公害蔬菜都已经上市了，土鸡、土鸭、土鸡蛋这些都不愁卖了，大家都喜欢买新鲜、没打农药的蔬菜水果，走的时候都把后备箱装得满满的。”村民们说，“我家养的蜜蜂有30多箱，现在城里人都注意养生，对土蜂蜜需求很大，买的人也多，根本不愁卖”。

从“每月有旅游收入的分红”来看，均值为4.33，说明村民对“公司+合作社+村民”的经营模式持肯定态度。“村民将闲置的房屋出租给合作社，由合作社统一打造成民宿，村民不出钱也不参与经营，还能获得固定租金收入，年底还可以按股分红”“第一次固定分红，总共是50.8万元，有的村民领到数千元，有的领到3万多元，还有少数村民领到几百元，这个是根据占股来分配的”“每个村投入的房屋和田地的数量不同，占股不同，所以分红上有差异”。武隆区苗情乡村旅游股份合作社理事长潘军告诉笔者。

关于“我有足够的资金参与旅游经营”选项，均值为3.00，说明村民对有足够的资金参与旅游业持中立的态度。尽管“公司+合作社+村民”的经营模式让村民有基本的生活保障，但是民宿还是由苗情乡村旅游股份合作社统一打造运营，村民独立经营农家乐、旅游商店等还是缺乏足够的资金，正如罗开发所言，“现在的生活比以前好过多了，旅游开发让更多的游客来我们苗寨，我们拿房子、田地入股就能分红。你让我们个人来经营，还是没得那本事，也没得那个钱”。

从“每个月的经济收入相差很大”和“本地贫富差距越来越大”来看，均值为分别为3.61和3.26。说明乡村旅游开发具有明显的淡旺季，不同季节村民的经济收入存在明显差异。由于乡村旅游发展时间较短，又受疫情的影响，村民对旅游发展导致本地贫富差距越来越大的负效应感知不明显，普遍持中立态度（均值为3.26）。

在“本地物价和生活成本越来越高”选项上，均值达3.61。杨世超向笔者表明：“我们的地虽然入了股，但公司还是允许每户一分自留地，也能种点吃的，乡场上卖的是涨了点，但也不多。”

（2）社会感知

天池苗寨2019年开寨迎客，尽管时间不长，但旅游业发展速度快，村民们明显感受到了旅游带来的变化，能够理性看待旅游开发的社会影响，对乡村旅游巩固脱贫攻坚成果的社会感知持支持态度（均值为3.64），见表5-3。

在“我现在比以前更受人尊敬”选项上，均值为3.50。我们在实地访谈中，也能感受到村民满满的自豪感。调研团队去参观了苗寨土法榨油的展示场，就在距离我们采访的杨世超家不远的榨油房。前几年，合作社为了恢复这种榨油方法，专门请来寨里的老人回忆榨油机的构造。花了好几个月，大家才复原了一套由原木制成的传统的榨油设备。走进榨油房，这里存放着十多米长的木制榨机和撞锤，墙上绘制了土法榨油的全过程。展示场吸纳了6名贫困户，因此榨油房也成了“扶贫车间”。“每回榨油前，我们就喊起老辈子传下来的榨油口号，游客一听就围拢过来了。这么大个屋子，挤得满当当的。大家都觉得很新奇，都举着相机拍我们榨油的过程。那种受关注的阵仗，再累都有力气了。”在这里当榨油工的脱贫户曾玉林比画着，兴奋地告诉我们，“我和杨仕成他们在这里向游客展示土法榨油的炒制、晾晒、碾碎、榨油和包装的全过程，这技术是寨子的老人手把手教我们的，我们又展示给游客看，很自豪。游客参观完了，很多都愿意顺手带走新榨出的菜油。这些菜油每公斤30元，比普通菜油价格要高一倍多，但是仍卖得好得很。”乡村旅游开发，具有民族文化内涵的土法榨油技术重新进入村民生活，成为旅游参与体验项目，让当地村民看到了传统文化的价值，增强了自豪感和认同感。

表5-3　天池苗寨村民对乡村旅游巩固脱贫攻坚成果的社会感知

社会感知	均值	标准差
比以前更受人尊敬	3.50	0.639
小孩的教育资源越来越好	3.33	0.686
本地的基础设施越来越完善	4.22	0.428
有权作出一些与我们利益相关的决策	4.28	0.575
我有保险的保障	3.83	0.514
生活条件越来越好	4.56	0.511
食品安全性越来越高	3.17	0.707
我有足够的时间参与旅游经营	4.39	0.608
人际关系越来越疏远	2.50	0.618
人与人相处越来越防备	2.61	0.603
总均值	3.64	

资料来源：根据问卷调查结果整理。

从“小孩的教育资源越来越好”和“本地基础设施越来越完善”来看，均值分别为3.33和4.22。村民提到，“这些年孩子读书的问题基本解决了，后坪小学和初级中学都不远，孩子读书也方便。大家都有意识了，都希望孩子多读书，有好的工作。苗寨小课堂也定期在开，让孩子们学习我们民族的文化，不要忘了根”。被问到本地基础设施的问题，村民还是称赞，“政府为了寨子的发展，对寨子的旅游设施和配套设施还是投入了不少，对环境也进行了整治，我们住在寨子里很舒服，也很满足”。

在“有权作出一些与我们利益相关的决策”选项上，村民持肯定态度（均值为4.28），这是我们在很多地方调研都不曾有的情况，说明“公司+合作社+农户”的经营模式，对于村民主动参与旅游经营、提高参与能力还是发挥了作用。天池苗寨苗情乡村旅游股份合作社的副理事长罗开伦向笔者介绍："现在苗寨内农户自住房改造的精品民宿，都是公司统一经营和安排，年底再按出资比例分红，所有都是有合同明确了的，大家都受益，纠纷自然就少了。"这也从侧面反映出正式制度在缓解社会矛盾中起着重要作用。在天池模式下，"定期召集所有合作社成员开会，关于苗寨旅游发展的重大事务，则另行召开大会，投票表决，是作为股东的权利"。"我记得当时股民大会连续开了15天，每天晚上七点左右开，针对大家普遍关心的问题，大家商量着办，有时会讨论到凌晨。一开始大家可能有疑虑，53户村民只有44户入股，但后面开寨旅游就火了，制度也理顺了，大家的顾虑就彻底打消了"。

在"我有保险的保障"选项上，均值为3.83。正如金峰客栈的房东所言，"我今年都86岁了，现在有医保，住院能报95%"，房东还告诉笔者，"我们有'两不愁、三保障'"，笔者问："您还知道'两不愁、三保障'啊？"老人眯着眼睛，得意地回答，"当然知道哦，没想到，我这个岁数了，还能过上这么好的日子，啥子都不愁"。

在"生活条件越来越好"和"食品安全性越来越高"选项上，村民普遍持肯定的态度，均值分别为4.56和3.17。正如村民罗元发告诉笔者，"我家以前很恼火，屋头这个常年生病进医院，为了给她治病，四处借钱，是村里的贫困户。为了补贴家用，我到浙江去打工，但挣的钱还是不够家里的开销。寨子搞旅游了，我入股了，也参加了烧烤培训，在景区开了个餐馆，来吃的人多，生意还好，我家的生活也越来越好了"。关于食品安全问题，村民保持中立态度（均值为3.17）。正如金峰客栈的房东大爷说，"我家多余的房子就租出来集体管理，他们拿租金，每家有一分自留地，种点蔬菜自家吃。有时也到乡场去买点，食品安全嘛，肯定也担心噻"。

在"我有足够的时间参与旅游经营"选项上，当地村民持肯定态度（均值为4.39）。访谈中村民的乐观情绪也证实了这一点。一方面，天池苗寨以旅游业为主，村民通过各种方式参与旅游经营，增加了收入，也提高了农副产品的附加值。这几年由于疫情的影响，旅游业受到重创，村民的生计选择发生了改变，呈多样化的趋势。正如开酸汤鱼馆的老板罗开伦所言，“搞旅游业没的啥子成本，房屋是我个人的，厨师就是我的家人，鱼也是喂在池塘里的，有游客来我们就开门营业，没的游客我们就去种地，一点也不冲突”。

关于“人际关系越来越疏远”和“人与人相处越来越防备”的选项，村民感知不明显，寨子内部的认同感强烈，均值分别为2.50和2.61。多位受访者提到，“现在寨子游客这么多，我们生意都忙不过来，哪有心思为了鸡毛蒜皮的小事扯皮哦”“远亲不如近邻，大家抬头不见低头见，哪能为了利益撕破脸皮嘛”“就算邻里有点纠纷，我们也有‘苗寨小课堂’‘法治广场’‘莎姐工作站’，大家都去摆摆理，有啥子事情说清楚了就好了”。

（3）文化感知

当地村民对乡村旅游巩固脱贫攻坚成果的文化感知（见表5-4），总体上比较积极，均值为3.83。选项“当地传统文化得到很好的保护”和“居民对民族文化认同感增强”均值分别为4.25和4.33，说明村民对本民族的传统文化有强烈的认同感、自豪感和保护意识。这和我们在寨子里的观察、访谈的情况一致。“我们不仅有苗寨迎宾鼓、拦门酒、唢呐吹奏等苗寨‘原始生态’文化，还有苗鼓、竹笛、山歌等民俗特色，还可体验苗医苗药、苗家古式榨油坊、酿酒坊、面粉坊、苗药坊等民俗文化，游客之所以喜欢到我们这里来，也是被我们的传统文化吸引了，保护好我们的文化，传承下去，这是很好的事情”“这些年，手艺人的饭碗被机器抢了。加上机器制品比手工制品便宜得多，年轻人外出打工，传统木器制作都没得人学。现在旅游发展了，对木制手艺感兴趣的年轻人也多了，我也愿意教他们，让这些手艺传下去”，冉茂云告诉笔者。

选项“当地建筑突出地方特色”，均值为4.17，说明当地村民普遍对此持肯定态度。正如我们实地调研的观察和访谈结果，海拔1 100多米的天池苗寨，常年云雾缭绕，风光秀美，是目前重庆市保存最完好的少数民族民居建筑群之一，也被住房和城乡建设部列入“中国传统村落”名录。进入村寨，视线所及处都是一排排的小青瓦建筑，古色古香的苗族吊脚楼群落，特别令人感到震撼。喀斯特公司按照“原山原水原生态·原汁原味原住民”的理念，在保护苗寨原有特色的基础上，集中打造民俗文化体验区、特色美食加工区和田园山野游憩区，让前来旅游休闲的游客体验多彩的苗族文化和浓郁的苗族风情，记住这里。

表5-4 天池苗寨村民对乡村旅游巩固脱贫攻坚成果的文化感知

文化感知	均值	标准差
当地传统文化得到很好的保护	4.25	0.583
居民对民族文化认同感增强	4.33	0.594
当地建筑突出地方特色	4.17	0.707
促进了与外来文化的交流	3.50	0.786
村民的文明程度越来越高	3.78	0.824
社区参与制度越来越完善	3.94	0.639
我有足够知识和技术参与旅游经营	3.27	0.895
受教育与培训的机会越来越多	3.67	0.832
休闲娱乐活动越来越多了	3.53	0.840
总均值	3.83	0.583

资料来源：根据问卷调查结果整理。

选项“促进了与外来文化的交流”，均值为3.50，说明发展旅游使得当地村民更愿意与外界进行文化交流，扩大他们的社交圈，提高了他们与外界的沟通能力。在天池苗寨8号开面坊的潘朝华说，“祖祖辈辈都没走出去过的苗寨，没想到现在一下子就火了。根本没有想到有一天也会有硬化公路直通这里，还建成了旅游景区。穷卡卡的地方，来了这么多客人，让我们也有了和外面交流的机会。我自己住的房屋进行改建，加入了合作社，一家四口在家门口开个面馆也能赚钱”。

关于“村民的文明程度越来越高”，村民普遍持肯定的态度（均值为3.78）。村支书赵俊介绍道，“寨子里住的全是原住民，常年养成一些不良生活习惯、语言习惯，和乡村旅游的发展格格不入。你让他改，短时间很难有效果。为了让苗寨乡村旅游红红火火，村寨群众能持续增收，我们坚持公示上墙，每月对农户进行干部评、党员评、理事会成员评，并将各户习惯养成好坏公示上墙，对做得好或做得差的村民分别进行表彰和惩戒”。

对于选项“社区参与制度越来越完善”，居民普遍持肯定态度（均值为3.94）。武隆区苗情乡村旅游股份合作社理事长潘军说，“为了更好地发展旅游，我们先后召开50余次寨民会议，统一其思想观念，规范其言行。在民主、公平、公开的基础上，村民投票选出寨民议事主心骨，成立由5人组成的寨民自治理事会，建成寨民议事厅，出台天池苗寨《公约十条》，严格执行，奖惩并重，充分发挥大家积极参与的作用”。

选项“我有足够知识和技术参与旅游经营”和“受教育与培训的机会越来越多”，均值分别为3.27和3.67。据了解，为助力后坪乡脱贫攻坚，武隆区政府采取“公司+合作社+村民”的经营模式共同打造天池苗寨，壮大农村集体经济，拓宽农民增收渠道。民宿业务由苗情乡村旅游股份合作社统一打造运营，经营餐饮业的社区居民接受了统一的食品安全、技术培训和旅游服务接待礼仪培训。正如我们前面采访的脱贫户罗开发告诉笔者的内容，“2019年10月，武隆区文旅委到天池苗寨举办培训班，我和我老婆都参加了。我们学会了烧烤技术，就留在家里做烧烤生意，商品包括烤鸡、烤鸭、烤全羊等，游客说味道还不错”。

关于选项“休闲娱乐活动越来越多了”，居民持肯定态度（均值为3.53）。一进入苗寨，就有身着盛装的苗族姑娘热情地打着红伞、端起米酒，为游客送上苗族最高的欢迎礼节。沿着板石铺筑的乡道进入景区，有民宿度假区、特色美食加工区、民俗文化体验区、田园山野游憩区、苗医苗药体验区等“五区”，苗家古式榨油坊、面坊、酿酒坊、苗药坊、练歌坊等“五坊”，面馆、茶馆、饭馆、旅馆、火锅馆等“五馆”，特制麦粑、糍粑、苞谷粑、荞麦粑、米靶等“五粑”。景区还建起了儿童乐园、水车乐园、石趣园等游客互动参与体验项目，大大丰富了村民的娱乐休闲活动，给游客也提供了丰富多彩的民俗体验。

（4）环境感知

村民对乡村旅游巩固脱贫攻坚成果的环境感知明显（见表5-5），

总均值为3.85。其中“本村空气质量更好”“森林覆盖率越来越高”“本村的水质更好”均值分别为3.78、3.67和3.94，这与我们实地调研的事实相符。天池苗寨拆迁了寨子里所有的畜圈，在寨外统一建成无害化畜禽圈舍；原本脏乱差的环境得到彻底整治，先后获得“中国绿色村庄”“重庆十大最美乡村”“重庆市特色景观名村”等称号。

表5-5 **天池苗寨村民对乡村旅游巩固脱贫攻坚成果的环境感知**

环境感知	均值	标准差
本村空气质量更好	3.78	0.548
森林覆盖率越来越高	3.67	0.485
本村的水质更好	3.94	0.639
街道比以前更加干净卫生	4.39	0.608
垃圾回收很及时	4.56	0.511
本村的公共厕所增多	3.89	0.583
垃圾处理方式是合格的	3.62	0.676
村民的环保意识越来越强	3.94	0.635
建筑与周围环境没有违和感	4.44	0.511
村里污染越来越严重	2.26	0.647
总均值	3.85	

资料来源：根据问卷调查结果整理。

关于选项“街道比以前更加干净卫生”“垃圾回收很及时”和“垃圾处理方式是合格的”，村民普遍持肯定态度，均值分别为4.39、4.56和3.62。正如苗情乡村旅游股份合作社理事会成员赵川峰所言，“现在明显感觉寨子的精气神完全不一样了，地上有个垃圾，村民都会主动捡起来。以前没得产业，大家就在寨里喂牲畜，粪便弄得到处都是，苍蝇也多得不得了，到处都臭烘烘的。从来没有想过，寨子有一天会变得这么干净卫生”。关于垃圾回收、处理方式的问题，村支书也介绍道，“天池苗寨旅游开发以来，后坪乡编制了《重庆市武隆区后坪乡深度脱贫攻坚规划（2017—2020）》，完成了景区环境整治、旅游厕所改建、游客服务中心修建、垃圾回收、污水处理整治……对苗寨进行了全方位的升级改造，在村寨宜居、宜游的打造上做了不少工作”。

选项“本村的公共厕所增多”，均值为3.89，说明村民满意。当地政府和喀斯特旅游公司在景区公厕建设、游客服务中心等旅游基础设施和配套设施的兴建和完善方面，还是投入了资金，不断提升天池苗寨的旅游环境水平。

选项“村民的环保意识越来越强”和“建筑与周围环境没有违和感”，均值分别为3.94和4.44。在寨子里实地调研过程中，随处可见村民家门口的墙上钉着“最美家庭”的木牌，落款是“中共武隆区后坪苗族土家族乡委员会”与“武隆区后坪苗族土家族乡人民政府”，下面一张是“文凤村环境卫生治理测评表”，内容是“五干净[①]”和“两规范[②]”，由环境治理会成员打分签字。旁边的门牌号下还标注了姓名、家庭人口、是否入股合作社与考评结果。全程透明管理，规范有序。调研组在寨子里逛了一大圈，发现很多家庭都是90分以上（90分以上为非常清洁）。另一方面，为了保持天池苗寨原生态的模样，村民的老房子也都由政府补贴进行了风貌改造并加固。村民租给合作社的房屋，也因地势而建，保留了“苗寨的土味”。李学银老人说，“我那几间房过去靠几根原木支撑，要垮不垮的，现在变成了休闲住宿一体的独栋民宿，变得越来越有面子了”。

选项“村里污染越来越严重”，均值为2.26，说明旅游开发并没有给村寨带来严重污染。村寨出台了《公约十条》，带动全村都参与环境保护行动，严格按照管理制度，做好整体人居环境工程打造工作，把猪圈等搬迁到苗寨附近的集中圈养地，对家禽集中饲养。村民对目前的环境改善普遍持认同态度，不同意“村里污染越来越严重”的选项。

---

① “五干净”具体是指院坝干净、房间及周边环境干净、厨房卫生干净、厕所卫生干净和个人卫生干净。

② “两规范”具体是指道路使用规范和畜禽养殖规范。

5.4 四川理县桃坪羌寨：乡村旅游对脱贫人口的减贫效应

5.4.1 案例地概况[①]

桃坪（羌语称“切子”）羌寨位于四川省阿坝藏族羌族自治州理县，坐落于岷江支流杂谷脑河下游，东距汶川县城20公里，西距理县县城40公里，距成都130余公里，紧邻国道317线，属于九黄线旅游圈。

桃坪羌寨在行政区划上属四川省阿坝藏族羌族自治州理县桃坪乡（下辖5个行政村14个村小组）桃坪村。桃坪村有桃坪、孔地坪、谢溪沟3个村小组。桃坪组包括裕丰岩和桃坪寨两个自然村落。

桃坪羌寨始建于公元前111年，是目前世界上保留最完整的尚有人居住的、与居民融为一体的羌寨，现有居民196户498人。其中劳动力200余人，外出务工20人左右，居民中99%都是羌族，其中以刘姓居多。男女比例大致为1∶1。现有耕地面积322亩，新寨面积150余亩。2014年有25户贫困户，2017年剩下3户贫困户，且在2017年底全部实现脱贫。

桃坪羌寨景色优美，旅游资源丰富，其中羌族建筑是寨内最具价值的人文资源。羌族建筑外以黄泥片石为墙，内以木架构，历经三次大地震屹立不倒。整个寨子屋屋相通，没有单门独户的房子；寨子下面遍布了密密麻麻的水网，既是古羌民的逃生通道，还兼具防火的功能。近年来受旅游开发、灾后重建等影响，桃坪被分为新寨和老寨两个部分。新寨用于游客餐饮接待、村民居住，而老寨则以博物馆的形式被保护起来，对外向游客售卖景区门票。

综合看来，桃坪羌寨旅游资源呈现存量大、地理集中性、文化原始

---

① 一是查阅学术期刊网上公开发表的有关桃坪羌寨的文献资料；二是通过对村委会成员的访谈获取村寨的相关信息；三是通过案例地实地调研获得的相关信息。桃坪羌寨系本研究团队2018—2021年一直跟踪研究的案例点，相关调研资料在前期调研基础上有所补充完善。

性的特点，具有高度的历史文化价值、科学考察价值和观赏价值。桃坪羌寨2010年被世界文化地理研究院地标研究中心、亚太农村社区发展促进会等评为“中国十大古村”之一；2011年被第三届中国景观村落评审委员会评为“中国景观村落”，属于全国重点文物保护单位，被誉为“世界羌文化遗址”。

5.4.2 桃坪羌寨乡村旅游发展概况[①]

（1）村民自主经营模式（20世纪80年代末到1998年）：最初，桃坪羌寨因其独特的建筑风貌、民俗风情和田园风光，吸引了少量学者、游客和艺术工作者前往寨子写生和考察。然而，村里缺乏旅游接待设施，村民缺少旅游经营意识，只是免费招待前来的客人。1996年9月，桃坪羌寨正式发展旅游业。这离不开其中一个重要人物——桃坪羌寨旅游开发的领跑者龙小琼。她首先恢复装修家中的碉楼，打出“小琼羌家”的招牌，还成立了“土风歌舞队”，到317国道、桥上或坝子载歌载舞，向过往的游客推荐羌寨的民俗风情。桃坪羌寨位于成都至“米亚罗—古尔沟”风景区的必经之路，在龙小琼的争取下，桃坪羌寨作为该线路的赠送景点被旅行社推出，主要提供义务讲解和羌族歌舞表演服务。村寨收取门票5元/人。1996年的门票收入达到4万多人民币，由村委会统一分配，在支付清洁人员和舞蹈人员的工资后，剩余的钱按人头平均分给村民。随后几年的门票收入，还用于投入村里道路设施、露天舞场、旅游接待设施的建设。

（2）国有开发公司经营管理模式（1998—1999年）：随着旅游接待量和旅游收入的不断增加，1998年9月，理县政府介入桃坪羌寨的旅游开发工作，成立桃坪羌寨旅游开发管理委员会，负责景区的日常经营管理。政府组建成立桃坪羌寨旅游开发公司，负责景区的对外宣传营销、资源的保护与开发。旅游公司对游客统一收15元/人的门票费，不久就涨到20元/人。管理委员会承诺，每年将门票总收入的50%分给村民。为了让村民都能享受乡村旅游开发带来的红利，管委会组织村干部成立

① 根据对社区带头人龙小琼和杨家大院主人杨登富的深度访谈，并查询相关文献，综合整理所得。

旅游联络处，按照全寨总户数将村民分成10个旅游接待小组。由联络小组人员将游客统一接到景区餐饮处集体用餐后，联络处根据游客人数和住宿要求，安排符合条件的接待户进行接待，让每户村民都享受均等的旅游接待机会。同档次的旅游接待收费统一，价格透明。接待户所取得的收入按照旅游局10%、村委会30%、接待户村民60%的比例进行分配。

由于桃坪羌寨旅游开发管理委员会并没有兑现将门票收入的50%分给村民的承诺，村干部组成的旅游联络处经常出现“以权谋私、分配不均”的情况，导致政府和国有开发公司介入桃坪羌寨的经营管理模式最终解体。

（3）外来企业主导经营模式（2000—2008年）：2000年，理县政府引进桃坪羌寨旅游发展有限责任公司[①]，又称“大管局”，形成外来投资。2004年，桃坪羌寨由加州集团管理，负责联系客源和管理门票收入，桃坪羌寨管理处则负责协调公司和村民关系。接待大户获得了大部分收益，村民的收入呈现不均衡状态。2006年，桃坪羌寨修建新区，负责游客住宿、餐饮接待。而老区则由文物局出资进行保护，只进行观光游览。同时，加州集团加入“大管局”，实行股份制[②]（外来企业股份份额占优势），公司向游客收取25元/人的门票，随后涨到60元/人。这一时期游客大量涌入，旅游门票收入剧增，但村民却发现股份制的合资公司在与村民利益分配中，占有绝对的资本优势。而真正拥有桃坪羌寨文化和自然生态资源的村民却没有获得相应的好处，每年从巨额门票收入中分红比例不到5%。因此双方的矛盾日益升级。2008年汶川发生大地震，新寨倒塌，旅游活动暂停，加州集团退出了桃坪羌寨景区的管理。这一时期村民失去旅游经济收入来源，回归于务农务工。尽管家庭收入有所降低，但清闲的生产生活使得曾经为争夺客源剑拔弩张的人际关系有所缓解。

（4）政府主导型经营模式（2010—2016年）：2010年，湖南对口援

---

① 桃坪羌寨旅游发展有限责任公司由九寨天堂温泉酒店有限责任公司、理县米亚罗桃坪景区管理局、大九寨国际旅游开发有限责任公司三方组成。

② 政府以资源入股的方式参与景区开发占比9%，当地社区居民以属于自己私有财产的民居入股占30%，加州集团及九寨天堂温泉酒店有限责任公司投入2 100万元占51%，大九寨国际旅游开发有限公司占10%。

建理县，桃坪羌寨由政府投资重建，桃坪的旅游发展步入由政府主导的新阶段。同年10月，桃坪新寨竣工，寨子每户都有在新寨购买住房的指标，可以按照1 200元/平方米的价格进行购买。援建完成后，理县政府设立桃坪景区管理处，羌寨重新对外开放。桃坪羌寨再次将以体验羌族文化、住羌楼、品羌餐、观民居为代表的乡村旅游产品推向市场，桃坪的旅游业逐渐恢复。

2014年5月，理县政府将四川永恒昌茂投资发展有限公司引进桃坪。同年5月8日，公司与理县政府签订了《桃坪羌寨景区投资开发经营框架协议》，7月21日与城投公司签订了《理县桃坪羌寨经营权承包合同》。2014年6月，公司组建了四川吉祥谷藏羌文化旅游发展有限公司（以下简称吉祥谷），正式入驻桃坪羌寨，对景区进行经营管理。老寨门票价格维持60元/人。公司承诺每年将门票总收入的25%分给村民。吉祥谷对桃坪羌寨的旅游经营管理仅仅持续一年半的时间，就与理县政府、桃坪村民在权益归属、景区基础设施建设、制度规范等方面产生分歧。2016年4月吉祥谷正式退出桃坪羌寨的旅游经营管理。

（5）村民自主经营模式（2016年至今）：2016年9月，理县政府又新成立桃坪羌寨管理委员会，管委会的性质是县政府派驻机构，代表县政府在桃坪羌寨景区全面接管景区各项管理工作。管委会下设办公室，办公室由县级相关职能部门和村支两委会共同组成。村民维护自身利益的意识和能力在长期市场化竞争中被培养起来，最终实现了政府与村民相对平衡的状态。

5.4.3 村民对乡村旅游巩固脱贫攻坚成果的感知评价

（1）经济感知

通过问卷调查分析村民对乡村旅游巩固脱贫攻坚成果的经济感知，其总均值为3.55①，表明村民对乡村旅游巩固脱贫攻坚成果的经济感知较为强烈（见表5-6），认同乡村旅游开发能增加家庭经济收入，扩大就业选择面。

① 均值1~2.4表示反对，2.5~3.4表示中立，3.5~5表示同意。

从“家里经济收入持续增加”来看，均值为3.87，说明村民赞同乡村旅游发展使家庭经济收入持续增加，但是得分不高，侧面反映这几年受疫情影响村民的旅游经济收入有所降低。正如社区旅游带头人龙小琼所言，“旅游开发前，家里就种粮食、水果拿出去卖，我们家条件一直都还算比较好的，那个时候光卖苹果，人均年收入也有三四千元；旅游开发后，人均年收入远远大于6 000元。现在我觉得主要的障碍不是资金了，还是外界不可控因素，这才是致命的打击，你看嘛，一个疫情，就让旅游业损失惨重。这几年的日子不好过，希望疫情快点过去，旅游业恢复常态”。

表5-6　**桃坪羌寨村民对乡村旅游巩固脱贫攻坚成果的经济感知**

经济感知	均值	标准差
家里经济收入持续增加	3.87	0.743
就业选择变得越来越多	3.03	0.704
农副产品销量越来越好	3.13	0.640
每月有旅游收入的分红	3.33	0.724
我有足够的资金参与旅游经营	3.20	0.862
每个月的经济收入相差很大	4.00	0.655
本地贫富差距越来越大	3.63	0.834
本地物价和生活成本越来越高	4.20	0.676
总均值	3.55	

资料来源：根据问卷调查结果整理。

就“就业选择变得越来越多”而言，均值为3.03，说明村民对此持中立态度。我们在实地调研中了解，很多村民由旅游开发初期的以“农业为主、旅游为辅”转变为以“旅游为主、农业为辅”，以极大的热情投入到旅游经营活动中，每户家庭都能够获得除了农业生产收入之外的其他经营性收入，就业选择明显增多，旅游成为当地村民主要的生计选择。但一个家里开着副食店卖特产的小伙子说：“我觉得羌寨真正赚钱的只有十几户，要么是有关系的、要么是家里有导游的，他们把客源全部拉走了，我们的生意就凭运气，我也不晓得能撑好久。”侧面说明尽管就业选择增多，但从事最底层旅游经营的村民并没有从旅游发展中公平受益，因此村民颇有抱怨。

从“农副产品销量越来越好”来看，均值为3.13，村民对此选项持中立态度。说明受疫情的影响，来桃坪羌寨的游客数量明显减少，团队旅游停留的时间较短，销售的羌家腊猪肉、香猪腿、蕨菜、青稞酒等农副产品在藏羌地区大同小异，引发不了游客购买的兴趣，因此销量有限。

从“每月有旅游收入的分红”来看，村民持中立态度（均值为3.33）。桃坪羌寨的旅游发展经历了村民自主经营、国有开发公司主导经营、“政府+外来公司+村民”等不同经营模式，无论是从最初国有开发公司承诺每年将门票总收入的50%分给村民，到外来公司进驻桃坪承诺将门票收入的25%分给村民，实际上真正拥有桃坪羌寨文化和自然生态资源的村民却没有获得相应的好处，每年从巨额门票收入中的分红比例并没有达到约定的份额。

关于“我有足够的资金参与旅游经营”选项，均值为3.20，说明村民对有足够的资金参与旅游业持中立的态度。有村民谈道，“在新寨搞旅游经营一个客栈，投资额度从几十万元到几百万元不等，一般的家庭也承受不起”“新寨的房子，当时我们是按照1 200元/平方米购买的，我把没有经济能力也没有人手而放弃在新寨修建房屋村民的新址指标也买来扩大经营，开始经营羌族客栈，面积有200多平方米，8间客房，贷款装修的客栈这些年经营也是靠运气，客栈也多，设施条件越来越好，竞争压力也大，不晓得好久才能还清贷款。”

从“每个月的经济收入相差很大”和“本地贫富差距越来越大”来看，均值为分别为4.00和3.63。说明并非所有村民都因桃坪羌寨的旅游发展而受益，同时受益的程度也未必相同。由于能力差异、人情关系等因素，村民参与旅游的程度不一、受益不均，出现了一定的贫富差距。

在“本地物价和生活成本越来越高”选项上，均值高达4.20，说明旅游开发虽然能够吸引游客进入，但游客和当地村民共享生活消费品和原材料，客观上导致当地物价和生活成本变高，加之景区门票的设置、禁止外来车辆进入景区，使得原来经营农家乐的村民利益受损，村民没有参与门票收入的分成，却要承受物价上涨的压力。

（2）社会感知

桃坪羌寨村民在市场竞争和与不同经营主体打交道维护自身权益的过程中，培养了主体意识和旅游经营能力，能够客观看待社区自主经营和公司企业化经营对自己参与旅游发展的影响，因此村民对乡村旅游巩固脱贫攻坚成果的社会感知持肯定态度（均值为3.74），见表5-7。

在“我现在比以前更受人尊敬”选项上，均值为3.80。我们在实地访谈中，也能感受到村民满满的自豪感。社区旅游带头人龙小琼说，“民族文化是块响当当的金字招牌，如果你不是羌族，你民族的文化保存不好，游客也不会到你这里来。我们也很自豪，老祖宗留下来的羌寨建筑，集日常生活和战争防御于一体，路网、水网、房顶共同构成了三维立体交叉的道路网络和防御系统，这就是羌寨的奇特之处。每次我们向游客提起我们的建筑，他们崇拜地赞叹，我就觉得推广我们民族的文化，倍感荣耀，我们也有民族的智慧”。

表5-7 **桃坪羌寨村民对乡村旅游巩固脱贫攻坚成果的社会感知**

社会感知	均值	标准差
我现在比以前更受人尊敬	3.80	1.082
小孩的教育资源越来越好	3.87	0.743
本地的基础设施越来越完善	4.13	0.834
有权作出一些与我们利益相关的决策	2.67	0.617
我有保险的保障	3.80	0.941
生活条件越来越好	3.86	0.915
食品安全性越来越高	2.87	0.743
我有足够的时间参与旅游经营	3.87	0.915
人际关系越来越疏远	4.00	0.926
人与人相处越来越防备	4.53	0.516
总均值	3.74	

资料来源：根据问卷调查结果整理。

从“小孩的教育资源越来越好”和“本地的基础设施越来越完善”来看，均值分别为3.87和4.13。村民提到，“现在孩子读书很方便，这要感谢政府感谢党。村里有小学，有些人希望孩子接受更好的教育，把娃娃送到桃坪镇上小学，经济条件好的家庭把孩子送到阿坝州外国语实验小学、寄宿小学读书的都有。教育资源还是很丰富，选择也多，每个家庭考虑不同，选择也就不一样”。问到本地基础设施的问题，村民还是称赞，“无论是汶川地震之后的恢复重建，还是后面这些公司撤出桃坪，政府对于桃坪的基础设施建设和配套设施建设都投入了资金，对环境也进行了整治，新寨住起来也很方便”。

在“有权作出一些与我们利益相关的决策”选项上，村民经过自主经营模式、企业化经营模式、政府主导经营模式的对比后，明显感觉到参与权受限，决策权相对被剥夺，因此均值较低，仅为2.67。在我们的深度访谈中，村民也表达了自己的意见，“寨子是老祖宗留下来的智慧结晶，发展旅游是好事情，但是要解决好利益分配问题，公开透明的门票收入，按比例提成返给村民，其实我们的要求并不高”“如果核心的利益分配问题解决好了，大家开诚布公地按照协议来，哪里有这么多矛盾嘛”“参与旅游经营，大家的资金、能力存在差异，钱都被旅游接待大户赚去了，生活成本上升、物价上涨等损失却由大家共同承担，村委会也应该征收调节税，不能让收入的差距越来越大”。访谈说明村民的主体意识较强，对于社区参与旅游的决策权很看重，目前村寨的旅游开发忽略了村民的主体诉求，在村民内部出现了反对的声音。

在“我有保险的保障”选项上，村民持肯定的态度，均值为3.80。说明当地村民具有给自己、家庭买保险的意识。这得益于旅游开发，村民在对外接待游客的过程中开阔了眼界，乐意接受新事物，具有防范风险、投资理财的经济意识。

在“生活条件越来越好”选项上，村民普遍持肯定的态度，均值为3.86。说明桃坪羌寨的旅游开发，把旅游基础设施建好了，吸引了大量游客到来，景区针对村民提供的就业性岗位让村民的生活条件越来越好，这点得到村民的普遍认同。而选项“食品安全性越来越高”，村民却保持中立（均值仅为2.87）。村民反映，由于理县政府提出“保护”

和“经营”分开的理念，将老寨作为核心保护区，通过实体“博物馆”的方式保护性运营，将村民全部迁入新寨。新寨是占用村民耕地修建起来的，耕地没有了，置换的土地离新寨又较远，往返种地不太现实，村民也不可能回到过去的农耕社会了，基本的生活消费主要靠就近购买为主，因此对于“食品安全性越来越高”持中立态度。

在“我有足够的时间参与旅游经营”选项上，当地村民持肯定态度（均值为3.87）。在旅游开发前，当地主要以农业为主。1996年9月当地发展旅游后，由旅游开发初期的“农业为主、旅游为辅”转变为“旅游为主、农业为辅”，大多数人家都以经营农家乐、出售旅游手工艺品、担任导游讲解、参加羌族歌舞表演等方式参与旅游业，更有社区精英进入旅游公司成为景区的管理者。旅游业成为当地居民的主要生计选择。

关于“人际关系越来越疏远”和“人与人相处越来越防备”的选项，村民感知明显，均值分别为4.00和4.53。他们普遍认为，“寨子没有搞旅游开发之前，邻里关系和睦，大家也经常串门，互帮互助。旅游开发打破了村寨平静的生活，在经济利益的驱动下，几乎所有的村民都投入到旅游经营活动中，开旅馆、餐厅等，以前还重情重义，现在完全是见利忘义”“都是搞民宿经营的，由于各户的硬件接待设施和接待能力存在差异，相互之间的经济收益也无形中拉开了差距，人都是好比较的，哪个容得别人比自己赚更多的钱嘛，肯定心里不舒服，关系紧张，摩擦不断，相互之间的防范心理也加深了”。

（3）文化感知

当地村民对乡村旅游巩固脱贫攻坚成果的文化感知（见表5-8），总体上比较积极，均值为3.52。选项“当地传统文化得到很好的保护”和“居民对民族文化认同感增强”均值分别为4.20和4.26，说明村民对本民族的传统文化有强烈的认同感、自豪感和保护意识。这和我们在寨子里观察、访谈的情况一致。

选项“当地建筑突出地方特色”，均值为3.60，说明当地村民对此持肯定态度。村民说，“游客们到了桃坪，大部分都愿意花这60元的门票钱，进入老寨参观传统民居建筑。他们惊叹羌族精湛的砌墙技艺，寨子里的碉楼是用轻薄石片和深层黄土黏结而成，修建时不绘图、不用柱架支撑，全凭高超的技艺和经验的把握，这是老祖宗留下来的智慧，我们肯定要保护好，破坏不得”。

表5-8　**桃坪羌寨村民对乡村旅游巩固脱贫攻坚成果的文化感知**

文化感知	均值	标准差
当地传统文化得到很好的保护	4.20	0.651
居民对民族文化认同感增强	4.26	0.507
当地建筑突出地方特色	3.60	0.910
促进了与外来文化的交流	3.93	0.799
村民的文明程度越来越高	3.33	0.816
社区参与制度越来越完善	2.80	0.563
我有足够知识和技术参与旅游经营	3.60	0.632
受教育与培训的机会越来越多	3.07	0.799
休闲娱乐活动越来越多了	2.93	0.594
总均值	3.52	

资料来源：根据问卷调查结果整理。

选项“促进了与外来文化的交流”，均值为3.93，说明旅游开发让当地村民切实感受到了民族文化与外来文化的交流，提高了他们与外界的沟通能力。正如村民所言，“游客对我们的民族服饰、舞蹈、碉楼建筑、羌绣都很感兴趣，我们也非常愿意借助一切机会向‘外人’展示我们的民族文化”“我们歌舞表演队表演的《桃坪羌寨我的家》当年在巴黎‘世界人类种族文化纪录片节’上还获得优秀奖，能够在世界大舞台上展现我们的民族文化，增强我们的文化和其他民族文化之间的交流，这是很荣幸的事情”，“来我们桃坪的不仅是四川的游客，还有来自日本、韩国、新加坡以及欧美国家的游客”。

关于“村民的文明程度越来越高”，村民普遍持中立的态度（均值仅为3.33）。村民认为，“过去没有搞旅游开发之前，我们遇到来写生、考察的客人到寨子，往往会拿出最好的酒、腾出最好的房间招待他们，给他们当免费的导游，因为来者都是客人；旅游开发后，我们也很欢迎游客到我们寨子做客，谈不上文明程度越来越高”“我们也和外界有了更多的联系，和游客加了微信好友，他们对我们的文化感兴趣，我也经常把我们的节庆活动、歌舞表演发微信圈让他们欣赏，点赞的客人还不少”。说明旅游业带来了不同文化之间的碰撞，村民的文明、开放程度越来越高，对本民族的文化有了全新的认识和高度自信。

选项“社区参与制度越来越完善”，居民普遍持中立态度（均值为2.80）。深度访谈发现，桃坪羌寨的旅游开发，经历了村民自主经营、到政府和旅游公司介入、到政府、景区管委会和旅游公司联合进行门票管理、再到村民参与景区内旅游经营活动这样一个平衡状态，村民在参与乡村旅游中，其参与意识和参与能力逐渐成熟，因此对景区门票、旅游收入等涉及核心利益分配制度的完善有自己独立的价值判断。

选项“我有足够知识和技术参与旅游经营”和“受教育与培训的机会越来越多”，均值分别为3.60和3.07，说明旅游开发有利于当地传统文化的保护与传承，居民作为传统文化的创造者、传承者和表演者，对本民族文化有高度自信和文化认同，加之村民经历了不同发展阶段的不同旅游经营模式的变化，培养了当地村民参与旅游业的能力，也让村民越来越懂得如何展示和兜售自己的民族特色。但是对于“受教育与培训机会越来越多”的选项，村民保持中立（均值仅为3.07），正如笔者前面提到的那位年轻村民所言，“我们没有接受过啥子培训，懂都不懂。就只是一天卖点烧烤、卖点牛肉干”。

关于选项“休闲娱乐活动越来越多了”，居民持中立态度（均值为2.93）。正如新寨卖烧烤的小伙子说，“每天晚上锅庄广场的萨朗歌舞表演，身穿羌族服装的小伙子和姑娘们邀请游客们手拉手围成一个大大的圈，共同跳热烈而奔放的锅庄，还有的休闲娱乐就是‘花儿纳吉’赛歌节等传统仪式活动，除了这些，就少了”。

（4）环境感知

村民对乡村旅游巩固脱贫攻坚成果的环境感知明显（见表5-9），总均值为3.59。其中“本村空气质量更好”“森林覆盖率越来越高”“本村的水质更好”均值分别为3.87、3.27和3.56，正如村支书所言，“理县政府做出了很多努力，加大对环境整治的投入、加强环保监督检查，确保‘神秘的东方古堡’对游客的吸引力。村民也具有保护环境的意识，家家都用上了自来水，满足生产生活的需要”。

表5-9　**桃坪羌寨村民对乡村旅游巩固脱贫攻坚成果的环境感知**

环境感知	均值	标准差
本村空气质量更好	3.87	0.834
森林覆盖率越来越高	3.27	0.799
本村的水质更好	3.56	0.516
街道比以前更加干净卫生	3.67	0.724
垃圾回收很及时	3.40	0.828
本村的公共厕所增多	4.20	0.756
垃圾处理方式是合格的	3.40	0.806
村民的环保意识越来越强	4.05	0.703
建筑与周围环境没有违和感	4.18	0.743
村里污染越来越严重	2.33	0.617
总均值	3.59	

资料来源：根据问卷调查结果整理。

关于选项“街道比以前更加干净卫生”“垃圾回收很及时”和“垃圾处理方式是合格的”，村民普遍持肯定态度，均值分别为3.67、3.40和3.40。通过镇政府工作人员的访谈得知，随着桃坪羌寨环境整治与村寨保护改造工作全面展开，当地政府以推进“天府名县”创建工作为契机，结合村域环境卫生整治工作，以317国道为轴心积极加强与县级各村域有关部门的沟通对接，确保村寨环境整治见到实效。街道每天有人打扫，垃圾回收和处理方式也得到了完善，村落的卫生状况得到日益改善。而持反对意见的村民则认为村寨环境相比从前尤显脏乱，这是源于部分烤肉摊贩未及时处理废物垃圾。

选项“本村的公共厕所增多”均值为4.20，说明村民基本满意。相比村寨自主经营民俗旅游，政府在旅游景区公厕建设、游客服务中心等旅游基础设施和配套设施的兴建和完善方面，还是投入了资金，不断提升桃坪羌寨的乡村旅游环境。

对选项“村民的环保意识越来越强”和“建筑与周围环境没有违和感”，桃坪羌寨的村民普遍持支持的态度，均值分别为4.05和4.18。一方面与他们的传统相关，另一方面也说明乡村旅游的开发让村民的生态环保意识得到强化，保护环境的观念深入人心。在“建筑与周围环境没有违和感”的选项上，实地观察也证实了这一点。桃坪羌寨独特的碉楼和石墙民居建筑，是羌族的文化符号，具有丰富的文化内涵和较高的建筑科技水平。几乎所有的村民都明白寨子里那四座高耸的碉楼是吸引成千上万旅游者前来参观旅游的地标性建筑。

选项“村里污染越来越严重”，均值为2.33，说明旅游开发并没有给村寨带来污染。随着旅游业的迅速发展，羌寨的旅游经营活动逐渐增多，也增加了生活污水排放量。理县政府根据“保护”和“经营”分开的理念，将老寨作为实体博物馆进行保护性经营，新寨占地面积120亩，建筑面积4 500平方米，作为居民的生活区同时满足旅游经营功能，既减少了对老寨环境的破坏，又能引流客源到新寨参观游览。

5.5 肇兴侗寨：乡村旅游对脱贫人口的减贫效应

5.5.1 案例地概况①

肇兴侗寨，位于贵州省黔东南苗族侗族自治州黎平县东南部，肇兴镇政府所在地，距离黎平县城71公里，占地面积18万平方米，是黔东南侗族地区最大、最完整的侗族村寨，有“侗乡第一寨”的美誉，也是贵州通向珠三角最便利的陆上通道。肇兴侗寨具有优越的地理位置、四季分明的亚热带季风气候，全年平均气温在16℃左右，夏无酷暑，冬无严寒，是旅游度假的绝佳之地②。

肇兴侗寨始建于南宋，距今有860多年的历史。四面环山，一条小

① 一是查阅学术期刊网上公开发表的有关肇兴侗寨的文献资料；二是通过对村委会成员的访谈获取侗寨的相关信息；三是通过案例地实地调研获得的相关信息。

② 曾阳.民族旅游目的地居民主观幸福感影响因素——以黔东南肇兴侗寨为例［J］.区域治理，2019（46）：152-155.

河穿寨而过。寨中房屋多为干栏式吊脚楼，全部用杉木建造，硬山顶覆盖小青瓦，古朴实用，错落有致地分布山间。截至2021年，肇兴侗寨总户数达1 284户，人口近5 500人，主要以侗族聚居为主，全寨95%寨民为陆姓。以鼓楼为中心分居于五大房族，分别为仁团、义团、礼团、智团和信团。2020年3月，肇兴村实现整村脱贫。

肇兴侗寨人文旅游资源丰富，独具特色的吊脚楼、侗族的标志性建筑鼓楼和民族服饰、动人心魄的侗族大歌、令人垂涎三尺的长桌宴等形成的侗族文化是最具吸引力的旅游资源。肇兴侗寨的鼓楼群在全国独一无二，1993年被贵州省文化厅命名为“鼓楼文化艺术之乡”；2001年被列入大世界吉尼斯之最；2004年被列为第一个以民族风情命名的国家级风景名胜区，2005年10月在《中国国家地理杂志》“选民中国”活动中，被评为中国最美的六大乡村古镇之一；2007年被中国国家旅游局《时尚旅游》和美国《国家地理旅行者》评为全球33个最具诱惑力的旅游目的地之一；同年6月被建设部评为第三批中国历史文化名城[①]；2014年被评为国家级AAAA级旅游景区；2018年入选《魅力中国城》大型文化旅游品牌竞演节目，成为当年春晚四大分会场之一，也是唯一的民族地区分会场。春晚的宣传效应让肇兴侗寨的旅游呈现井喷态势，游客量显著增加[②]。截至2019年底，景区购票人数达28.8万，门票总收入1 765万元，极大推动了当地旅游经济的发展[③]。侗寨周边保存了浓郁的乡土气息，主要以住宿、餐饮、购物等旅游接待业为主，70%的家庭把旅游业作为主要生计来源。肇兴侗寨经历了较长的旅游开发历史，但仍然保留着相对传统的民族文化[④]。

---

① 徐燕，吴再英，陆仙梅，等.民族村寨乡村旅游开发与民族文化保护研究——以黔东南苗族侗族自治州肇兴侗寨为例［J］．贵州师范大学学报（自然科学版），2012，30（4）：53-58.

② 刘玮，吴邦利.肇兴侗寨乡村旅游开发对村民经济影响分析［J］．贵阳学院学报（自然科学版），2018，13（1）：47-50+60.

③ 刘洋，李佳桐，李军.乡村振兴背景下民族村寨旅游满意度探究——以贵州肇兴侗寨为例［J］．西部财会，2021（11）：48-51.

④ 周坤.民族旅游村寨社会整合内生动力研究——以贵州肇兴侗寨为例［J］．河北旅游职业学院学报，2022，27（2）：54-60.

5.5.2 肇兴侗寨乡村旅游发展概况[①]

（1）村民自主经营模式（20世纪80年代初—2003年）：肇兴侗寨的旅游始于20世纪80年代。主要是一些专家、学者和摄影爱好者为考察、采风、探险，徒步从广西柳州三江侗族自治县进入贵州黎平，沿途拍摄的肇兴侗寨原始风光的宣传照片，吸引了来自世界各国的游客。1986年侗族大歌在法国巴黎金秋艺术节一举夺得艺术类金奖；1993年，法国国家电视台来肇兴采访后，肇兴侗寨的海外知名度迅速提升，国外游客进一步增多，一度成为贵州省国外游客最多的旅游景点[②]。1994年，为了吸引更多的游客前往，当地政府组织了多场民族文化艺术表演，促进当地旅游的发展。2002年，贵州省政府将肇兴侗寨列为全省20个重点保护民族村寨之一，这一阶段的旅游经营主要是村民单独接待外来游客这种单一模式。

（2）政府+公司+村民的经营模式（2003—2013年）：2003年，肇兴侗寨的知名度在国内也逐渐提升，国内游客慕名而来。为了确保景区发展所需资金和加速景区旅游接待配套设施的完善，黎平县地方政府积极对外招商引资。同年，民营企业贵阳世纪风华旅游投资有限责任公司进入肇兴，肇兴景区才正式进行旅游开发[③]。公司投资4 000多万元，建成2个宾馆，修整了游览步道，修建了4个停车场，还组建了一支30人的侗族大歌表演队。在肇兴旅游开发的问题上，地方政府、公司和村民三方共同商讨决定，逐渐形成了“地方政府+公司+村民”的经营开发模式。其中，地方政府负责规范管理，在旅游收益分配中占有一定的份额；公司主导旅游产品设计与开发，是旅游经营的主体，占据了旅游收益的很大比重；当地村民参与旅游经营接待、旅游工艺品制作和销售、集体文艺演出、旅游资源开发与保护等，按劳分配享有一定的旅游收益。三方共同开发管理肇兴景区。但是2009年，厦蓉高速公路和贵广

① 感谢为此次调查提供翔实资料的肇兴乡政府副乡长吴家贤、肇兴乡政府办公室主任蒋立凯、世纪风华公司副经理陆德芳等同志。

② 吴昌良，陈志永，欧正霞.影响民族村寨旅游业持续发展因素综合分析——以黎平肇兴侗寨为例［J］.贵州教育学院学报，2008，19（3）：48-53.

③ 林朝赐，张文文，刘玉芳，等.茶文化旅游与茶业经济发展［J］.中国农学通报，2008（2）：385-388.

快速铁路进入建设期，给肇兴侗寨的交通可进入性带来了挑战，同期景区的自身建设，也给当地旅游业带来了负面影响。双重压力下，世纪风华公司的经营开发业绩下滑，2013年，公司被迫退出景区经营。

（3）政府主导型经营模式（2013—2020年）：2013年黎平县政府组建肇兴旅游发展有限责任公司和景区管委会全面负责景区的各项事宜，成为景区的经营主体。在《黎平县肇兴镇总体规划（2013—2030）》的指导下，2014年，肇兴侗寨正式进入规模开发阶段，同年12月，贵广高速和从江高铁站分别运营通车，为肇兴旅游发展提供便利条件。2014—2017年政府先后累计投资近10亿元，对肇兴侗寨进行全方位的升级改造，其间多方投资主体进入肇兴，景区内修建开业多家民宿、酒店等，满足了不同消费层次游客的需求。2018年，中央电视台春节联欢晚会黔东南分会场在肇兴侗寨惊艳亮相，为肇兴侗寨带来前所未有的营销机遇，当年的购票人数28.8万多，门票总收入1 765万元。这一时期，肇兴侗寨被评为“中国最美的乡村古镇”，入选贵州“100个重点旅游景区”和“20个示范景区”名单[①]。

（4）政府+中旅集团的“企地共建”经营模式（2020年至今）：2020年以来，受疫情的影响，旅游业遭受重创，肇兴侗寨游客接待量和旅游综合收入呈骤降的趋势[②]。为巩固拓展脱贫攻坚成果，有效衔接乡村振兴，推动肇兴景区高质量发展，2020年4月，对口帮扶黎平县的中旅集团全资子公司中旅风景委派托管团队入驻肇兴景区，推动肇兴景区、周边景区乃至黎平旅游稳步复苏。据统计，2021年1—6月，肇兴景区累计接待游客120.85万人次，同比增长50.61%，旅游综合收入15.46亿元，同比增长89.92%。景区旅游业的发展，带动当地餐饮、住宿、农副产品销售、交通服务等行业600余家企业的发展，为村民提供5 200余个就业岗位，快速实现外在推动力向内生动力转化，夯实并凸显了肇兴侗寨景区旅游龙头产业发展的优势，探索出一条能够发挥侗乡

① 梁林晓.少数民族村寨社区居民对旅游增权感知的空间差异性研究——以肇兴为例[D]. 贵阳：贵州师范大学，2018.

② 2020年肇兴侗寨全年共接待旅游总人数120.45万，比上年下降2.86%，实现旅游总收入10.42亿元，比上年下降3.67%。数据来源：黎平县2020年国民经济和社会发展统计公报。

资源优势、辐射带动全县经济可持续发展的扶贫新道路①。

5.5.3 村民对乡村旅游巩固脱贫攻坚成果的感知评价

（1）经济感知

通过问卷调查分析村民对乡村旅游巩固脱贫攻坚成果的经济感知，其总均值为3.53②，表明村民对乡村旅游巩固脱贫攻坚成果的经济感知较为强烈（见表5-10），认同乡村旅游开发能增加家庭经济收入，扩大就业选择面。

表5-10 **肇兴侗寨村民对乡村旅游巩固脱贫攻坚成果的经济感知**

经济感知	均值	标准差
家里经济收入持续增加	3.33	0.983
就业选择变得越来越多	3.76	0.912
农副产品销量越来越好	3.68	0.946
每月有旅游收入的分红	3.23	1.152
我有足够的资金参与旅游经营	2.98	1.195
每个月的经济收入相差很大	3.56	0.996
本地贫富差距越来越大	3.61	1.002
本地物价和生活成本越来越高	4.11	0.756
总均值	3.53	

资料来源：根据问卷调查结果整理。

从“家里经济收入持续增加”来看，均值为3.33，说明对于乡村旅游发展持续增加家庭经济收入，村民持中立态度。据肇兴乡政府办公室负责人介绍，“寨子没有发展旅游之前，村民人均收入不到1 300元，发展旅游之后，村民的人均可支配收入从2014年的5 595元增长到2019年10 993元，居民的经济收入水平明显提升”。但是，疫情这几年对寨子

① 旅游扶贫纪实（一）：旅游兴，百业旺，让最穷的山区变成“白富美”[EB/OL]. https://zhuanlan.zhihu.com/p/352850335.

② 均值1~2.4表示反对，2.5~3.4表示中立，3.5~5表示同意。

的旅游发展冲击还是很大，相比疫情之前的旅游业发展，接待量和旅游收入尚有一定的差距，村民的经济收入还是有所减少，因此对于“家里经济收入持续增加”的选项普遍持中立态度。

就“就业选择变得越来越多”而言，均值为3.76，说明村民对此持肯定态度。过去几年，肇兴村一半以上的年轻人去浙江、广东等沿海地区打工，而2017年随着景区旅游业的快速发展，浮现很多商机，有生意头脑的村民开始回村创业，开设民宿、农家乐，销售蜡染艺术品等。在我们的实地调研访谈中，村民的观点大致类似，“肇兴大部分人在景区打工，只要要求不高，基本生活还是没问题。毕竟家里有地要种，有老人和孩子要照顾”“只要不懒，在这里找临时工也很容易。虽然工资少一点，但活也轻松。”

从“农副产品销量越来越好”来看，均值为3.68，说明村民对旅游业的开发带动农副产品销售持肯定态度。一位卖土特产品的大娘在接受笔者访谈时说，“就是因为旅游搞起来了，我们在寨子里可以找点事情做，还能卖一些土特产品，像笋干、糯米酒、烟熏腊肉这些就卖得好得很”。

从“每月有旅游收入的分红”来看，均值为3.23，说明村民对此持中立态度，看法不一。标准差1.152也说明了这个问题。据村支书介绍，“按照肇兴景区管委会与村子签订的协议，把景区门票收入提成的22%分给村民，2019年每户分到的门票提成是2 500元”。“疫情之后旅游市场受到重创，旅游经济收入锐减，中旅集团委托团队入驻肇兴景区，每年270万元的委托运营费，但是集团又反过来帮扶景区投入300多万元，按照协议，将门票收入提成的25%分给村民”，肇兴侗寨景区运营的中旅风景（北京）旅游管理有限公司总经理许燃补充道。村民则表示，“疫情之后他们也知道寨子的旅游发展不景气，但事实上，也没有收到旅游门票收入的分红”。

关于“我有足够的资金参与旅游经营”选项，均值为2.98，说明村民对有足够的资金参与旅游业持中立的态度。尽管“政府+企业+村民”的经营模式让村民有了基本的生活保障，但是经营农家乐、旅游商店等还是缺乏足够的资金，正如村民陆振才所言，“寨子的收入就只能满足基本的生活，吃饭穿衣、子女读书没有问题，要投资做大生意，好多人还是拿不出这么多钱”。

从“每个月的经济收入相差很大”和“本地贫富差距越来越大”来看，均值分别为3.56和3.61。说明旅游开发，拉大了村民的收入差距。我们在实地调研中也发现：家住景区核心区和边缘区的村民贫富差距还是很明显，不同位置的房屋所产生的旅游收益差距很大。“旅游发展后矛盾还是存在的，沿街当道有房出租的人就富了，一年啥子都不干，租金都十几万，位置偏没有房的人家就到民宿、餐厅打工挣钱，一天200元。你说是不是同人不同命?”村民的抱怨，也说明了旅游开发让村民因为旅游收益的差异产生了不平衡感，这种比较利益引起的村民相对剥夺感值得被重视。

在“本地物价和生活成本越来越高”选项上，均值达4.11。说明旅游拉动了当地经济，吸引了更多的旅游团队和散客进入侗寨参与体验，但是游客和村民共享生活消费品和原材料，客观上导致当地物价和生活成本变高，加之村民住家位置的差异带来旅游收益的悬殊，却同样承受物价上涨的压力，正如一个经营民族工艺品销售的小伙子告诉笔者的话，“嫂子是肇兴人，嫂子和大哥在县城上班，家里的房子空着，就便宜租给我做小生意。这里开店不收税，要不然我早就关门歇业了，因为物价太贵了，生活成本还是高”。

（2）社会感知

肇兴侗寨从20世纪80年代初开始发展旅游，村民们能够理性看待旅游开发的社会影响，对乡村旅游巩固脱贫攻坚成果的社会感知持支持态度（均值为3.62），见表5-11。

表5-11 **肇兴侗寨村民对乡村旅游巩固脱贫攻坚成果的社会感知**

社会感知	均值	标准差
我现在比以前更受人尊敬	3.53	0.985
小孩的教育资源越来越好	4.07	0.946
本地的基础设施越来越完善	4.20	0.737
有权作出一些与我们利益相关的决策	3.32	0.084

续表

社会感知	均值	标准差
我有保险的保障	3.69	1.128
生活条件越来越好	3.98	0.887
食品安全性越来越高	3.87	0.950
我有足够的时间参与旅游经营	3.50	1.107
人际关系越来越疏远	3.01	0.867
人与人相处越来越防备	3.03	0.963
总均值	3.62	

资料来源：根据问卷调查结果整理。

在“我现在比以前更受人尊敬”选项上，均值为3.53。我们在实地访谈中，也能感受到村民满满的自豪感。侗品源旅游商品服务有限责任公司负责人、侗族靛染非遗传承人陆勇妹告诉笔者：“2015年我和同村的妹子们一起开办了传统工艺农民专业合作社，并注册成立了侗品源旅游商品服务有限责任公司，来体验的游客比较多，特别是节假日。游客参观完文化展示中心里展存的样品后，就到我们这里来体验制作。有的游客还是提前和我们预约，一来就是十几人、几十人的团队，特别是小孩，到这里来体验蜡画、蜡染呀，都非常高兴，看着他们自己动手制作的物品成形后，我们也觉得特别自豪，很有成就感。”乡村旅游的发展，让外来游客和当地村民有了近距离接触，独特的靛染技艺和手工艺，让当地村民找到了本土文化的价值，增强了文化自信。

从“小孩的教育资源越来越好”和“本地的基础设施越来越完善”来看，均值分别为4.07和4.20。侗品源织染香绣体验馆的一位绣娘提到，“这些年孩子读书的问题基本解决了，肇兴镇中心小学和初级中学都不远，孩子读书也方便。大家都有意识了，都希望孩子多读书，有好的工作”。问到本地基础设施的问题，村民还是称赞，“政府为了肇兴侗寨景区的发展，对景区内旅游设施和配套设施还是投入了不少，环境也进行了整治，我们住在寨子里很舒服，也很满足”。

在“有权作出一些与我们利益相关的决策”选项上，村民持中立态度（均值为3.32），认为决策权相对被剥夺。在我们的深度访谈中，村民也表达了自己的意见，“寨子搞旅游开发，主要是政府主导建设。我们很少参与这些”“政府应该多帮助我们老百姓说话，门票提成多分一些，多给我们提供就业岗位，大家有收益了，也愿意遵守管理，不会天天去政府吵架”。访谈说明村民的主体意识较强，对于社区参与旅游的决策权很看重，目前的旅游开发忽略了村民的主体诉求，在村民内部出现了反对的声音。

在“我有保险的保障”选项上，均值为3.69，标准差为1.128。说明当地村民给自己、家庭买保险的意识存在明显差异。正如村民陆艳东所言，“以前寨子80%的年轻人都外出打工，这几年家乡的旅游业发展起来后，大家又纷纷回到家乡。毕竟在浙江、广州一带生活过，还是有风险防范的意识，希望生活有保障，所以有条件的家庭还是愿意花钱买保险，但是也不能一概而论，毕竟每个人考虑问题的角度不一样”。

在“生活条件越来越好”和“食品安全性越来越高”选项上，村民普遍持肯定的态度，均值分别为3.98和3.87。村民陆艳东说：“我和几个朋友一起承运了一段客运路线，做起了旅游运输服务，客源越多，我们的生意也越好，生活就越有奔头。”中旅派驻黎平县挂职副县长张万广介绍道，“2020年5月，黎平肇兴侗寨疫情后开园，仅8个月入园人数达26万，实现旅游总收入1.82亿元，直接带动478名贫困户实现脱贫，间接带动全县5 020名贫困人口增收，巩固脱贫成果”。因此选项“生活条件越来越好”，这点得到村民的普遍认同。关于食品安全问题，由于村民坚守传统农业生产，粮食、蔬菜等基本自给自足，食品安全问题得到了有效保障。

在“我有足够的时间参与旅游经营”选项上，当地村民持肯定态度（均值为3.50），标准差为1.107，说明在这一选项上面，村民的差异较大。访谈中村民的顾虑也证实了这一点。一方面，肇兴侗寨主要以农业、旅游业为主，村民通过各种方式参与旅游经营，增加了收入，也提高了农副产品的附加值；但是这几年受疫情的影响，旅游业受到重创，村民的生计选择发生了改变，呈多样化的趋势。旅游业的脆弱性和易受影响性，让村民对参与旅游经营持不同的态度。

关于"人际关系越来越疏远"和"人与人相处越来越防备"的选项，村民感知不明显，寨子内部的认同感强烈，均值为3.01和3.03。多位受访者提到，"以前没有搞旅游时，我们这里的人很多都去外面打工，平时见面都很少，只有过年大家才会回来。留守的都是老人和儿童，也没有什么集体活动。旅游开发后，大家又慢慢地回来了，小时候鼓楼开会、踩歌堂、月也这些活动，现在又搞起来了，大家都很开心，比以前（没有开发旅游时）的关系更好，因为又找到了童年时的那种感觉""每座鼓楼都有一个寨老，寨老必须是本鼓楼的人，是大家民主选出来的，你相信他就选他""寨老代表鼓楼去议事，负责分配集体收益、维护组群内的稳定和团结""我们重要的节日和活动，比如月也节、谷雨节、芦笙节等都是寨老主持，他是我们话语权的代表，负责联络其他鼓楼，组织安排各类活动""红白喜事都是大家一起来帮忙，不计报酬"。因此，以血缘亲缘为基础的守望相助的合作关系，增强了肇兴侗寨村民以人情关系进行的社会交往，强化了社会黏度。

（3）文化感知

当地村民对乡村旅游巩固脱贫攻坚成果的文化感知（见表5-12），总体上比较积极，均值为3.88。

表5-12　**肇兴侗寨村民对乡村旅游巩固脱贫攻坚成果的文化感知**

文化感知	均值	标准差
当地传统文化得到很好的保护	3.84	0.950
居民对民族文化认同感增强	3.95	0.891
当地建筑突出地方特色	4.07	1.003
促进了与外来文化的交流	4.16	0.778
村民的文明程度越来越高	3.97	0.942
社区参与制度越来越完善	3.27	0.918
我有足够知识和技术参与旅游经营	3.31	0.853

续表

文化感知	均值	标准差
受教育与培训的机会越来越多	3.70	0.896
休闲娱乐活动越来越多了	4.68	0.904
总均值	3.88	

资料来源：根据问卷调查结果整理。

选项“当地传统文化得到很好的保护”和“居民对民族文化认同感增强”均值分别为3.84和3.95，说明村民对本民族的传统文化有强烈的认同感、自豪感和保护意识。这和我们在寨子里的观察、访谈的情况一致。肇兴侗寨景区表演队队长陆振才说：“我们在文化表演的内容中新增加了‘跟着寨老学侗歌’‘教表演学表演’等内容，如今的肇兴侗寨，人人有事做，户户有收入，既能带动村民致富，又保护了民族特色文化。”村民通过参与各种与本民族文化有关的旅游活动获得经济收入，产生了文化认同感和自豪感，学歌学表演等行为体现了当地村民在旅游开发中增强了保护当地传统文化的意识，主动参与文化再生产。

选项“当地建筑突出地方特色”，均值为4.07，说明当地村民对此普遍持肯定态度。正如村支书所说，“你看信团鼓楼边上的这两栋老房子，政府说要完全保留它当初的样子，弄成文物，所以现在这两家一点都不能动。现在的很多房子都经过翻新和重修，毕竟人口增加了，原有住宅不能满足现代生活的需要了。但是这两栋房子是不能动的，特别是对于上了年纪的人而言，这是记忆，是传承，是可以告诉后代子孙，我们过去住的老房子就是这个样子。”

选项“促进了与外来文化的交流”，均值为4.16，说明发展旅游使得当地村民更愿意与外界文化交流，扩大他们的社交圈，提高了他们与外界的沟通能力。在体验馆忙着晾晒蜡染产品的侗族绣娘陆厚花说，“这些都是四川的游客自己画好后，要我们靛染弄好再快递给他们的东西，一共有60多件。我们民族的传统技艺能够得到传播，能够创造出与时俱进的文化体验产品让更多的游客喜欢和购买，也是我们的荣幸。

我们也要加强线上的销售，通过网络直播、网店、微信等方式带货，宣传靛染非遗文化”。

关于“村民的文明程度越来越高”，村民普遍持肯定的态度（均值为3.97）。“民族歌舞表演让我们与外地的游客有了更多的互动，我们也慢慢地体会到自己民族文化的宝贵价值以及我们的民族身份在旅游场景独特的吸引力，侗族文化的精髓能够在世人面前展现，这是我们的荣耀和自豪”“游客的素质有好也有坏，并不是汉族就比少数民族高人一等”。说明旅游业带来了城市文明，当地村民能理性看待外来文化和本族文化的碰撞交流，对于本民族的传统文化有高度自信。

选项“社区参与制度越来越完善”，村民普遍持中立态度（均值为3.27）。实地调研发现，肇兴旅游公司聘请当地村民参与保洁、安保、讲解、民族歌舞表演、景区车辆驾驶、售票等服务工作，绝大多数岗位都是从事基层旅游服务，对于景区运营的管理层岗位涉及较少，因此在景区开发、经营管理中，作为侗寨文化传承者的当地村民很少有决策权。

选项“我有足够知识和技术参与旅游经营”和“受教育与培训的机会越来越多”，均值分别为3.31和3.70，说明当地村民对有足够的知识和技术参与旅游经营持中立态度。随着外来经营户的进入，其旅游经营的无力感和挫败感逐渐上升。

与此同时，当地政府也看到了村民参与旅游经营的短板，据黎平县肇兴乡政府工作人员介绍，“我们加大了对非遗文化传承人才的培养，对村民进行侗族大歌、靛染制作培训，由专业的老师送教上门。学校进行双语教学，学生中也成立了侗族传承歌队。针对村民经营能力弱的问题，我们联合扶贫办也专门开展了乡村旅游经营培训、客房餐饮技能培训、互联网营销培训，组织他们去云南、重庆等省市参观考察，开阔眼界、提升能力，在经营中看到差距，提高服务质量”。

关于选项“休闲娱乐活动越来越多了”，居民持肯定态度（均值为4.68）。肇兴侗寨一直有鼓楼议事、踩歌堂、行歌坐月、抬官人、月也等丰富多彩的集体活动，村民对历史悠久的民族活动情有独钟，积极参与。旅游开发后，村寨为了满足游客的需求，在上午、下午的固定时间为游客举行侗族歌舞表演，侗年比旅游开发前过得更隆重。

（4）环境感知

村民对乡村旅游巩固脱贫攻坚成果的环境感知明显（见表5-13），总均值为3.74。

表5-13 **肇兴侗寨村民对乡村旅游巩固脱贫攻坚成果的环境感知**

环境感知	均值	标准差
本村空气质量更好	3.57	1.092
森林覆盖率越来越高	3.88	1.015
本村的水质更好	3.58	1.180
街道比以前更加干净卫生	4.14	0.843
垃圾回收很及时	4.13	0.796
本村的公共厕所增多	4.04	0.959
垃圾处理方式是合格的	3.79	1.011
村民的环保意识越来越强	4.01	0.942
建筑与周围环境没有违和感	3.60	1.140
村里污染越来越严重	2.69	1.167
总均值	3.74	

资料来源：根据问卷调查结果整理。

其中“本村空气质量更好”“森林覆盖率越来越高”“本村的水质更好”均值分别为3.57、3.88和3.58，这与我们实地调研的事实相符。正如村民陆有才所言，“村民对家园环境的保护，也就是对我们民族自身文化的认同，村规民约也专门对保护环境做了相关规定，大家都有保护环境的意识。如果违反了相关条约，按照规定会被罚款500~1 000元”。

关于选项“街道比以前更加干净卫生”“垃圾回收很及时”和“垃圾处理方式是合格的”，村民普遍持肯定态度，均值分别为4.14、4.13和3.79。正如村民所言，“大家还是很自觉，看到街道有游客丢的烟头、果皮纸屑，我们都主动捡起来扔进垃圾桶。保洁每天也在打扫，保护好环境，自己住在里面也舒心”。关于垃圾回收、处理方式的问题，肇兴旅游公司的负责人也介绍，“肇兴侗寨旅游开发以来，我们编制了《黎平县肇兴镇总体规划（2013—2030）》，累计投资10亿多元，完成了景区环境整治、旅游厕所改建、人工湖和游客服务中心修建、垃圾回收、污水处理整治……对肇兴侗寨进行了全方位的升级改造，在村寨宜居、宜游的打造上做了不少工作”，在我们的实地调研中也能切实感受到肇兴侗寨在环境整治方面的努力。

选项“本村的公共厕所增多”，均值为4.04，村民表示满意。说明当地政府和肇兴旅游公司在景区公厕建设、游客服务中心等旅游基础设施和配套设施的兴建和完善方面，还是投入了资金，不断提升肇兴侗寨的旅游环境水平。

选项“村民的环保意识越来越强”和“建筑与周围环境没有违和感”，均值分别为4.01和3.60。一方面说明乡村旅游的开发，让村民的生态环保意识得到强化，保护环境的观念深入人心，所以均值较高；另一方面，随着旅游业的发展，保护传统和现代生活方式也发生了冲突，在房屋建筑的风格上面，居民也产生了分歧（均值为3.60，标准差为1.140）。实地调研中发现，村民擅自建房的现象时有发生，且一部分村民表示，“旅游业的开发，如果一直恪守传统，全部用木材修建房屋，一是木材的价格很高，二是建房的人工成本也高，钢筋水泥房子比吊脚楼房子节约成本，还防火防蛀虫”。侧面说明传统建筑的更新与保护是个两难的问题，更深层次的问题在于如何平衡传统建筑保护与村民现代化生活追求的关系。

选项“村里污染越来越严重”，均值为2.69，说明旅游开发并没有给村寨带来严重污染。据我们观察，游客来肇兴侗寨旅游多为团队游客，还有一部分自驾游游客，他们走进精妙绝伦的侗族鼓楼、观看侗族大歌实景演出、体验蜡染靛染艺术、品尝侗家人特有的美食等，只有少数散客选择住宿，因此对寨子的环境影响不大。

5.6 贵州郎德上寨：乡村旅游对脱贫人口的减贫效应

5.6.1 案例地概况[①]

郎德上寨位于贵州省黔东南苗族侗族自治州雷山县报德乡，距州府凯里市28公里，距雷山县城16公里。寨子建于元末明初，迄今已有600多年的历史，是反清英雄杨大陆的故居所在地。郎德上寨是全国最早的一座民族村寨博物馆，先后被评为“中国民间艺术之乡”“全国百座特色博物馆”“中国景观村落”等，其古建筑群被国务院公布为“全国重点文物保护单位”，是领略苗族风情、考察苗族文化的首选村寨，也是贵州省“巴拉河乡村旅游扶贫示范项目区”规划的民族村寨之一，2008年奥运圣火凯里站传递仪式在郎德上寨举行。

据村主任介绍，2020年，全寨共有6个村民小组，共213户871人，除了个别从外省嫁入的媳妇外，苗族人口占比99.8%，以陈、吴二姓为主。2014年精准扶贫开始，全村建档立卡贫困户59户204人，贫困发生率由2014年的23.42%下降至2018年的1.61%，2019年实现整村脱贫。

郎德上寨依山傍水，以俗称“美人靠”为典型特征的传统干栏式建筑依山而建，形成独特的木结构、穿斗式吊脚楼景观。寨内山清水秀的自然景色、动人心弦的铜鼓芦笙、别具一格的吊脚木楼、别有情趣的十二道拦路酒、工艺精湛的银饰盛装，吸引了大批中外游客前来参观游览，是贵州最早对外开放的历史文化村寨，2017年被评为“国家AAAA级旅游景区”。

5.6.2 郎德上寨乡村旅游发展概况

（1）“工分制”社区自主经营期（1986—2008年）：1985年，贵州

---

① 一是查阅学术期刊网上公开发表的有关郎德上寨的文献资料；二是通过对村委会成员的访谈获取村寨的相关信息；三是通过案例地实地调研获得的相关信息。

省文化厅资助郎德上寨1万元经费整修寨中的道路、风雨桥、铜鼓场，全寨寨民投工投劳，“每个寨民都为村寨的建设出力”，1986年郎德上寨开门迎客，发展旅游业。郎德上寨一直实行“家家参与，户户受益”的工分制，注重旅游利益的公平分配，兼顾老人、小孩和弱势群体的利益，自主设计的一套集管理与分配于一体的旅游发展模式，被外界称为“郎德模式”。

随着旅游接待量的增加，郎德上寨的旅游收入持续上升，为鼓励村民积极参与旅游接待、避免收入分配的不公平，老支书陈正涛创造性地采用“工分制”。以家庭为单位逐人逐次登记，根据角色、着装、贡献的差异对参与迎宾、歌舞表演、陪场的本寨村民在开始、中途、谢幕等三个环节发放面值不同的工分牌，对旅游表演收入进行分配，同时工分重点向65岁以上的老人、在读学生、小孩、病残者等群体倾斜。郎德上寨除了村民外出求学、务工等原因没有参与旅游接待外，基本实现了全民参与。旅游作为一种社会福利，使全体村民真正受益。

经过20多年的发展，郎德上寨在国内外逐渐形成了一定的客源市场，旅游发展成效凸显，成为贵州省民族旅游发展示范村寨。

（2）旅游发展衰落期（2008—2016年）：2008年9月，贵州省第三次旅游发展大会在西江千户苗寨召开，雷山县政府旅游营销宣传重点转向千户苗寨，促使西江的知名度大增，千户苗寨旅游业迅速发展；加之2005年凯里到雷山的旅游公路开始施工建设，进入郎德上寨的道路被阻断，游客直接从凯里三棵树镇到达西江千户苗寨景区，对郎德上寨的客源造成强势分流，郎德的游客数量直线下降。游客数量和旅游收入的锐减，导致寨内旅游基础设施和配套设施的修缮、维护缺乏资金支持，村委会日常的工作重心也由过去的组织村民参与旅游接待、旅游收入分配转变为落实完成上级政府下达的各项任务。随着地方政府政策调整、市场竞争环境变化，大量年轻人放弃家乡的旅游事业，外出打工创业，旅游不再是当地村民收入的主要来源。郎德上寨的旅游逐渐走向衰落，“工分制”的平均化也面临挑战，迫切需要对村寨旅游开发与经营模式进行创新和优化，以适应变化的内外部环境。

（3）“政府+公司+村民”的企业经营期（2016年至今）：为复苏郎德上寨的旅游产业，2015年5月，雷山县人民政府成立了郎德景区文化旅游开发建设指挥部，正式启动郎德上寨二次旅游开发工作。2016年，县政府与村委会签订旅游开发协议，县政府委托文旅公司每月给郎德上寨13万元，郎德上寨每天提供两场表演（上午是歌舞表演，下午是招龙节的民俗表演）并雇佣村民做好保洁服务和基础设施维护。其中10万元用于支付表演费用，村民的表演收入仍延续采用“工分制”进行分配，3万元用于支付保洁员、车辆管理员、设施维护员等的款项。同年10月，雷山县郎德文旅公司作为西江旅游公司的子公司进入郎德，将郎德上寨、下寨、包寨设置为一个景区，统一规划建设、宣传营销郎德的旅游资源。

2017年5月1日，郎德上寨文旅公司正式对外出售门票，转型为“政府+企业+村民”的企业化经营模式，由此结束30多年的“社区自主、村民参与”的集体经济共享模式。

5.6.3 村民对乡村旅游巩固脱贫攻坚成果的感知评价

（1）经济感知

通过问卷调查分析村民对乡村旅游巩固脱贫攻坚成果的经济感知（见表5-14），其总均值为3.45[①]，表明村民对乡村旅游巩固脱贫攻坚成果的经济感知较为强烈，认同乡村旅游开发能增加家庭经济收入，扩大就业选择面。

表5-14 郎德上寨村民对乡村旅游巩固脱贫攻坚成果的经济感知

经济感知	均值	标准差
家里经济收入持续增加	4.17	0.717
就业选择变得越来越多	3.13	1.290
农副产品销量越来越好	2.91	0.733
每月有旅游收入的分红	3.43	0.728

① 均值1~2.4表示反对，2.5~3.4表示中立，3.5~5表示同意。

续表

经济感知	均值	标准差
我有足够的资金参与旅游经营	2.39	0.656
每个月的经济收入相差很大	2.96	0.635
本地贫富差距越来越大	2.87	0.694
本地物价和生活成本越来越高	4.43	0.662
总均值	3.45	

资料来源：根据问卷调查结果整理。

从“家里经济收入持续增加”来看，均值为4.17，说明对乡村旅游发展持续增加家庭经济收入，村民持肯定态度。据村支书介绍，“二次开发的郎德旅游，主要是企业化的经营管理模式，在市场营销宣传等方面的确有一套，以前来的多是散客，现在的旅游团队比较多，公司每个月支付村寨13万元，其中10万元的表演收入还是按照以前的工分制进行分配。也就说，表演场次相对稳定，上午一场，下午一场，村民收入比过去也有所增加，平均每个家庭的月收入在800~900元，人均月收入300多元。如果有加场，公司按照每增加一场，额外付费1 500元的标准结算，村民再根据角色、着装、出场次数等登记不同的分值，再参与二次分配。因此从某种意义上而言，村民的旅游收入分配有所增加”。经实地访谈了解，郎德上寨的村民除了农耕收入、表演收入外，其他收入来源主要体现在：经营苗家乐的住宿、餐饮收入、向旅游者销售刺绣、蜡染、土特产品的收入和年轻劳动力外出打工收入。

从“就业选择变得越来越多”而言，均值为3.13，说明村民对此持中立态度，看法不一，标准差1.290也说明了这个问题。在我们的实地调研访谈中，有村民表示，“公司进入郎德，无偿向经济条件较差的村民提供了30多个摊位，用来销售食品、银饰、本地刺绣等小商品，还提供了保洁、保安、车辆引导、工程绿化、导游讲解等就业岗位，解决了50多人的就业，村民不用外出打工，还能照顾家庭，方便多了”。但也有不同的声音，开苗家乐的几位村民就愤愤不平地表示，“现在来的都是团队游客，看了表演就直接到公司的餐厅吃饭，逛一圈拍拍照就走了，多是一日游，对于我们而言就没有收入，以前的散客还要在这里住宿、吃饭，现在这部分收入比以前少很多，生意也不如从前”“景区公司将3户位置很好的贫困户的房屋整体租赁过来做餐饮，团队游客主要在他们的餐厅用餐，我们现在的客人就少得多，生意不好做”。

从“农副产品销量越来越好”来看，均值为2.91，村民对此选项持中立态度。说明二次旅游开发以来，来郎德旅游的客源结构发生了变化，团队旅游停留时间较短，没有了住宿餐饮、购买旅游商品的消费，开小商店的村民经营民族工艺品、农副产品等销售额也在下降。

从“每月有旅游收入的分红”来看，均值为3.43，说明村民基本认可公司的旅游开发，每月支付的10万元的表演包场费用，能够给他们带来稳定的旅游收入。但也有村民表示，“每天两场固定场次的表演，虽然每次的时间不长，1个小时左右，但是我们就被固定在这里，如果有加场，还必须随叫随到，这样无形中等待的时间就比较长，其他事情就没法做”。

关于“我有足够的资金参与旅游经营”选项，均值为2.39，说明村民对有足够的资金参与旅游业持中立的态度。尽管“政府+企业+村民”的经营模式让村民有基本的生活保障，经营苗家乐、旅游商店等还是缺乏足够的资金，但村民还是很满足目前的生活状态，正如上寨的一位原村干部所说，“郎德上寨的村民收入说高不高，说低也不低，反正吃饭穿衣、子女读书和生活都能解决，在家跳跳舞、唱唱歌，有点收入自足就可以”。

从“每个月的经济收入相差很大”和“本地贫富差距越来越大”来看，均值为分别为2.96和2.87，说明郎德上寨采用“工分制”，提倡旅游收入公平分配，适当向弱势群体倾斜，确保“家家都参与，户户都受益”，使得贫富差距得到控制。正如一位村民所说，“现在的人都有点懒，有时做工修房人手不够，让他们来帮忙，150元每天，村里的男劳动力也不愿来，宁愿到表演场领工分，赚个七八块钱，十几块钱一天，他都很满足”。

在“本地物价和生活成本越来越高”选项上，均值高达4.43，说明旅游开发、特色民族歌舞表演和节庆活动展演虽然能够吸引旅游团队进入，但公司利用租赁村民的住房做餐饮接待团队游客，游客和当地村民共享生活消费品和原材料，客观上导致当地物价和生活成本变高，加之景区门票的设置、禁止外来车辆进入景区，不利于散客的进入和消费，使得原来经营苗家乐的经营户利益受损，村民也没有参与门票收入的分成，却要承担物价上涨的压力，所以在访谈中大家颇有微词。

（2）社会感知

郎德上寨经历过以“工分制”为典型特征的社区自主经营发展村寨旅游，村民的主体性意识较强；受到西江千户苗寨景区发展强有力的冲击后，村民对公司介入村寨进行的旅游二次开发更加理性，能够客观看待社区自主经营和公司企业化经营带给自己参与旅游发展的影响，因此村民对乡村旅游巩固脱贫攻坚成果的社会感知持中立态度（均值为3.16）（见表5-15）。

表5-15 **郎德上寨村民对乡村旅游巩固脱贫攻坚成果的社会感知**

社会感知	均值	标准差
我现在比以前更受人尊敬	3.65	0.885
小孩的教育资源越来越好	4.30	0.703
本地的基础设施越来越完善	3.78	0.902
有权作出一些与我们利益相关的决策	2.22	0.665
我有保险的保障	2.52	0.736
生活条件越来越好	3.57	0.728
食品安全性越来越高	3.83	0.834
我有足够的时间参与旅游经营	3.04	0.706
人际关系越来越疏远	2.27	0.671
人与人相处越来越防备	2.43	0.896
总均值	3.16	

资料来源：根据问卷调查结果整理。

在“我现在比以前更受人尊敬”选项上，均值为3.65。我们在实地访谈中，也能感受到村民满满的自豪感。提起上寨，他们都自豪地提起，“以前我们寨子每年接待中外游客数万人次，胡锦涛、朱镕基、温家宝等国家领导人也来我们寨子视察过，和不同地域、不同国别的人打交道，让我们也增长了见识，他们还教会我们发微信，通过朋友圈营销推广我们的苗寨。我们也教她们刺绣，给她们看我们的绣品，一片一片地组合起来就是漂亮的苗服，她们眼里满是惊讶，还要买我们的苗服做纪念，我觉得特别有成就感”。

从“小孩的教育资源越来越好”和“本地基础设施越来越完善”来看，均值分别为4.30和3.78。在芦笙场访谈时一位吹芦笙的村民提到，“再穷也不能穷教育，这些年孩子读书的问题基本解决了，村子附近有学校，也有家庭的娃娃在县城读书，比起以前读书的选择还是多了很多，为了娃娃读书，好多人也不外出打工了，在家里种点田，跳跳舞，管管孩子也少了奔波”，被问及本地基础设施的问题，村民们还是称赞，“郎德文旅公司进入村寨，对村寨的旅游基础设施和配套设施还是投入了不少，对环境也进行了整治，现在寨子住起来很舒服，我们很满足”。

在“有权作出一些与我们利益相关的决策”选项上，村民经过对“工分制”社区自主经营模式和现在企业化经营模式的对比后，明显感觉到参与权受限，决策权相对被剥夺，因此均值较低，仅为2.22。在我们的深度访谈中，村民也表达了自己的意见，“旅游开发现在不是我们说了算的，看村里边怎么说，说到底还是村委会和公司去谈”“政府想怎么搞就怎么搞，我们这些百姓说了也不算”“郎德的二次旅游开发，是文旅公司和村委会签订的合同，仅有村支两委商讨决定并没有得到村民大会的审议通过，这个是行不通的，是不公平的”。访谈说明村民的主体意识较强，对于社区参与旅游的决策权很看重，目前公司的旅游开发忽略了村民的主体诉求，在村民内部出现了反对的声音。

在“我有保险的保障”选项上，村民持中立的态度，均值为2.52。说明当地村民没有给自己、家庭买保险的意识。他们把一切希望都寄托于神灵的庇佑，十三年一次的招龙节就是郎德上寨最重要、最隆重的节日。从仪式的本身就可以解读出苗寨人祭祀神灵、祈求风调雨顺、粮食丰收的朴素愿望。

在“生活条件越来越好”和“食品安全性越来越高”选项上，村民普遍持肯定的态度，均值分别为3.57和3.83。说明郎德的二次旅游开发，把旅游基础设施建好了，吸引了大量游客到来，针对脱贫户提供的就业性岗位，让村民的生活条件越来越好，这点得到村民的认同。关于食品安全问题，由于村民坚守传统农业生产，粮食、蔬菜等基本自给自足，食品安全问题得到了有效保障。

在“我有足够的时间参与旅游经营”选项上，当地村民持中立态度(均值为3.04)。在实地调研中，我们入住村支书家，正如他妻子所言，“我们这个寨子还是很传统，种点地、种点菜，自给自足也能维持生活，文旅公司进入后，表演场次和时间都固定了，我家那位又是领导，每场表演都要去，这就造成家里的农活没人干，可以自己干事情的时间太零碎了。如果有加场，还必须随叫随到，一直不去，还是不好的，公司也会有监督和考核，实行累计扣分制度，和拨给村子的演出经费是挂钩的”。对于坚守传统农业生产的郎德上寨，旅游开发为当地村民提供了多样化的生计选择，但村民参与旅游业的时间有限，固定场次的表演，已经造成村民可自由支配的时间碎片化，导致对劳动力的无形占用。

关于“人际关系越来越疏远”和“人与人相处越来越防备”的选项，村民感知不明显，寨子内部的认同感强烈，均值仅为2.27和2.43。他们普遍认为，“寨子还是很团结，村干部还是有公益心，郎德的二次旅游开发，工分制的形式还是被保留下来了，演出收入按工分分配，多劳多得，挣得多，是别人付出得多，没什么不公平的”。离铜鼓场稍微有点远，在山上开农家乐的一户村民也表达了同样的观点，“尽管我家的农家乐位置不太好，有住宿的游客给我建议，让我在寨子入口设个指示牌或者在路口打广告，吸引游客。我觉得互相争夺客源，不好意思。苗寨的农家乐多，顺其自然，游客走到哪家就是哪家，不能强求。都是一个寨子的，团结和睦是传统”。

(3) 文化感知

当地村民对乡村旅游巩固脱贫攻坚成果的文化感知（见表5-16），总体上比较积极，均值为3.78。选项“当地传统文化得到很好的保护”

和“居民对民族文化认同感增强”均值分别为4.26和4.30，说明村民对本民族的传统文化有强烈的认同感、自豪感和保护意识。这和我们在寨子里的观察、访谈的情况一致。郎德上寨的年轻人大多会说苗语，上学的孩子放假都会回到寨子参加歌舞表演和其他活动。芦笙队长陈光文的儿子，贵州大学音乐系毕业的陈海华也自豪地提及，“我爸爸以前在深圳民俗团吹芦笙，后来为了照顾我上学回到了寨子。他一直希望我能传承我们本民族的文化。我自己也喜欢吹芦笙，那是我们的文化，在大学我也是学的芦笙。看着村里的寨老们一个个变老，吹芦笙的人越来越少，我就有一股强烈的使命感，老祖宗留下来的技艺不能失传，所以我毕业就直接回来了，和我爸一起把芦笙队带好，希望有更多的年轻人加入，把我们的民族文化发扬光大。当然，收入是吸引年轻人回来的主要原因”。

表5-16 **郎德上寨村民对乡村旅游巩固脱贫攻坚成果的文化感知**

文化感知	均值	标准差
当地传统文化得到很好的保护	4.26	0.810
居民对民族文化认同感增强	4.30	0.703
当地建筑突出地方特色	4.32	0.825
促进了与外来文化的交流	4.57	0.507
村民的文明程度越来越高	3.30	0.703
社区参与制度越来越完善	2.91	0.733
我有足够知识和技术参与旅游经营	3.50	0.733
受教育与培训的机会越来越多	3.61	0.583
休闲娱乐活动越来越多了	3.24	0.878
总均值	3.78	

资料来源：根据问卷调查结果整理。

选项“当地建筑突出地方特色”，均值为4.32，说明当地村民对此普遍持肯定态度。正如村支书所言，“郎德上寨从1986年开始搞旅游，这些年经济条件好的部分村民陆续修新房，但是整个寨子至今没有一栋洋楼或砖瓦房，全部都还是木结构的吊脚楼。发展经济是第一要义，但是传统不能丢，禁止建砖房，是几十年来大家共同遵守的村规民约，这规矩不能破”。当地建筑保持民族性，除了与郎德上寨作为全国重点文物保护单位而受到文物法强制性制度约束有关，还与原住民对村寨的集体认同密不可分。

选项“促进了与外来文化的交流”均值为4.57，说明旅游开发让当地村民切实感受到了民族文化与外来文化的交流，提高了他们与外界的沟通能力。正如村民所言，“客人住我家，对我的绣品很感兴趣，我绣的花鸟图还卖了300多元”，“他们最喜欢穿着我们的苗服照相，其实穿起来真的很好看，看着她们这么喜欢我们的服装，我也很高兴”；“客人还教我用微信，绑定银行卡开通了微信支付，手把手教我建群，在我家住宿的客人都加入群聊，方便我们以后联系，过苗年，大型节目表演时我还给他们发视频，他们很感兴趣，大家就像朋友一样”。

关于“村民的文明程度越来越高”，村民普遍持中立的态度（均值仅为3.30）。村民认为，“我们苗族一直热情好客，十二道拦门酒的表演就是我们欢迎尊贵客人的最高规格的仪式，以前是这样，现在也是如此，谈不上文明程度越来越高”；“我们寨子的治安状况一直都很好，一到晚上都很安静的，没有唱歌喝酒赌博的事情发生，这些都是传下来的规矩，不能丢的”；“我们寨子的人都很团结，以陈、吴姓为主，平时都是互帮互助，不会为了拉客伤了和气”。

选项“社区参与制度越来越完善”，居民普遍持中立态度（均值为2.91）。调研发现，在郎德二次旅游开发中，郎德镇政府、郎德文旅公司、村委会和大陆生态旅游公司等新的利益相关者介入，原有的“村委会+村民”的旅游发展模式受到冲击，村民们当家作主的意识受到一定程度的影响。村民在旅游发展中自主行使权利的范围逐渐缩小，参与感逐渐被弱化，村民对原有的“集体工分制”的认同感得到强化。正如村民的抱怨，“我们村寨的旅游业是一代又一代村民靠自力更生搞出来的，我们有自己注册的旅游公司，资源也是我们自己的，要搞旅游也是我们自己搞，不需要其他公司来开发，因为其他旅游公司就是来搞钱的，把大部分钱都赚到了他们的包包里”；“郎德要发展旅游，要找准适合我们村寨发展的路子，我们希望富，但是要慢慢地富，细水长流，不能为了钱而忘了本”。

选项“我有足够知识和技术参与旅游经营”和“受教育与培训的机会越来越多”，均值分别为3.50和3.61，说明旅游开发有利于当地传统文化的保护与传承，居民作为传统文化的创造者、传承者和表演者，对本民族文化有高度自信和文化认同，加之以“工分制”为代表的自主经营模式的开发，培养了当地村民参与旅游业的能力，提升了村民参与旅游经营的强烈意愿；但也有村民提出培训不应仅仅针对歌舞表演，“政府如果能够开设刺绣课，让我们在传统技艺的基础上，能够创新刺绣图案，提高刺绣技艺，就更好了”。

关于选项“休闲娱乐活动越来越多了”，居民持中立态度（均值为3.24）。在住宿的苗家乐，我们也观察到女主人忙碌的情形，“十点左右寨子里的喇叭响了，大嫂急忙装扮起来。她先把苗服套在身上的棉袄外面，再把银饰帽戴在早已梳好传统高髻的头上，一边把银角插到银饰帽上，一边急急忙忙朝寨门口走去。大门口迎宾、铜鼓场跳舞表演回来，十一点过了，匆匆忙忙回家换装、做饭、吃饭、收拾屋子，坐在美人靠边刺绣，下午寨子里的喇叭又响了，又开始接待表演，回来又开始做晚饭……”固定化、程式化的表演接待，加上传统的农业生产，村民们大量的时间都用在了旅游业、农业上，因此休闲娱乐活动除了歌舞表演，相对就减少了。

（4）环境感知

村民对乡村旅游巩固脱贫攻坚成果的环境感知明显（见表5-17），总均值为3.89。其中“本村空气质量更好”“森林覆盖率越来越高”“本村的水质更好”均值分别为4.17、4.26和4.09，这与我们实地调研的事实相符。正如村支书所言，“村民对家园环境的保护，也就是对我们苗族自身文化的认同，村规民约也专门对保护环境做了相关规定，大家都有保护环境的意识”。也有村民补充，“如果破坏森林，偷偷砍伐树木，污染水源，要被罚的，要请全寨的人就餐一次，按照每人一斤米、一斤肉、一斤酒来计算。你说那好丢人嘛，所以大家都还是很自觉，你看我们的街道还是很干净，每天都有人打扫，保护好环境，我们住着也舒心”。

表5-17　**郎德上寨村民对乡村旅游巩固脱贫攻坚成果的环境感知**

环境感知	均值	标准差
本村空气质量更好	4.17	0.717
森林覆盖率越来越高	4.26	0.689
本村的水质更好	4.09	0.733
街道比以前更加干净卫生	4.16	0.726
垃圾回收很及时	4.17	0.650
本村的公共厕所增多	3.43	0.728
垃圾处理方式是合格的	3.87	0.548
村民的环保意识越来越强	4.30	0.703
建筑与周围环境没有违和感	4.35	0.647
村里污染越来越严重	2.13	0.548
总均值	3.89	

资料来源：根据问卷调查结果整理。

关于选项“街道比以前更加干净卫生”“垃圾回收很及时”和“垃圾处理方式是合格的”，村民普遍持肯定态度，均值分别为4.16、4.17和3.87。我们在对村支书的访谈中得知，“郎德文旅公司每月给郎德上寨13万元，其中的3万元主要用于支付保洁员、车辆管理员、设施维护员等费用，公共卫生有专人负责打扫，每家每户承包门前周边区域的清洁卫生，街道比以前更加干净卫生了”。关于垃圾回收、处理方式的问题，郎德文旅公司的负责人也介绍，“郎德二次旅游开发以来，我们累计投入近3亿元，完成了景区风貌整治、田园景观打造、景区旅游厕所建造、郎德游客服务中心设立、污水处理、垃圾回收、河道整治等基础设施建设工作，持续完善旅游配套设施，对于村寨宜居、宜游环境的打造上还是下了不少的功夫”，我们在实地调研中也能切实感受到郎德在环境整治方面的变化。

选项“本村的公共厕所增多”，均值为3.43，说明村民基本满意。相比村寨自主经营民俗旅游，文旅公司在旅游景区公厕、游客服务中心等旅游基础设施和配套设施的兴建和完善方面，还是投入了资金，不断优化郎德景区的乡村旅游环境。

选项“村民的环保意识越来越强”和“建筑与周围环境没有违和感”，郎德上寨的村民普遍持支持的态度，均值高达4.30和4.35。一方面与他们的传统相关，另一方面也说明乡村旅游的开发，让村民的生态环保意识得到强化，保护环境的观念深入人心。正如村支书所言，“我们村历来就有这个传统……禁止建砖房是我们几十年来一直共同遵守的村规民约。你看这层层叠叠的苗寨建筑，是吸引游客的自然景观，更是我们生活的家园，破坏不得”。

选项“村里污染越来越严重”，均值为2.13，说明旅游开发并没有给村寨带来污染。据我们观察，来郎德上寨旅游的多为团队游客，一日游居多，他们参与的活动主要集中在村寨门口的“十二道拦路酒”、看铜鼓场的歌舞表演、穿苗服体验拍照等，只有少数散客选择苗家乐住宿，因此对寨子环境的影响不大。

5.7 案例地比较及问题讨论

本部分主要对四个案例区的旅游地所处生命周期、旅游经营制度、居民参与旅游的方式、区域旅游产品开发、社区自组织建设、村民对乡村旅游巩固脱贫攻坚成果的感知差异等六个方面进行比较分析，见表5-18。

表5-18 **四个案例地比较**

典型案例地	旅游地生命周期	旅游经营制度	居民参与旅游的方式	产品开发类型	社区自组织建设	感知差异
天池苗寨	旅游发展初期（2019年至今）	“公司+合作社+村民”经营	特色餐饮、农家乐	避暑休闲、传统民俗体验、苗家古式榨油体验、观光游览	苗情乡村旅游股份合作社	经济：3.80 社会：3.64 文化：3.83 环境：3.85

续表

典型案例地	旅游地生命周期	旅游经营制度	居民参与旅游的方式	产品开发类型	社区自组织建设	感知差异
桃坪羌寨	旅游发展成熟期（1996年至今）	村民自主型经营	“跳锅庄”表演、餐饮、住宿、导游讲解	观光游览、民俗歌舞体验	村委会	经济：3.55 社会：3.74 文化：3.52 环境：3.59
肇兴侗寨	旅游发展成长期（2003年至今）	“政府+国有企业+村民”经营	侗族大歌演出队、餐饮、住宿、蜡染刺绣、交通服务、导游讲解	民俗歌舞体验、传统手工艺品制作、观光游览	村委会	经济：3.53 社会：3.62 文化：3.88 环境：3.74
郎德上寨	旅游发展衰落复苏期（1986年至今）	“公司+村委会”经营	民俗歌舞表演、餐饮、住宿、手工艺品销售	观光游览、民俗歌舞体验、十二道拦路酒	村委会、旅游接待办公室	经济：3.45 社会：3.16 文化：3.78 环境：3.89

资料来源：根据实地调研资料综合整理而得。

5.7.1 案例区比较

（1）旅游地所处的生命周期

天池苗寨的旅游发展起步较晚，于2019年9月17日正式开寨迎客。武隆区委、区政府加大对旅游基础设施和配套设施的投入，提升脱贫人口参与旅游经营的技能，当年游客接待近3万人次，旅游收入超过30万元。由于旅游产品刚刚导入市场，市场知名度有待提高，旅游接待量和旅游收入较少，处于旅游发展的初期。

桃坪羌寨于1996年9月正式发展旅游业，属于成都九黄线旅游圈，因此有大量游客前往参观这“神秘的东方古堡、羌族建筑艺术的活化石”。经过20多年的发展，桃坪羌寨的旅游接待人数和旅游接待收入逐年上升，处于旅游发展的成熟期。

肇兴侗寨2003年开始发展旅游业。独具特色的吊脚楼和民族服饰、动人心魄的侗族大歌、令人垂涎三尺的长桌宴对游客具有持续吸引力。2018年春晚的宣传效应更是让肇兴侗寨的旅游呈现井喷态势，游客量显著增加；2020年4月，对口帮扶黎平县的中旅集团全资子公司——中旅风景委派托管团队入驻肇兴景区，从产品研发、文化挖掘、市场推广等方面助力肇兴侗寨旅游产业的转型升级，2021年1—6月，肇兴景区累计接待游客120.85万人次，同比增长50.61%，旅游综合收入15.46亿元，同比增长89.92%，处于旅游发展的成长期。

郎德上寨是贵州省最早对外开放的五个少数民族村寨之一，1986年开始发展原生态民俗旅游，旅游接待人数和旅游收入逐年上升，处于旅游发展的成熟期；2008年9月，西江千户苗寨强势进入市场，其规模效应对郎德上寨的旅游市场产生了分流效应，加之郎德的旅游产品同质化、配套设施陈旧老化，旅游业逐渐衰落；为了复苏郎德上寨的旅游，2016年郎德文旅公司进入郎德，对郎德上寨进行“旅游二次开发”，故该地处于旅游发展的衰落复苏期。

（2）旅游经营模式的差异

天池苗寨由重庆市武隆喀斯特旅游产业有限公司投资300万元现金入股苗情乡村旅游股份合作社，44户农户以“田、地、林、房”10年经营权折资530万元合股联营，采取“固定分红+收益分红”方式共同打造天池苗寨，壮大农村集体经济，拓宽农民增收渠道，是典型的“公司+合作社+农户”的经营模式。

桃坪羌寨的村民经过自主经营模式、外来企业主导经营模式、政府主导经营模式的转变，村民维护自身利益的意识和能力在长期市场化竞争中逐渐培养和成熟，最终实现了政府与村民相对平衡的状态。政府成立桃坪羌寨管委会全面接管景区各项管理工作，羌寨的旅游业在政府的领导下，真正实现了“村民自主经营”模式。

肇兴侗寨由对口帮扶黎平县的中旅集团全资子公司——中旅风景委派托管团队入驻肇兴景区，从产品研发、文化挖掘、市场推广等方面助力肇兴侗寨旅游产业的转型升级；对肇兴侗寨进行全方位运营提升，开拓经营渠道、丰富产品业态、建立服务指标标准、加大品牌宣传、策划丰富多彩的活动，推动肇兴景区、周边景区乃至黎平旅游稳步复苏，是典型的“政府+企业+村民”的经营模式。

郎德上寨于2015年正式启动二次旅游开发。2016年，县政府与村委会签订旅游开发协议，同年10月，雷山县郎德文旅公司作为西江旅游公司的子公司进入郎德，将郎德上寨、下寨、包寨设置为一个景区，统一规划建设、宣传营销郎德的旅游事业。2017年5月1日，郎德上寨文旅公司正式对外出售门票，转型为“公司+村委会”的企业化经营模式，由此结束长达30多年的“社区自主、村民参与”的集体经济共享模式。

（3）居民参与旅游的方式

天池苗寨的“公司+合作社+村民”的经营模式，通过“资源变资产、资金变股金、农民变股东”的三变改革，壮大农村集体经济，拓宽农民增收渠道。90%以上的农户直接或间接参与乡村旅游经营，特别是针对脱贫人口加强旅游技能培训，采取“股金分红+收益分红”方式有效巩固了脱贫成果，防止返贫。

桃坪羌寨的是村民自主经营型旅游发展模式。政府承诺将门票总收入的25%分红给村民，但门票收入开支不透明，使得分红比例大大低于应得金额，村民象征性地参与旅游收益的分配。旅游接待服务中，村民主要从事“锅庄舞”表演、餐饮、住宿经营、导游讲解等活动，处于旅游供应链的末端，很少从事旅游景区管理等工作。由于个人能力、经验和资金的限制，村民参与旅游接待的收入悬殊，一定程度上拉大了村民的贫富差距。

肇兴侗寨采用的“政府+企业+村民”型旅游发展模式。中旅风景委派托管团队入驻肇兴景区，从产品研发、文化挖掘、市场推广等方面助力肇兴侗寨旅游产业的转型升级，将门票收入的25%用于景区村民分红。除此之外，村民主要通过参与民宿接待、旅游运输、民族工艺品加工与销售、旅游文艺演出、农家乐经营等获得旅游收入。

郎德上寨在多年旅游实践中探索出村委会自治型的旅游发展模式，

后面转型为“企业+村委会”的企业化经营模式，仍延续“工分制”按劳分配旅游收入。全寨村民都享有参与旅游发展的决策权，投票选举代表成立旅游接待办公室，具体负责“工分”的分阶段发放、统计和分红。村支两委和旅游接待办公室共同决定将旅游接待收入的30%留存作为村集体收入，用于村寨的公共开支，剩余的钱遵循按劳分配、向弱势群体倾斜的原则进行分配。

（4）社区自组织建设能力的差异

社区参与旅游接待是否能够受益，很大程度上取决于村寨是否有一个富有效率的自主组织，能够代表村民的利益，设计一套合理的旅游利益分配制度，保证社区居民获得相对公平的旅游收入。

天池苗寨的旅游收益分配主要通过合作社来执行。44户农户将闲置的房屋出租给苗情乡村旅游股份合作社，由合作社统一打造成民宿，统一经营管理，吸纳贫困劳动力在苗寨务工就业，形成“公司+合作社+农户”的经营模式，采取“固定分红+收益分红”方式共同打造天池苗寨，壮大集体经济，将苗寨特殊困难家庭纳入分红范畴，聚焦脱贫人口稳定脱贫。

桃坪羌寨的旅游收益分配主要是通过村委会来执行，村委会的部分干部也直接在旅游开发公司任职，他们的家人也从事住宿和餐饮接待行业。监管不力的情况下，逐利心理驱使村委会干部利用手中职权和旅游公司上下级之间的职务关系把大量游客安排在自己家，“精英俘获”“与民逐利”的现象在桃坪羌寨比较突出，一定程度上影响到村委会代表社区居民利益的功能行使。

肇兴侗寨的旅游收益分配主要是通过村委会来执行。村民们将耕地、鼓楼、戏台等自然资源和公共文化资源，以及村民自有民居、掌握的文化传承技艺，均通过管理建账，作为资源入股，从而建立旅游资源保护、开发、管理、分配的利益链接机制，整个景区与村民形成利益共同体。中旅集团委托团队入驻肇兴景区，按照协议，也通过村委会将门票收入中提成的25%分给村民。

郎德上寨的旅游收益分配主要是由村委会和旅游接待办公室通过“工分制”的方式，遵循按劳分配、照顾弱势、兼顾公平的原则进行分配，增强了社区居民的自我效能感和归属感。更值得一提的是，在政府进入景区进行旅游二次开发（2016年）的利益博弈中，村委会所展示的自组织的话语权和旅游决策权，确保了社区的利益，获得了居民的认可和支持。

（5）旅游产品开发的类型

四个案例区传统村落提供的旅游产品具有相似性，主要为游客提供观光游览村寨田园风光和欣赏民俗歌舞表演等活动，但由于旅游资源禀赋和宣传力度不同，各地的产品开发又各有侧重。具体而言，天池苗寨开发“五区”“五馆”“五粑”和“五园”，为游客提供了丰富多彩的民俗体验。桃坪羌寨的跳锅庄表演、参观羌寨建筑和田园风光活动，集中于静态观光类旅游产品的开发；肇兴侗寨为游客提供的侗歌表演、纺织染绣制作等节庆风俗体验等，强化了游客的参与性、丰富了旅游产品的类型；郎德上寨为游客提供十二道拦路酒、原生态的苗族民俗风情表演、田园风光欣赏等观光类、民俗参与类旅游产品。

（6）村民对旅游精准扶贫与村落复兴的感知差异

四个案例区的村民对乡村旅游巩固脱贫攻坚成果的效应感知存在差异。首先，在经济方面，天池苗寨村民的感知最强烈。毕竟旅游业发展处于初期，采用“公司+合作社+农户”的经营模式，政府重视，引入武隆喀斯特公司以300万元现金入股苗情乡村旅游股份合作社，助力发展壮大集体经济，让刚刚脱贫的村民感受到了参与旅游经营获得的实实在在的收益，有效巩固了脱贫成果，因此经济感知最强烈。

在社会方面，桃坪羌寨村民的感知最强烈。桃坪羌寨经历过以村民自主经营、国有开发公司经营、公司主导经营、政府+村民经营村寨旅游的不同阶段，在市场竞争和不同经营主体打交道维护自身权益的过程中，村民的主体意识和旅游经营能力得到培养，能够客观看待社区自主经营和公司企业化经营对自己参与旅游发展的影响，因此村民对乡村旅游巩固脱贫攻坚成果的社会感知最强烈。

在文化方面，肇兴侗寨村民的感知最强烈。肇兴侗寨的村民从保护民族文化的价值中受益，特别是2018年，中央电视台春节联欢晚会黔东南分会场在肇兴侗寨惊艳亮相，为肇兴侗寨带来前所未有的营销机遇，村民从自身生活的改善、家庭经济收入的增加、传统生计方式的改变等直观感受中认识到文化的有用性，激活了文化传承者的积极性和主动性，形成了较为强烈的民族文化认同感和自豪感，民族旅游成为肇兴侗寨村民保护、复兴侗族文化的有效方式。

在环境方面，郎德上寨村民的感知最强烈。郎德上寨村民对家园环境的保护，也就是对苗族自身文化的认同，村规民约也专门对保护环境做了相关规定，因此上寨的村民都具有保护环境的自觉意识。加之郎德二次旅游开发以来，政府编制的《雷山郎德景区修建性详细规划》《雷山县郎德苗寨综合环境整治规划设计》，累计投入近3亿元，完成了景区风貌整治、田园景观打造、景区旅游厕所、郎德游客服务中心、污水处理、垃圾回收、河道整治等基础设施建设，旅游配套设施持续完善，因此村民对环境感知最强烈。

5.7.2 共性问题讨论

（1）民族文化的创造性转化是民族地区巩固脱贫攻坚成果的基础

独具特色、充满异域风情的民族文化是民族地区发展旅游业的资源优势。将原有的民族文化进行生产、加工，包装成各种类型的旅游产品，让游客在少数民族的自然环境、人文生态氛围中，体验当地居民的生产、生活方式，对于追新求异的游客来说，无疑具有强大的吸引力。因此，民族文化才是民族地区乡村旅游开发的核心吸引物。

四个案例区的民族村寨都充分利用民族文化所呈现的“显性文化”，比如民族服饰、传统歌舞、手工刺绣、传统建筑、风味美食等，开发具有观赏性、参与性和体验性的旅游产品，通过原生态的民族风情展示、特色餐饮品尝、纺织染绣制作、节庆风俗体验等，与其他旅游目的地形成差异化的竞争优势，从而对大众市场产生吸引力。与此同时，民族地区的乡村旅游给村民参与和本民族文化有关旅游活动（民俗表演、住宿、农家乐、土特产、工艺品等）的机会，进而获得经济收入，提高生活水平，村民由经济利益带来的自觉行为激发了作为文化传承者的主动性和创造性，对本民族的文化充满了自豪感、认同感，树立了文化自信，更愿意强调自己的民族身份，更积极地向游客传递本民族优秀的传统文化和精神价值。可见，民族地区的旅游开发，使民族文化的有用性得到极大的体现，为传统文化保护与传承提供强大的动力。这与武魏巍“只有当社区居民实际得到旅游发展所带来的经济利益后，才会更加有意识地去积极保护和传承作为旅游吸引物的民族文化”的观点相似[①]。

四个案例区的深度访谈都说明，随着大众旅游的蓬勃兴起，民族文化因其独特的旅游市场价值而备受旅游者的青睐，前往民族地区旅游的游客数量逐年增多。民族文化成为当地发展区域经济、弘扬民族传统、展示本地形象的重要载体。传统的舞蹈、音乐重新受到重视和挖掘，年久失修的传统建筑得到修缮和保护、传统的手工艺品因旅游市场的需求而焕发生机，一些几乎被人遗忘的传统习俗得到恢复和发展，正如马晓京所言，“通过这些具有历史文化价值的旅游资源的再生产，唤起了各民族成员的历史记忆，增强了对本民族文化的自豪感和内聚力，也使得长期游离于主流文化之外的边缘性群体文化得到主流群体旅游者的认可和新的评价[②]”。

（2）社区精英的示范和引领是民族地区巩固脱贫攻坚成果的抓手

桃坪羌寨的龙小琼、天池苗寨的苗情乡村旅游股份合作社理事长潘军、肇兴侗寨侗品源旅游商品服务有限责任公司负责人、侗族靛染非遗传承人陆勇妹、郎德上寨的老支书陈正涛都是逐渐在乡村旅游发展中成长的旅游带头人，通过自身的能力和强大的影响力、号召力推动了旅游地社区的发展，为实现社区增权发挥了重要的作用。

旅游起步时，他们敢于突破传统思维，具有企业家的冒险精神，通过市场机会识别，率先在寨子里从事旅游接待，比如龙小琼首先恢复装修家中的碉楼，打出“小琼羌家”的招牌，还成立了“土风歌舞队”，到317国道、桥上或坝子载歌载舞，向过往的游客推荐羌寨的民俗风情。在她的争取下，桃坪羌寨作为该线路的赠送景点被旅行社推出，主要提供义务讲解和羌族歌舞表演服务，桃坪羌寨一炮走红，成功后又成为村民模仿的对象。

① 武魏巍.民族旅游发展与民族文化保护的研究［D］. 南宁：广西大学，2004.
② 马晓京.民族旅游开发与民族传统文化保护的再认识［J］. 广西民族研究，2002（04）：77-83.

作为本村成长起来的社区精英，他们具有回馈乡村的感恩之心和助贫济困的侠义之情，把对乡村的情感全部融入乡村旅游产业链打造的全过程，示范带动全体村民参与旅游经营的不同环节，获得经济利益的同时也增强了当地村民对本民族文化的认同，激发了作为文化传承者的主动性和创造性，通过传统歌舞表演、传统手工技艺复兴、民族刺绣蜡染销售、特色旅游产品开发以及村规民约的制定，引导村民的文化价值判断，激发村民稳定脱贫的内生动力和自我效能感。

作为全寨村民利益的代表，社区精英与村民合力抵制外来利益主体的强势介入，是寨中的权威式人物。他们来自社区，既了解乡土民情，又知晓国家政策，能够在地方政府、旅游企业与村民之间的利益博弈中扮演着中介人的角色，以更理智的行为化解矛盾，协商解决问题。特别是经历了较长旅游生命周期的桃坪羌寨和郎德上寨，乡村旅游之所以发展较好，名气较大，与以龙小琼、陈正涛为代表的一大批带头人的存在密不可分。这些带头人发挥“寨老”的功能，在社区对村民有影响力和号召力，运用相当强的组织策划能力去推动这种“自下而上”的诱致性制度构建，是社区旅游收益分配制度的起草者、管理者和实施者，也是社区内生动力得以有效发挥作用的重要桥梁；在政府那里，他们又是地方的代表，具有解决问题的经验和魄力，有一定的话语权，对村民的行为具有引导和规制的作用，有利于政府加强对社区的协调与管理。

(3)“他组织”到“自组织”的演化是民族地区巩固脱贫攻坚成果的保障

民族地区乡村旅游巩固脱贫攻坚成果系统演化的动力依赖于系统内部各个子系统之间的相互作用，在竞争与协同过程中，促使“自组织”系统内部不断演化、主体意识和参与能力不断提升，同时与“他组织”系统不断进行物质、能量与信息的交换，促进当地乡村旅游产业链从无序走向有序。两者相互促进、协同推进，朝着共同的目标——脱贫人口巩固脱贫攻坚成果不返贫呈现正相关的连续螺旋上升，最大程度发挥“他组织”“自组织”两个系统的协同作用，产生“1+1＞2”的协同效应，确保共同目标的顺利实现。

乡村旅游发展过程中，四个案例地先后出现的政府、对口扶贫的国企、外来旅游公司等不同利益相关者，是为了促进旅游经济形成良性系统发展的重要参数。政府及外来旅游公司对民族地区乡村旅游发展的干预实际上是促进当地经济、社会、文化、环境等各个子系统走向有序状态的重要推动力。具体而言，“他组织”对四个案例地乡村旅游发展的具体事务进行干预的路径可以分为三个层次：首先，当地政府、旅游公司为代表的他组织通过当地走访、旅游资源禀赋论证、加强对脱贫人口的教育和旅游技能培训等方式，帮助脱贫人口树立巩固脱贫攻坚成果不返贫，杜绝“等靠要”等心理依赖，让当地村民意识到他组织的介入并不是与村民争夺旅游利益，而是为了帮助村寨突出资源优势，因地制宜发展乡村旅游巩固脱贫攻坚成果的协同合作（来自天池苗寨的例证）。其次，当乡村旅游巩固脱贫攻坚成果促进村民共同受益的协同机制建立之后，少数民族在信仰、路径依赖等非正式制度方面的特殊性也应得到适当调试和纠偏，引导村民从思想上正确认识非正式制度与现代旅游经济发展之间的矛盾和冲突。关注效率与公平，注重产品开发与市场需求的对接，有利于村寨乡村旅游的可持续发展，管理运营制度逐渐完善，应对外界环境变化逐渐降低旅游生计的风险性。政府在履行上述职能时，在公司和社区之间扮演监督者和协调者的角色，真正成为民族村寨和旅游公司关系协调的核心力量。针对村寨和旅游公司的不同诉求，政府积极搭建沟通参与平台，寻求双方核心利益趋同的价值点，找到解决冲突的突破口，消除乡村旅游发展中的障碍（来自郎德上寨和肇兴侗寨的例证）。最后，在他组织的扶持、引领下，村民及以村民为代表组成的自组织在发展旅游的过程中能力得到锻炼，村委会能够从全局出发，成为村寨乡村旅游事务发展的决策者和管理者，村寨旅游经济持续向好，乡村旅游巩固脱贫攻坚成果的目标得以实现，这时他组织应“扶上马，送一程”，建立科学的退出机制，将乡村旅游发展的主导权交予村民，真正实现“村民自治”的社区主导型乡村旅游发展目标（来自桃坪羌寨的例证）。

5.8 本章小结

本章通过定性研究的方法，选择四个典型案例地、通过共时对比的研究方法，探讨在不同旅游经营管理模式下，当地村民对乡村旅游巩固脱贫攻坚成果的感知评价，提炼影响两者协同发展的共性因素。

5.8.1 四个案例区村民对乡村旅游巩固脱贫攻坚成果的感知存在差异

在经济感知方面，处于旅游发展初期的天池苗寨村民感知最为强烈；在社会感知方面，处于旅游发展成熟期的桃坪羌寨村民感知最强烈；在文化感知方面，处于旅游发展成长期的肇兴侗寨村民感知最强烈；在环境感知方面，处于旅游发展衰落复苏期的郎德上寨村民感知最强烈。由此，可以发现不同案例区村民对乡村旅游巩固脱贫攻坚成果的感知存在差异，原因主要可归结于以下几个方面：旅游地所处生命周期、旅游经营制度、居民参与旅游的方式、区域旅游产品开发、社区自组织建设等。

5.8.2 通过对四个案例区的深入剖析，发现影响乡村旅游巩固脱贫攻坚成果的主要因素

（1）民族文化的创造性转化是民族地区巩固脱贫攻坚成果的基础。独具特色、充满异域风情的民族文化是民族地区发展旅游业的资源优势，是当地发展区域经济、弘扬民族传统、展示本地形象的重要载体。乡村旅游让村民通过参与各种与本民族文化有关的旅游活动获得经济收入，使民族文化的有用性得到极大的体现，村民由经济利益带来的自觉行为激发了作为文化传承者的主动性和创造性，有意识地去积极保护和传承作为旅游吸引物的民族文化。

（2）社区带头人的示范和引领是民族地区巩固脱贫攻坚成果的抓手。社区带头人在社区对村民有影响力和号召力，能够运用相当强的组织策划能力去推动这种“自下而上”诱致性制度的构建，是社区自我效

能感和内生动力得以有效发挥的重要桥梁；社区带头人又是地方的代表，具有解决问题的经验和魄力，有一定的话语权，对村民行为产生引导和规制的作用，有利于政府加强对社区的协调与管理。

（3）“他组织”到“自组织”的演化是民族地区巩固脱贫攻坚成果的保障。“他组织”对四个案例地乡村旅游发展的具体事务进行干预的路径可以分为三个层次：首先，以当地政府、旅游公司为代表的“他组织”帮助村寨突出资源优势，因地制宜发展乡村旅游巩固脱贫攻坚成果的协同合作。其次，政府针对村寨和旅游公司的不同诉求，积极搭建沟通和参与平台，寻求双方核心利益趋同的价值点，找到解决冲突的突破口，消除乡村旅游发展中的障碍。最后，村民及以村民为代表组成的“自组织”在乡村旅游发展中能力得到锻炼，“他组织”应建立科学的退出机制，将乡村旅游发展的主导权交予村民，真正实现“村民自治”的社区主导型乡村旅游发展目标。

6 民族地区乡村旅游巩固脱贫攻坚成果的路径设计

通过对西南民族地区脱贫户返贫风险的识别和对乡村旅游巩固脱贫攻坚成果的现状测度，我们发现：脱贫户返贫风险主要分为人力风险、物质风险、自然风险、金融风险、社会风险五类；巩固脱贫攻坚成果在经济、文化、社会、环境层面勉强协调，受到经济、人力、制度、自然和社会资本的正向影响。在实证研究的基础之上，结合四个典型案例村的对比研究，本书以脱贫人口与民族地区“三生空间”的主客互动为主导路径，以不同返贫风险类型脱贫人口的生计提升为支撑路径，进行民族地区乡村旅游巩固脱贫攻坚成果的路径设计。

6.1 主导型路径设计：主体-客体互动作用的分层设计

基于空间功能、用地性质和实践活动的差异，民族地区乡村可划分为生产空间、生活空间和生态空间。在巩固脱贫攻坚成果空间利用的过程中，脱贫人口无疑拥有绝对的主体地位。在脱贫人口这一核心主体参与下，民族地区乡村旅游促进脱贫摘帽区域经济、社会、文化、环境的协调可持续发展，形成了良性的生命-生产-生活-生态乡村空间互动格局。

6.1.1 脱贫人口与生产空间的互动路径

生产空间是人类进行物质资料和精神资料生产与再生产的空间场域，依据产业形态，大体可以被分为农业生产空间、工业生产空间和服务业生产空间[①]。民族地区乡村传统的生产空间主要是农业生产空间。乡村旅游的引入丰富了乡村产业形态，重构了乡村生产空间。以旅游业为主导的服务业生产空间的扩大，带动了民族地区农产品的进一步商品化和民族手工业品从民族特需品向旅游纪念品的转变[②]。

在乡村生产空间重构的背景下，进一步优化乡村生产空间格局，帮助脱贫人口转变传统农民身份，以适应旅游产业带来的变化，激发脱贫人口参与旅游产业的潜能，进而有效发挥乡村旅游对巩固脱贫攻坚成果的促进作用。基于此，笔者提出脱贫人口与生产空间互动的两条路径。

1）*产业融合互促，优化生产空间格局*

产业融合是不同产业或同一产业内的不同行业在技术融合的基础上相互交叉、相互渗透，逐渐融为一体形成新的产业属性或新兴产业形态的动态发展过程[③]。这个过程既是供给侧结构性改革的必然选择，又是产业协调发展的必然趋势，还是经济高质量发展的应有之义，具有较强的时代意义[④]。

民族地区乡村产业振兴为巩固脱贫攻坚成果提供经济基础。乡村旅游产业以其强关联性和带动性，在撬动乡村全产业链发展中具有重要作用。其一，乡村旅游产业自身的高质量发展是吸纳脱贫人口、确保乡村旅游能够巩固脱贫攻坚成果的前提。村民是旅游资源的创造者、旅游产

---

① 许伟．“三生空间”的内涵、关系及其优化路径［J］．东岳论丛，2022，43（5）：126-134.

② 陈丹．略论旅游发展对西藏手工业的影响［J］．中国藏学，2010（2）：103-106；111.

③ 陈慈，陈俊红，龚晶．农业产业融合发展的理论与实践［M］．北京：中国经济出版社，2020：3.

④ 宋晓华，尹德斌，李慧．产业振兴视域下农村产业融合的创新模式［J］．农业经济，2022（10）：43-45.

品的开发者、旅游服务的提供者、旅游文化的建设者、旅游形象的推广者。促进旅游产业提质增效，不断创新乡村旅游产品、营销方式，延长产业链、提升价值链、完善利益链，将把更多的村民连接在旅游产业链上，让他们享受旅游红利，走上致富路，使乡村旅游成为造福全村的幸福产业、富民产业。其二，乡村旅游产业促进民族地区乡村产业融合。推动“旅游+”“+旅游”融合发展，助力民族村寨旅游与传统农业、制造业无缝对接，为产业赋能，形成“生态旅游+特色农业”“休闲旅游+生态农场”“民族旅游+手工艺”等新型业态。

2）扩大旅游参与，促进就业增收

在民族地区乡村旅游减贫实践中，脱贫人口受制于认知水平，这导致参与旅游经营和服务的主动性不强，乡村旅游巩固脱贫成果的效应发挥不充分，就业增收带动作用发挥不完全。因此，改善体制机制，激发脱贫人口的乡村旅游参与意愿，提升脱贫人口的乡村旅游参与能力，对于促进脱贫人口与生产空间良性互动尤为重要。

一是提升脱贫人口旅游参与意愿。西南民族地区发展乡村旅游，只有加强社区合理引导、建立多元的旅游收益分享机制、发挥乡村精英的带头作用，才能激发脱贫人口的旅游参与意愿。二是为脱贫人口提供旅游参与机会。通过扶持脱贫人口经营旅游食宿、参与民俗表演、制作民族手工艺品和售卖特色农副产品，帮助脱贫人口实现就近景区就业，使其以原住民和旅游从业者的身份投入旅游产业，强化乡土特色和民族特色，打造田园风光别具一格、民族文化本色鲜明、自然风景原生态的休闲旅游目的地，让脱贫人口在家门口吃上“旅游饭”，挣上“旅游钱”，实现可持续的旅游生计。通过完善旅游开发和改进经营模式，保障脱贫人口权利、分享旅游发展的红利、提高脱贫人口的旅游参与程度。

6.1.2 脱贫人口与生活空间的互动路径

生活空间是人类进行自我生产与再生产的空间场域，人类自我生产与再生产包括除物质资料和精神资料生产与再生产以外的、维持人自身生存和繁衍所进行的一切活动[1]。乡村生活空间是一定地域乡村居民居住、就业、消费和休闲等日常活动叠置而成的空间聚合体，是一定乡村地域空间形式、空间内涵和空间意义内在关联的有机统一体，既是地理空间，也是社会空间，因此，透视乡村生活空间，需要考虑活动、环境、关系和感知[2]。

民族文化是民族地区区别于其他乡村地区的重要标志和民族乡村居民活动的导向，所以，民族文化繁荣是民族村寨持续巩固脱贫攻坚成果的重要目标之一。脱贫人口个体与社会群体之间相互作用，形成的稳定社会结构也是巩固脱贫攻坚成果的关注重点。因此，笔者从民族地区脱贫摘帽村落的文化和社会层面着手阐释脱贫人口与生活空间的互动路径。

1）*文化层面互动路径*

民族文化旅游空间生产强调文化旅游产品的民族性、传统性、空间场景性[3]，这一定程度上契合民族文化自身发展的要求，也为脱贫人口与脱贫摘帽村落文化良性互动创造了条件。因此笔者从文化层面提出乡村旅游巩固脱贫攻坚成果的两条路径。

（1）树立民族认同，激发脱贫人口保护传统文化的主动性

民族认同是个体对本民族的信念、态度，以及对其民族身份的承认。作为一种群体认同，民族认同包括群体认识、群体态度、群体行为和群体归属感四个基本要素，是社会成员对自己民族归属的认知和感情依附，也是一种心理认同和文化认同。群体态度是民族认同的关键要素，积极的民族认同使民族成员具有强烈的内聚性，以身为本民族的一员感到自豪，对本民族的语言、文化、宗教、习俗充满了优越感，行为上努力维护本民族的利益[4]。

在民族地区发展乡村旅游有利于聚拢外出务工的脱贫人口，使其在民俗文化表演、传统手工艺品销售和特色民宿经营等与民族文化紧密结

---

① 许伟．“三生空间”的内涵、关系及其优化路径［J］．东岳论丛，2022，43（5）：126-134.

② 余斌，卢燕，曾菊新，等．乡村生活空间研究进展及展望［J］．地理科学，2017，37（3）：375-385.

③ 桂榕，吕宛青．民族文化旅游空间生产刍论［J］．人文地理，2013，28（3）：154-160.

④ 袁娥．民族认同与国家认同研究述评［J］．民族研究，2011（5）：91-103；110.

合的旅游相关生计活动中获得了经济利益，因此由经济利益带来的自觉行为激发了村民作为文化传承者的主动性和创造性，对本民族的文化充满了自豪感、认同感，树立了文化自信，使村民更愿意强调自己的民族身份，更积极地向游客传递本民族优秀的传统文化和精神价值。可见，民族地区的旅游开发，使民族文化的有用性得到充分的体现，其中的经济利益为传统文化保护与传承提供强大的动力，促使贫困人口愈发自觉地保护和发扬民族传统文化，从而进一步巩固了脱贫攻坚成果，促进了乡村民族文化可持续发展。

（2）激发文化价值，促进民族文化的创造性转化

乡村旅游搭建起了连接民族文化原生性和实用性的桥梁，既相连于旅游目的地少数民族社会生活层面，又相连于游客的艺术想象和建构，是影响民族文化旅游参与体验的重要因素[①]。

文化旅游开发促使传统文化在旅游活动的主客互动中为脱贫摘帽地区带来经济价值，激活了民族文化的文化资源和经济资本的双重属性[②]。民族文化资源本身并非生产结果，必须经过产业化和市场化才能转化为产业资本和文化产品，才能为旅游市场接受而焕发活力[③]。活化优秀传统文化，通过利用民族地区乡村文化的稀有性，以原生态的民族文化为旅游吸引物，对其进行创造性转化为文化旅游资源，结合脱贫摘帽乡村发展新形势和新要求，完成民族文化的价值再造，将文化空间和生活空间统一于文化旅游空间之中，形成文化兴盛与生活富裕互动互促格局。

2）*社会层面互动路径*

为激活乡村旅游巩固脱贫攻坚成果实现积极的社会效应，笔者提出脱贫人口社会互动的两条路径。

（1）整合社会网络，扩大社会资源

社会网络是在不同的社会成员或社会组织之间由特定关系缔结在一

① 桂榕，吕宛青.民族文化旅游空间生产刍论［J］. 人文地理，2013，28（3）：154-160.

② 彭莉.论主题公园对传承和弘扬民族文化的综合载体作用——以云南民族村为例［J］. 学术探索，2016（9）：151-156.

③ 曹军锋.旅游扶贫中民族文化资源利用与主体参与研究——以甘南州香告村为例［J］. 广西民族大学学报（哲学社会科学版），2019，41（1）：57-63.

起而形成的社会关系群体。研究显示，社会网络有效地增加居民收入、促进就业，有利于缓解信息不对称的问题[①]。此外，社会资本是从嵌入于社会网络的资源中获得，植根于社会网络和社会关系中[②]，因此整合社会网络是扩大社会资本的重要途径。有形社会网络有乡村集体组织、单位组织、社会团体组织等有固定场所的实体组织；无形的社会网络主要包括社会制度、活动规则和法律法规等制度体系[③]。

在民族乡村社会转型与乡村振兴的大背景下，农村社会从乡土社会向现代社会变迁表现为：生计模式出现改变、人口快速流动、科技迅速进步、城乡之间融合发展、人与社会日趋现代化[④]。脱贫家庭年轻一代脱离农业生产外出务工，加快了原本封闭村庄的人口流动，增强了对外交流，但也弱化了村庄内部的关系，瓦解了乡土社会基于血缘和地缘的庞大社会网络。而旅游开发将人流、物流、资金流吸引回民族乡村，濒临破碎的乡村社会网络已经不能满足脱贫人口可持续旅游生计和民族乡村社会和谐稳定发展的要求。整合社会资源，构建脱贫人口与合作社、村集体、旅游企业之间的新型社会网络关系，保障脱贫人口的知情权，以解决脱贫人口旅游参与的信息闭塞等问题，提高脱贫人口稳定生计的社会支持度。

（2）凝聚社会信任，重塑社群关系

社会信任可以作为一种交往态度、一种价值心理、一种文化模式和一种社会资本，在维系人与人关系、提高经济效率和效益、促进合作中起着正向促进作用[⑤]。传统乡村社会是内生型与封闭型社会治理单元，由血缘和亲缘关系将整个乡村内的关系串联起来，形成一种互相信任、互相尊重、彼此约束的伦理规范共同体[⑥]。

民族地区的乡村旅游开发，常常是在政府牵头下，引入旅游企业经

---

① 杨汝岱，陈斌开，朱诗娥.基于社会网络视角的农户民间借贷需求行为研究［J］.经济研究，2011，46（11）：116-129.

② 任远，邬民乐.城市流动人口的社会融合：文献述评［J］.人口研究，2006（3）：87-94.

③ 白新华.基于复杂社会网络视角下的扶贫模式研究［J］.农业经济，2022（9）：78-80.

④ 龙玉其，和润铃.兴盛、冲击与调适：社会变迁视角下的民族地区农村家庭养老——基于云南省香格里拉市S乡B村的调查［J］.青海民族研究，2022，33（2）：42-52.

⑤ 白春阳，安文军.论社会信任的本质［J］.甘肃社会科学，2008（2）：50-53.

⑥ 许垚，申鲁菁.社会资本整合与治理效能提升：乡村善治的逻辑路径——基于浙江的经验研究［J］.浙江学刊，2021（4）：35-41.

营管理，从而导致各个利益主体各自为营的现象屡见不鲜。随着外来游客频繁出入村庄，在追求个体经济利益的驱动下，乡村内部争抢客源所带来的矛盾也时有发生，这挑战了社会信任和社会秩序。通过培育制度化信任，确立好脱贫人口、村集体、政府和旅游企业之间的整体利益关系，引入正式制度划分职责、明确权利和义务，达到形成良好的互动关系，扩大社会成员的合作范围、创新合作方式、强化合作深度的目的。通过提升个体信任，发挥契约精神的作用，以强化村民的规范意识、责任意识、合作意识。

6.1.3 脱贫人口与生态空间的互动路径

生态空间是人类实践活动所涉及的整个自然界运动、变化的空间场域，是经过人类实践活动不同程度的改造并与人类发生这样那样的关系、或多或少地打上了人类活动印记的那部分自然界运动、变化的空间场域①。

西南民族地区地域广袤、地形复杂生态多样、资源多样，是维护我国生态环境安全的重要屏障②，也是区域发展的重要资源。民族地区发展生态旅游，巩固脱贫攻坚成果，遵循党的二十大报告指出的尊重自然、顺应自然、保护自然的生态理念，笔者提出以下促进脱贫人口与自然生态空间良性互动路径。

1）建设宜居乡村，人与自然和谐共生

乡村旅游开发将脱贫摘帽村落打造为民族旅游网红打卡地、旅游民宿等旅游新业态，这种游客深度体验的旅游新业态使得人居环境整治不仅仅是农业农村工作的外在要求，更成为吸引和接待游客的内在需要。这对农村垃圾治理、厕所改造、庭院美化、环境绿化工作提出了更高的要求，客观上推动了人居环境整治。同时，脱贫人口在乡村旅游参与中树立起环保意识，主动地建设宜居乡村环境，促进宜居建设落到实处，真正回应脱贫人口诉求。此外，乡村旅游也促进宜居建设指向公共领域

① 许伟．“三生空间”的内涵、关系及其优化路径［J］．东岳论丛，2022，43（5）：126-134.

② 马成明，崔莉.中国式现代化背景下民族地区健康发展的“五位一体”与铸牢中华民族共同体意识［J］．民族学刊，2022，13（11）：9-17；142.

的改善，进一步促进配套基础设施、旅游服务设施、公共服务在保留民族特色的基础上改进，脱贫人口可持续生计、脱贫摘帽、乡村长足发展的重要推动力量。

2）资源有效利用，开发与保护协同共进

西南地区气候多样，热、温、寒三带景观汇集，地理环境复杂，河流、湖泊、生物资源丰富，有利于多种文化的共存。丰富多彩的原始景观与原生态民族文化，为该区旅游业的发展创造了有利条件[①]。而乡村旅游所依托的乡村生态环境是一种较为敏感、脆弱的资源，很容易受到不合理旅游开发的破坏，从而给乡村生态环境带来一定消极影响，如环境污染、过度开发破坏原始自然风貌等[②]，不利于民族乡村的可持续发展。因此，民族乡村生态资源的合理有效运用在巩固脱贫攻坚成果中意义重大。

开发与保护协同共进。一方面，乡村旅游极力促进将“美丽环境”转化为“美丽经济”。民族乡村生态资源的旅游开发有助于多样化民族旅游产品供给，完善旅游产品结构，促进旅游经济发展，实现增收和持续巩固脱贫攻坚成果的目的，进而推动乡村振兴。推动“绿水青山”的生态价值转换为“金山银山”的经济价值，带动了农文旅融合发展，促进了农业的绿色转型和资源的可持续利用。另一方面，西南民族地区地理环境复杂，石漠化现象凸显，洪水、地震、泥石流等自然灾害频繁发生。在把生态资源优势转化为优质绿色生态产品的供给优势之时，应提防短视行为，维护生态安全。

6.2 支撑型路径设计：不同类型脱贫人口可持续生计的提升路径

2022年中央一号文件明确提出了巩固脱贫攻坚成果、防止规模性返贫。因此，针对性地设计应对不同类型脱贫人口返贫风险的巩固脱贫

① 付景保.西南民族地区生态旅游发展战略的选择——基于SWOT的分析［J］. 西南民族大学学报（人文社会科学版），2013，34（3）：126-129.
② 裴星星.旅游开发对乡村生态环境的影响及应对策略研究——兼评文章《西南地区旅游经济对生态环境影响的实证研究》［J］. 生态经济，2022，38（11）：230-231.

攻坚成果支撑路径，充分发挥乡村旅游对脱贫人口和地区发展的促进作用，能为脱贫人口从勉强脱贫向稳定致富保驾护航。

由第3章关于西南民族地区返贫风险识别的实证可知，脱贫人口的返贫风险主要分为人力风险、物质风险、自然风险、金融风险、社会风险五大类型，按返贫风险程度又可分为无返贫风险、轻度返贫风险、中度返贫风险、高度返贫风险和重度返贫风险五个等级。其中，对于无返贫风险和轻度返贫风险无须干预，在本章中不做讨论；对于中度返贫风险的干预以预防兜底为主；而对于高度和重度返贫风险应加强监控力度，采取针对性的帮扶措施。因此，五个等级的返贫风险在应对上按风险等级和迫切程度可以简化为持续监控型、预防兜底型和重点帮扶型三类。在路径作用过程中，干预强度由低到高，如图6-1所示。

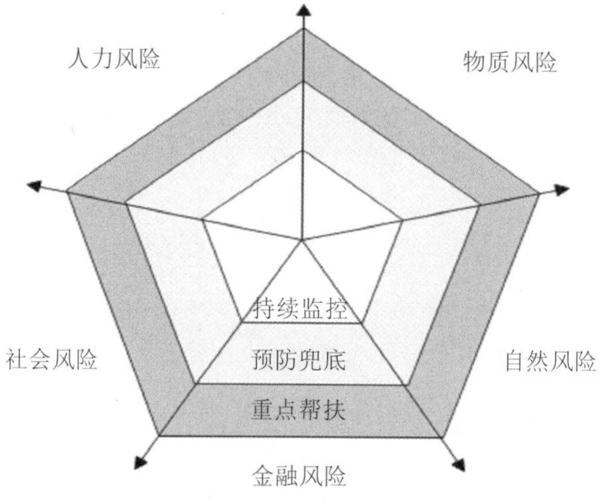

图6-1 西南民族地区脱贫人口返贫风险类型图

本书设计的乡村旅游巩固脱贫攻坚成果的支撑路径如下：

6.2.1 针对人力风险型脱贫人口：主体赋能为可持续生计“造血”

能力贫困理论认为贫困的根源是能力贫困，农户发展能力影响脱贫质量，脱贫能力不足有明显的致贫效应①。因此，推动面对人力风险的脱贫人口维持稳定生计的内在源泉是提升脱贫人口的发展能力。具体而言，乡村旅游从如下方面实现脱贫人口的主体赋能，为可持续生计“造血”。

一是提升脱贫人口的学习能力。面临人力风险时，预防兜底型的脱贫人口参与旅游创业就业时，为了适应乡村旅游发展要求和更好地满足游客需求，必须系统学习旅游服务技能、对客服务艺术等，并不断在旅游参与的过程中自我学习沟通技巧、经营方式、营销手段等。此外，通过不断的学习和提升改变思维方式和教育方式，从而斩断贫困的代际传递。值得注意的是，考虑到重点帮扶型人力风险群体的家庭人口数量和健康情况，人力风险的重点帮扶型脱贫人口需要更丰富的、符合脱贫人口能力和诉求的教育培训。这些培训旨在帮助其尽快实现就业，因此可以是手工制作、环卫安保、果树种植等连接于旅游产业链的其他工作技能，而不仅仅是旅游直接相关的培训。

二是提升脱贫人口的就业竞争能力。旅游业作为劳动密集型产业，可以吸纳大量了解本地风土人情的民族乡村本地的劳动力。预防兜底型脱贫人口可以利用原住民的天然优势，运用通过学习掌握的各项技能求职创业。在这个过程中只需要对其稍加引导，并提供一定的失业救济。对于重点帮扶型脱贫人口应帮助其分析明确自身优势和兴趣，帮助其作出相应的职业规划。

6.2.2 针对物质风险型脱贫人口：公私惠民为物质储备“输血”

物质资本是脱贫人口保障基本生活能力和发展生产的基本条件，是可持续发展的基础条件。因此，提升物质资本储备，不得不借助外力，为脱贫人口稳定生计不返贫“输血”。延续第3章的分类，本章也将物质资本划分为公有和私有两类，并分别探讨乡村旅游从物质资本方面巩固脱贫攻坚成果的支撑路径。

---

① 梁伟军，焦丽丽.能力贫困视阈下农村脱贫人口发展能力提升研究［J］. 华中农业大学学报（社会科学版），2022（6）：99-109.

一是提升公共物质资本。公共物质资本提升包括道路交通、网络通信、用水用电等关乎脱贫人口日常生活和乡村旅游发展的普惠性工程。脱贫人口与其他村民享受到几乎同等的公共物质资本。乡村旅游发展对于可达性、便利性的要求无疑推进了乡村公共物质资本提升的进程。通过道路硬化等举措进一步改善脱贫人口旅游民宿、农家乐、餐馆的道路条件，助力脱贫人口旅游生计活动的开展。

二是提升私人物质资本。私人物质资本包含生产资料、住房、固定财产等，是脱贫人口可持续生计可以调动的私有物质资源。民族地区乡村旅游目的地民族风格存留和民族特色打造的要求促使政府、旅游企业、村集体等多方协助脱贫人口进行住房改造。改造不仅是安全性方面的强化，更包含外观上统一风格以强化民族风情的打造。对于预防兜底型和重点帮扶型脱贫人口采取室内装修、厕所改造补助的手段帮助其提升物质资本，从而开展旅游经营。针对重点帮扶型脱贫人口还可以通过资助建造太阳能热水供应系统、接入互联网等更为具体的、用于提升游客体验的设施设备，帮助脱贫人口有效规避物质风险。

6.2.3 针对自然风险型脱贫人口：灾害防治与资源优化为旅游生计“补血”

自然资本是农户生存所需的自然条件与资源，包括土地、林、水以及丰富的生物资源等，是与农户生计脆弱性联系最为紧密的一项资本[①]。因此，防范自然风险的挑战巨大，需要警惕自然和人为造成的生计脆弱性。在乡村旅游开发的既定事实下，可以通过乡村旅游优化存量资源的路径，补充脱贫人口的旅游生计资本，为防范自然风险、巩固脱贫攻坚成果“补血”。

一是自然灾害防范与治理。总体而言，应加强灾情预警通报，完善抗灾自救机制。针对面临预防兜底型自然风险的脱贫人口，即遭受较轻自然灾害导致返贫风险的脱贫人口，帮助其进行灾后恢复。针对面临重点帮扶型自然风险的脱贫人口，即正面临或已遭受较重自然灾害导致返

① 吴嘉莘，熊吉安，杨红娟.民族地区农户异质性对生计资本结构的影响研究——以云南沧源县为例［J］. 云南社会科学，2022（3）：63-73.

贫风险的脱贫人口，采取一定的救助措施，加强灾后重建的帮扶力度，给予一定的安置补贴。这类脱贫人口的生计活动往往对自然资本有较强的依赖，在救灾之余，还应帮助其转变生计策略，从而降低对自然风险的敏感度。

二是坚持存量资源优化的旅游开发。在旅游开发和建设中强调人文关怀，避开好田好地，杜绝占用单个农户的全部自耕地，完善脱贫人口失地补偿机制，极力避免人为导致的脱贫人口自然资本的丧失。实行内源式的乡村旅游开发，避免大拆大建、毁掉乡村性和原真性的建设方式，深挖资源的内涵价值，保护和利用民族地区原生态的旅游资源，保留地方文脉和民族特色，实现乡村产业生态化发展。尤其是针对重点帮扶型自然风险的脱贫人口，应转变其生计活动的思维方式，帮助其提升参与旅游生计活动的能力，以避免其因为失地不能从事农业生产而造成的生计崩塌。

6.2.4 针对金融风险型脱贫人口：生计策略多样化为减贫增收“活血”

金融风险是由于金融资本不足导致的生计脆弱性。因此，生计策略多样化对于帮助脱贫人口分散金融风险意义巨大，其中旅游生计无疑是脱贫人口多样化生计策略的重要选择之一。因此，笔者从如下两个方面提出支撑路径。

一是拓宽脱贫人口的收入来源。培养脱贫人口参与乡村旅游的积极性，鼓励脱贫人口在旅游餐饮、旅游民宿、旅游景区、旅游商店等部门兼业旅游。同时，鼓励脱贫人口在乡村旅游产业链上实现就业，运用自身农业种植知识入职休闲农业园、运用传统手工艺制作旅游纪念品等，拓宽脱贫人口的就业渠道，增加收入。此外，还应丰富脱贫人口参与旅游经营的融资渠道，创新普惠金融产品，为面临干预兜底型金融风险的脱贫人口提供多样化的融资选择。最大限度地为面对重点帮扶型金融风险的脱贫人口获得金融支持提供贷款审批的便利和还贷优惠政策，帮助其摆脱返贫风险。

二是持续提升脱贫人口的获得感。乡村旅游是脱贫人口致富的重要方式。保证脱贫人口在生计策略多样化过程中有足够的获得感，才能确保其坚定的选择参与乡村旅游，才能有效发挥乡村旅游巩固脱贫攻坚成果的效应。脱贫人口与旅游开发商、村集体之间建立正式契约，明确权利责任，通过资产入股分红等形式保障脱贫人口的旅游收益分享权，促进共同富裕。

6.2.5 针对社会风险型脱贫人口：话语权回归为稳定生计“固血”

脱贫人口的社会资本与社会交往能力、社会资源利用能力紧密相关，可以帮助农户增收、实现生计目标。而在实际旅游开发过程中，社区居民，尤其是脱贫人口往往被边缘化，被排除在核心决策和利益集团之外，不利于脱贫人口巩固社会资本，稳定生计现状。从集体和个人分别来看，乡村旅游促进脱贫人口话语权回归，为稳定生计“固血”主要体现在如下方面。

一是确立参与式发展理念。参与式旅游发展把社区作为旅游发展的主体放进旅游规划、旅游开发等涉及旅游发展重大事宜的决策、执行体系中[①]。脱贫人口作为个体的发声渠道较窄，其诉求长期难以得到回应，而社区参与式的旅游发展不仅纳入了脱贫人口，更是有力代表了脱贫人口的立场，运用集体力量为脱贫人口发声，提高了脱贫人口的社会影响力和与企业、政府博弈的话语权。在乡村旅游开发和经营中，社区内部也应强调脱贫人口的主体地位，尊重社情民意，帮助提高脱贫人口的自我发展能力，努力为脱贫人口争取权益，使脱贫人口能够通过社区力量最大化自身利益，并且部分地控制旅游在地方的发展，进而改善脱贫人口的社会资本状况，减轻社会风险。

二是树立脱贫人口参与意识。加强对脱贫人口的教育，肯定脱贫人口在促进巩固脱贫攻坚成果和旅游可持续发展中的重要作用，强调脱贫人口在乡村旅游发展决策、乡村社区民主自治中的不可替代性，使社区居民从被动参与转向主动参与。社区的外界帮助和脱贫人口的主动争取

① 刘纬华.关于社区参与旅游发展的若干理论思考［J］. 旅游学刊，2000（1）：47-52.

相互促进，共同推动扩宽脱贫人口社会网络、提高脱贫人口领导决策能力、优化脱贫人口信息来源渠道，削弱脱贫人口社会资本不足造成的生计脆弱性，减轻社会风险。

6.3 本章小结

为了保障乡村旅游发挥巩固脱贫攻坚成果的效应，本章分别从脱贫人口与“三生空间”的互动视角、防范脱贫人口返贫风险的微观视角提出了乡村旅游巩固脱贫攻坚成果的主导路径和支撑路径，从而建构了民族地区乡村旅游巩固脱贫攻坚成果的路径体系。

（1）针对脱贫人口与“三生空间”的互动视角提出了乡村旅游巩固脱贫攻坚成果的主导路径。具体而言，在脱贫人口与生产空间的互动中，民族地区的乡村旅游通过产业融合、吸纳脱贫人口就业促进脱贫人口与生产空间的良性互动；在脱贫人口与生活空间的互动中，乡村旅游在文化层面树立脱贫人口的民族认同、促进民族文化的创造性转化；在社会层面整合社会网络、凝聚社会信任，促进脱贫人口与生活空间的良性互动；在脱贫人口与生活空间的互动中，乡村旅游通过推动宜居建设和资源有效利用，促进脱贫人口与生态空间的良性互动。

（2）针对不同类型返贫风险的脱贫人口，采取不同策略的乡村旅游巩固脱贫攻坚成果的支撑路径。对于人力风险型脱贫人口，提升其自身学习能力和竞争能力，通过主体赋能为可持续生计“造血”；对于物质风险型脱贫人口，提升公共和私人物质资本储备，为脱贫人口“输血”；对于自然风险型脱贫人口，灾害防治与资源优化双管齐下为脱贫人口“补血”；对于金融风险型脱贫人口，拓宽收入来源、提升获得感为脱贫人口“活血”；对于社会风险型脱贫人口，社区参与拉动和个人意愿推动，共同促进话语权回归，为脱贫人口“固血”。

7 民族地区乡村旅游巩固脱贫攻坚成果的政策支持研究

上一章分别从脱贫人口与“三生空间”的互动视角、防范脱贫人口返贫风险的微观视角提出了乡村旅游巩固脱贫攻坚成果的主导路径和支撑路径，从而建构了民族地区乡村旅游巩固脱贫攻坚成果的路径体系。巩固脱贫攻坚成果不仅需要加强脱贫人口自身生计的可持续性，还需要促进脱贫人口与脱贫地区经济、社会文化和环境的良性互动。

为最大限度地巩固脱贫攻坚成果，本章从参与主体培育、产业优化、社会治理、文化振兴、生态环境、收益分享六个方面提出政策建议，以畅通乡村旅游巩固脱贫攻坚成果的实现路径，促进民族地区可持续发展。

7.1 民族地区乡村旅游巩固脱贫攻坚成果政策设计的原则

民族地区乡村旅游巩固脱贫攻坚成果的政策设计，是促进乡村旅游产业提质增效，进一步巩固拓展脱贫攻坚成果有效衔接乡村振兴战略的基础，在政策设计中应遵循如下基本原则。

7.1.1 社会公正原则

社会公正是现代社会制度设计与安排的基本依据，对于提高社会效率、维护社会运行安全、保障社会健康发展具有重大意义[①]。因此，乡村旅游巩固脱贫攻坚成果应贯彻社会公正原则，强调实质公正和程序公正，以公共利益作为政策的价值导向，保证决策程序民主，优先保障民生问题，警惕精英群体之间的利益结盟，促进旅游收益分配正义，实现富裕群体利益增益与脱贫人口处境改善的同步化。

7.1.2 接续性原则

脱贫攻坚战略与乡村振兴战略的关系表现为连续性和继起性[②]，巩固脱贫攻坚成果作为脱贫攻坚向乡村振兴过渡的重要阶段，政策制定更应注重接续性原则，做好承上启下的衔接工作，通过完善机制、促进增收、加大支持、稳定政策来防止规模性返贫四项任务[③]，确保减贫政策的平稳转变。将接续性原则贯穿于乡村旅游巩固脱贫攻坚成果的整个政策设计过程，对乡村旅游产业作出前瞻性的安排，进一步稳固脱贫基础，防范返贫风险，提高脱贫人口可持续生计能力和促进摘帽地区在经济、社会、文化、环境方面的可持续发展。

7.1.3 可行性原则

政策可行性是政策被接受和贯彻的可能性，包含政策自身的可行性和政治上的可行性。在制定民族地区乡村旅游巩固脱贫攻坚成果的政策时，必须通盘考虑少数民族乡村地区的实际情况和资源禀赋，尤其是区域可利用的资源和政策实施的可操作性和便利性。如在社会治理相关政策设计时，需要考虑民族地区、乡村地区社会结构的特殊性，采取柔性治理；在文化相关政策设计时，考虑发挥区域民族特色文化优势，推动

① 吴忠民.社会公正六题——防止中国社会天平的倾斜［J］.东岳论丛，2004（2）：72-79.

② 朱启铭.脱贫攻坚与乡村振兴：连续性、继起性的县域实践［J］.江西财经大学学报，2019（3）：95-104.

③ 参见《中共中央国务院关于做好二〇二二年全面推进乡村振兴重点工作的意见》。

乡村旅游发展的同时促进传统文化复兴。

7.1.4 普惠性原则

政策制定的普惠性原则保证了所有公民都不受主观和客观原因限制而同等地享受到政策①。政策制定是否坚持普惠性原则关系到能否处理好社会公平正义和安定有序的问题。脱贫攻坚时期，主要有普适性与瞄准性两种类型的扶贫政策②。脱贫攻坚战后期，实行精准扶贫，更注重政策的瞄准性，针对贫困主体的实际生活状况来进行政策保障。随着脱贫攻坚战的圆满收官，绝对贫困得以消除，政策制定更应注重整体的发展，让乡村旅游巩固脱贫攻坚成果政策惠及民族地区所有村民，包含脱贫人口这一弱势群体与普通村民群体，以期实现乡村脱贫摘帽地区的长足发展。

7.2 民族地区乡村旅游巩固脱贫攻坚成果的政策设计

7.2.1 参与主体培育政策

乡村旅游巩固脱贫攻坚成果的主体包含政府、涉旅企业、脱贫社区和脱贫人口。巩固脱贫攻坚成果涉及脱贫人口的可持续生计和脱贫摘帽地区的可持续发展，任务繁重，需要各个主体各司其职，在自己的权责和能力范围内使得巩固脱贫攻坚成果的效应最大化。着力培育乡村旅游巩固脱贫攻坚成果的各参与主体，塑造政府有为、企业有成、社区有机、脱贫人口有力的良好减贫致富的治理生态格局。

1）政府：明确职权，发挥主导力量

政府部门是乡村旅游巩固脱贫攻坚成果的关键行动者和主导力量，政府管理部门与其他利益主体的利益诉求和协调是保持整个治理行动者网络稳定的重要前提③。培育强大的政府力量，服务于脱贫摘帽民族地

---

① 詹晓阳.基层政府面向信息弱势群体的公共服务研究［D］. 武汉：武汉大学，2010.

② 洪名勇，张焕柄.我国扶贫政策实施的时间连续性及空间差异性研究——基于党报报道数量的分析［J］. 西北师大学报（社会科学版），2017，54（6）：20-27.

③ 杨兴柱，吴瀚，殷程强，等.旅游地多元主体参与治理过程、机制与模式——以千岛湖为例［J］. 经济地理，2022，42（1）：199-210.

区的长远发展，致力于激发社区功能和脱贫人口的可持续发展能力，促进脱贫摘帽民族地区乡村旅游持续有效地巩固脱贫攻坚成果，要求政府在工作中扮演好如下六种角色。

第一，发展方向的引领者。脱贫摘帽的民族地区刚刚结束了脱贫攻坚、消除绝对贫困的“大考”，衔接好乡村振兴战略、稳步迈向共同富裕作为下一步的工作重心和发展方向需要政府作出指引。在乡村产业发展上，旅游产业应坚持原生态、原真性、高质量的发展理念，大力推进三产融合，强化农文旅互促发展，实现产业兴旺。在乡村生态建设上，以绿色发展观和“两山”理论作为指导，建设美丽宜居乡村。在乡村社会治理上，坚持民主和法治结合，建设平安和谐乡村。在乡村乡风建设上，坚持传统与现代的有机结合，继承优良传统、培育时代新风、推动移风易俗、树立文明乡风。在乡村生活改善上，处理好生产力和生产之间、先富和后富之间、非均衡发展和共享发展之间、做大“蛋糕”和分好“蛋糕”之间、效率与公平之间、物质富裕和精神富裕之间的关系，创造富裕生活。

第二，乡村旅游的倡导者。一是转变角色。在旅游扶贫时期的乡村旅游引入阶段，由于民族地区产业扶贫的基础较弱，常由政府出面牵头规划乡村旅游、设计旅游开发模式、引进旅游企业、开拓旅游市场，承担旅游扶贫的具体事务。在乡村旅游巩固脱贫成果时期，应从乡村旅游参与者转变为乡村旅游倡导者，运用政府的公信力，行使好政治、经济、文化职能，为乡村旅游发展护航。在宏观上把握乡村旅游与巩固脱贫攻坚成果的关系，在后疫情时代强调勇于担当，做好乡村旅游风险管理。二是编制好旅游业发展规划。指出脱贫摘帽地区乡村旅游业发展方向、发展目标，明确旅游资源开发序位、旅游土地的利用、基础设施的空间布局和发展、物资供应和交通建设、旅游市场、环境保护、管理机构设置及人员培训、投资来源和投资规模等，平衡好保护和开发的关系。

第三，旅游发展的监管者。一是旅游区规划审批。严格把控和审批脱贫摘帽民族乡村旅游开发规划，确保乡村旅游业发展规划不破坏乡村原始生态、不异化乡村文化传统、少占用乡村良田良地、少扰乱乡村居民日常生活。二是旅游市场准入把关。严格把关外来旅游企业准入规定，避免引进资质不达标、社会责任感缺乏、环境保护意识淡漠的旅游企业。在保障旅游服务合规、安全的前提下，适当放宽脱贫人口旅游创业经营的准入条件，鼓励脱贫人口参与乡村旅游。三是旅游市场行为监管。一方面，严格监管旅游企业的市场行为，监督其正确处理废水垃圾、提供安全卫生的饮食、合理进行旅游商品定价，禁止企业垄断经营、虚假宣传。另一方面，由于乡村社区居民从农户转变为旅游市场的经营主体，还存在市场精神不足、规范服务技能欠缺的问题，应加强乡村旅游民宿食品安全、卫生安全问题的监管和教育。此外，还应维护好良好的市场竞争环境，避免恶性竞争问题。

第四，公共服务的提供者。在基础公共服务方面，进一步完善水、电、气、交通和通信基础设施，改善乡村旅游发展的区位条件。在经济公共服务方面，为社区居民及旅游企业从事经济发展活动提供技术推广、咨询服务、信贷优惠等各种服务。在公共安全服务方面，着力保障乡村治安环境，设计防火救灾预案。在社会公共服务方面，推动乡村科学教育、医疗卫生、社会福利保障以及环境保护进程的顺利实施。

第五，社区参与的推动者。在乡村旅游脱贫摘帽社区和旅游企业的博弈中，政府着力构建良好的社区和企业互动关系，强调社区话语权，极力促进社区参与。完善参与制度，作出硬性的社区参与要求，提供面向社区的教育培训，引入优秀的精英人才，从而帮助壮大社区力量。

第六，脱贫人口的守卫者。脱贫人口是乡村旅游巩固脱贫攻坚成果过程中最薄弱的一环，具有发展基础差、发展能力弱的特征，因此在共同富裕的普惠性政策导向下政府也应关注脱贫人口的特殊性，在贫困人口实现脱贫后再扶一程，通过制定针对性政策保障脱贫人口发展权益，通过制度设计激励脱贫人口多样化生计策略，实现稳定脱贫。

2）涉旅企业：做大做强旅游产业链，丰富旅游产品供给

涉旅企业包含核心旅游企业和关联涉旅企业。核心旅游企业应该承担起更多促进产业发展和提供本地劳动力就业岗位的责任，通过旅游产业串联起其他乡村涉旅企业，完善旅游产业体系，为本地涉旅企业发展创造更多机会。关联涉旅企业不直接参与旅游开发和经营活动，主要是

核心旅游企业的上下游企业和旅游产业链关联企业。这类企业与核心旅游企业关系密切，既依赖于旅游产业，又在丰富旅游产品和强化旅游目的地形象方面起着重要作用。

第一，合理规划旅游区。鼓励和支持核心旅游企业充分发挥专业优势，在旅游区规划中发挥重要作用。监督其基于协调性、政策性、适应性、科学性原则，结合旅游区规划的区域性、综合性、动态性、客观性和层次性特征，进行乡村旅游区规划。充分考虑脱贫摘帽民族乡村的地脉文脉特征开发旅游资源、合理空间布局、设计旅游形象、兴建旅游设施，确定资源环境保护措施、旅游容量和旅游活动管理措施等。

第二，延长旅游产业链。打好原生态和民族性两张牌，延长旅游产业链。以农耕文化为魂、田园风光为韵、村落民宅为形、生态农业为基，建设生态农庄，发展农业休闲旅游。辅助旅游企业打造脱贫摘帽民族乡村独特的旅游形象，活化村寨传统文化，促进文化旅游产业发展。坚持“+旅游”“旅游+”理念，促进民族地区酿酒、中药材、红茶等传统优势特色产业与旅游产业融合连接，盘活乡村特色产业。

第三，开拓旅游市场。基于市场调研和脱贫摘帽民族乡村旅游发展定位，进一步开拓现有民族乡村旅游市场。一是扩大市场份额。促进核心旅游企业与关联涉旅企业联动，共塑共享民族特色乡村名片，从而扩大脱贫摘帽地区品牌影响力和竞争力，提升市场占有率。二是丰富旅游产品。支持鼓励旅游产品创新。促进旅游产品从传统特色产业中寻找新思路，结合特色产业开发游客深度体验的旅游产品。把握市场趋势，积极开发研学旅游、亲子旅游、康养旅游、营地旅游等新型旅游产品。三是打造品牌形象。打造具有独特性、包容性、开放性的乡村旅游品牌形象，凸显脱贫摘帽乡村的民族特色，包容旅游产业链上的涉旅企业分享旅游价值，根据时代需求不断丰富内涵和持续改进。四是创新营销手段。利用好民族特色传统文化，与涉旅企业合作举办好民族传统节庆活动，开展节庆营销。利用互联网、社交媒体的传播优势和数字精准营销的针对性优势，宣传和深化品牌形象，打造“网红”热点。

第四，提升社会责任感。涉旅企业以营利为目的进行经济生产活动，然而巩固脱贫攻坚成果对于涉旅企业而言具有公益性，并不是其自身发展的首要目标。如果任由旅游企业进行市场运作，可能会形成“旅游孤岛”等不利于脱贫摘帽社区分享旅游发展红利的现象。因此，良好的企业文化、企业声誉、吸引和保留劳动力的内部驱动和政府管制的外部力量相结合，共同促进涉旅企业主动承担社会责任，创造本地就业岗位，保护性地开发脱贫摘帽民族地区乡村的自然和人文旅游资源。在招商引资时可以对涉旅企业的社会责任作出相应规定，建立起与农户的利益联结，优先吸纳脱贫人口就业，促进乡村旅游巩固脱贫攻坚成果。

3）脱贫社区：深化旅游参与，促进社区增权

脱贫社区在乡村环境和文化的保护中起着重要作用，基于脱贫人口“抱团取暖”式的朴素价值观，社区也是天然的脱贫个人的发声通道和抗衡其他主体的重要力量。在乡村旅游巩固脱贫攻坚成果的过程中，应发挥好社区的管理、服务、保障、教育、安全稳定的功能，加强对脱贫摘帽民族乡村的自我约束，同时努力寻求乡村旅游开发经营中的社区经济、政治、社会、心理增权，才能更好地为脱贫人口发声，最大化村集体利益。

第一，参与式发展，实现经济增权。参与式乡村旅游强调社区和居民的全方位参与，从旅游产品的生产到销售、从开发到接待均由社区和居民主动参与，从经济上保障了乡村全体居民的旅游收益，从而保证村民能从旅游开发中直接获益，增加村民的直接收入，从根本上避免了旅游开发后因土地和资源被占而使村民返贫的现象①。推动形成社区深度参与的旅游开发和经营模式，完善社区参与乡村旅游的组织形式和制度保障，保护社区在旅游开发中获得合理的经济补偿和经济收益，进而实现脱贫社区经济增权。

第二，搭建话语平台，实现政治增权。尊重脱贫社区在乡村可持续发展和乡村旅游发展中的主体地位，还权于社区，扩充基层权力，极力推动乡村发展方向和乡村旅游重大决策中的话语权回归社区，搭建脱贫社区与旅游企业平等对话的交流合作平台，增强脱贫社区在乡村旅游开发方面的控制权、主导权，充分听取村民意见，由村民代表大会投票表

---

① 陈志永，李乐京，李天翼.朗德苗寨社区旅游：组织演进、制度建设及其增权意义[J]. 旅游学刊，2013，28（6）：75-86.
郑群明，钟林生.参与式乡村旅游开发模式探讨［J］. 旅游学刊，2004（4）：33-37.

决。设立乡村旅游合作社，鼓励脱贫社区遵循“村集体+合作社”的联合模式，合力发挥经济功能、社会功能、文化功能和教育功能，共同代表村民立场，壮大社区力量。

第三，提升社会资本，实现社会增权。整合脱贫摘帽社区社会关系网络，培育互助友爱的社会风气，遵循公平公正的利益分配原则，为社区内部提供均等的发展机会，减少内部矛盾，提升旅游参与的积极性；制定村规民约、壮大集体经济、举办集体活动等，规制社区内部成员行为，提升社区成员的集体意识和合作意识。逐渐在社区内部形成社会秩序，培育社会信任，建立社会连接，进而凝聚社区共识，重塑社会网络关系，建设成为和谐社区。

第四，培育主人翁意识，实现心理增权。在乡村旅游开发过程中，充分肯定脱贫社区推动乡村旅游发展、巩固脱贫攻坚成果中的重要作用，强调脱贫社区对民族文化的所有权、乡村旅游建设和发展的控制权、乡村旅游发展收益的分享权，以形成乡村旅游发展的主人意识。促进民族文化深入乡村旅游开发的方方面面，使社区在与游客的交往中进一步强化民族乡村发展的主人意识，提高其巩固脱贫攻坚成果的自信心和积极性，培育巩固脱贫攻坚成果的内生动力。

4）脱贫人口：稳定生计，持续增收

稳定脱贫人口生计、提升脱贫人口发展能力、促进脱贫人口脱贫致富是后脱贫时代乡村振兴的重点任务[①]。2022年3月，人力资源和社会保障部、国家发展改革委、财政部、农业农村部、国家乡村振兴局印发《关于做好2022年脱贫人口稳岗就业工作的通知》，进一步部署脱贫人口稳岗就业工作。

第一，建立返贫风险监测和响应机制。一方面，及时有效的返贫风险监测是阻断返贫的重要前提。组织开展防止返贫的动态集中监测和排查工作，精准确定监测对象，及时发现并预警返贫风险，认真组织核实研判，对返贫风险进行分类定级，以便及时响应。值得注意的是，在后脱贫时代，贫困问题已从绝对贫困转移为相对贫困，监测返贫风险不应

① 梁伟军，焦丽丽.能力贫困视阈下农村脱贫人口发展能力提升研究［J］.华中农业大学学报（社会科学版），2022（6）：1-13.

只局限于金融风险，还应重点关注人力风险，综合考虑社会、物质、自然风险。另一方面，返贫风险的及时响应对于及时阻断返贫至关重要。运用大数据、互联网等技术，建立脱贫人口的电子档案库，通过自主申报与定期摸排相结合的方式，缩短返贫风险认定时间，及时反映脱贫人口的生计现状。简化帮扶政策的审批程序，形成针对不同类型返贫风险的帮扶措施响应预案，早发现、早干预，及时解决导致脱贫人口返贫风险的苗头性问题。

第二，建立帮扶政策衔接机制。2022年中央一号文件要求，保持主要帮扶政策总体稳定，细化落实过渡期各项帮扶政策，开展政策效果评估。因此，做好帮扶政策从精准扶贫到巩固脱贫攻坚成果的衔接工作，促进突击性、特惠性、超常规政策向长效性、普惠性、常态化政策的转型，对于守住不发生规模性返贫底线尤为重要。一是政策评估和优化。总结借鉴脱贫攻坚时期的政策成功经验，在系统绩效评估的基础上，考虑既有政策在效率角度的及时性、效益角度的节约性、效果角度的公平性①，分类做好帮扶政策的延续、调整、优化，保证政策的连续性和有效性。二是促进脱贫人口就业增收。发放乡村振兴补助资金，促进以乡村旅游为核心的乡村特色产业实现高质量发展，提升脱贫摘帽民族地区乡村企业效益，创造更多的就近就业岗位，奖励企业优先吸纳脱贫人口就业；根据脱贫人口的劳动能力，丰富脱贫人口的就业创业渠道，稳定就业；向弱劳力的脱贫人口提供公益性岗位，改善脱贫人口就业现状。三是健全兜底保障政策。巩固脱贫攻坚成果既需要对脱贫人口“再送一程”，又需要逐渐“放开手”，兜底保障政策在脱贫人口从贫困到致富的转变期可以更好地发挥安全阀的作用。因此，兜底保障政策不可或缺。加快构建常态化救助帮扶机制和兜底保障体系，完善特惠性兜底保障政策、切实提升农村最低生活保障水平、拓展弱势群体的兜底保障范围和力度，有效织密、织牢民生保障网。

第三，建立内生发展动力和能力提升机制。一是提升脱贫人口的内生发展动力。进一步完善旅游产业与脱贫人口的利益联结机制，丰富脱

① 左停，原贺贺，李世雄.巩固拓展脱贫攻坚成果同乡村振兴有效衔接的政策维度与框架［J］.贵州社会科学，2021（10）：152-159.

贫人口的增收渠道，盘活农村经营性资产和资源性资产，增加脱贫人口家庭工资收入、经营性收入、股息收入和租金收入，落实鼓励脱贫人口旅游参与专项防止返贫资金，让脱贫人口在乡村旅游有更多获得感，夯实经济和物质基础。深化脱贫人口的旅游参与程度，提升脱贫人口在集体和旅游开发的重大事务的决策权，便于及时了解脱贫人口的动态需求，促进脱贫人口更主动地执行集体决定和参与乡村旅游。发挥基层党组织的模范带头作用，干部积极主动参与，打消脱贫人口旅游参与的疑虑。二是培养脱贫人口内生发展能力。完善脱贫人口旅游产业链就业的扶持和培训体系，提高农民素质和技能，聚焦产业和就业需求，加大教育培训力度，提升就业匹配度。聚焦脱贫人口家庭可持续发展能力提升，启动教育帮扶的专项计划，提升脱贫人口后代的科学文化素质，反哺带动脱贫家庭致富。

7.2.2 产业优化政策

当前农村产业发展面临着金融服务滞后、农村基础设施薄弱、人才短缺、发展水平低的主要问题[①]。制定相应的产业优化政策，发挥好乡村旅游产业优势，促进乡村旅游高质量发展，为巩固脱贫攻坚成果打下坚实基础。

1）加大金融支持

资金是乡村旅游顺利发挥产业带动作用、成功巩固脱贫攻坚成果的重要保障，加强金融支持对于乡村旅游产业发展和区域巩固脱贫攻坚成果意义重大。

第一，完善金融服务和产品，丰富乡村旅游资金渠道。进一步完善金融服务，推进惠农金融取得突破。在金融服务上，加强与银行和经济合作组织的合作，鼓励信贷模式创新，完善金融咨询服务，扩大对农户金融服务的内容，满足其参与旅游经营、开办小工坊、土地承包经营的金融需求。在金融产品上，鼓励村镇银行、农村信用社、商业银行基于脱贫摘帽乡村经济发展特征和村民金融需求的特点，探索涉旅、涉农、

① 谢天成，施祖麟.农村新业态发展现状、问题与对策研究［J］.当代经济管理，2020，42（1）：41-46.

涉文的金融产品，如“旅游创业贷款”“特色农业贷款”“文化产业贷款”等，针对不同需求群体，推出“脱贫人口创业贷款”“妇女创业贷款”等金融服务产品。

第二，防范金融风险，探索乡村旅游的保险产品。后脱贫时代，人口流动受限，旅游消费减少，乡村旅游面临冲击。建立多层次的保险体系和农户风险分担机制对于稳定涉旅企业和农户收入、减轻金融风险格外重要。大力推动保险公司、各大银行、农村信用社等主体之间的相互合作，创新保险产品，为涉旅的企业和农户提供保险产品，提高乡村旅游产业发展信心，帮助旅游产业渡过疫情难关。

第三，动员多方力量，扩大乡村旅游资金规模。建立BOT、BOO等政府与社会资本的合作共赢模式，引导企业资本、社会资本、个人资本投入少数民族脱贫摘帽地区的乡村旅游开发。在企业资本引导上，一是制定政策积极推进多企业之间的合作投资，强强联合，把乡村旅游做大做强，共担乡村旅游项目开发资金、分担乡村旅游产业经营风险。二是完善政企合作的融资机制，联合建立巩固脱贫攻坚成果的专项资金，引导企业资金支持巩固脱贫攻坚成果。在社会资本引导上，积极推进社会资本通过公益等方式进入乡村旅游巩固脱贫攻坚成果，推动公益资金着力于改善道路、水利、管网等公共基础设施，为脱贫人口提供公益培训等。在个人资本引导上，制定相关政策吸引城市居民利用空闲房屋置办个人度假房等，吸引市民、乡村精英等将资金投入乡村旅游的开发和经营。

2）完善旅游配套设施

旅游配套设施是乡村旅游可持续发展的依托与基础，旅游配套设施的现状也是反映乡村旅游发展深度与广度的重要标志，但在乡村旅游基础设施建设中存在着设施建设滞后与不合理的问题[①]。笔者从旅游基础设施和旅游上层设施两方面提出政策建议。

第一，旅游基础设施建设。旅游基础设施是指为适应旅游者在旅行游览中的需要而建设的各项物质设施的总称，主要供当地居民使用，是

① 赖启福，刘森茂，黄源财.福州乡村旅游配套设施研究［J］. 林业经济问题，2009，29（6）：534-538.

旅游者也依赖的旅游设施，是旅游业发展不可缺少的物质基础。完善旅游基础设施建设，既是巩固脱贫攻坚成果、改善民生的重要举措，也是乡村旅游发展的重要保障。一是改善脱贫村供水、供电、供气系统。完善供水管网的日常维护和管理制度，提供稳定安全的乡村用水。完善污水处理设施建设，集中处理农场体验区、游客接待区的污水，减少污染。二是合理规划建设道路交通。基于原有道路规划和建设旅游廊道，减少对乡村土地利用格局的破坏。三是完善安全保障设施。拨款支持村庄医务室建设，由于脱贫民族乡村远离城镇，就医不便，改善医务室条件对村民和游客的意外情况进行应急处理，有助于促进脱贫摘帽的民族乡村从乡村旅游体验地向乡村旅游度假地发展。加强乡村防火防灾设施建设。同时，考虑到民族乡村建筑常用木结构，火灾隐患较大，拨款支持在村庄内设置消防栓、修建防火蓄水池，用以预防火情。

第二，旅游上层设施建设。旅游上层设施也称旅游服务设施，指主要供外来旅游者使用的服务设施。严格把好旅游上层设施建设审批关。在原则上，首先，考虑到脱贫社区居民对旅游上层设施的使用率低，在兴建此类设施时应遵循保护性原则。其次，考虑到资源和成本节约，遵循市场导向原则。最后，考虑到脱贫摘帽地区民族乡村的民族性、乡土性，应遵循原真性原则。在设施选址上，坚守生态红线、耕地红线，兼顾游客便利性和乡村旅游地规划的整体性，经审批方可动工。鼓励和引导基于村庄内的闲置房屋或场馆进行改建，减少占用乡村土地。在设施规模上，基于科学预测的游客量进行规模审批，切忌一味地求大求全。在建筑风格上，向乡村本土的传统建筑风貌靠拢，就地取材，维持乡村原始风貌、保持乡村风格统一、降低成本造价。在设施内容上，制定政策鼓励标准化、现代化、智慧化的旅游设施建设，改善旅游厕所、游客服务中心、生态停车场、旅游接待和服务系统，为游客提供便利。

3）加快人才培育

人才是社会经济发展的主体要素，是乡村旅游产业带动巩固脱贫攻坚成果的关键，也是促进乡村振兴发展的关键[①]。通过不断完善脱贫摘

① 李新仓，尹焕晴.乡村振兴背景下农科教融合的农村人才培养制度研究［J］.农业经济，2020（2）：118-119.

帽民族乡村人才政策体系，进一步加强人才队伍建设，助力乡村旅游产业高质量发展。

第一，多元主体合作，推动外部人才引进。旅游业是脱贫摘帽民族乡村的外来产业，乡村内部旅游专业人才基础薄弱，因此，应该制定乡村旅游人才引进政策。一是做好人才引进规划，将人才规划与脱贫摘帽民族地区乡村产业发展规划相结合，满足乡村旅游产业、特色农业、特色制造业的发展需求。促进人才回流与灵活引进相结合，吸引精英人才回村长期发展，依据旅游项目需求、农业发展需求、乡村治理需求有针对性地短期引进专业型人才。二是制定政策促成村校交流合作。一方面，在脱贫摘帽民族地区乡村建设旅游、农业、管理、电商、营销、文化创意等相关专业的实习基地、就业基地，提供创业就业的资金、福利政策保障，吸引人才入驻。另一方面，加大对大学生村官的政策支持，改善乡村治理。三是制定政策促进城乡合作，鼓励和吸引乡村流失的优质人力资源回归，形成稳定的人才流动机制。四是政府积极与村集体、旅游企业合作，聘请专家学者，为乡村旅游发展提供咨询和培训服务。

第二，制定激励机制，促进旅游人才留存。人才支撑需要更多的激励导向，创造良好的乡村人才成长和创业环境，才能加强专业人才的留存，促进乡村产业发展。一是改善引进人才的薪资水平，提供有吸引力的创新创业资金支持、绩效考核评价体系、晋升渠道、税收减免政策，吸引人才在乡村长期发展。二是加强住房、医疗、子女教育等政策保障，打消外来人才进村发展的后顾之忧。三是定期开展集体活动，强调团队合作，避免所引进的人才之间产生矛盾，提高团队凝聚力。四是加强乡愁教育，提升返乡人才的责任感，反哺脱贫民族乡村。

第三，积蓄精英力量，助力本土人才成长。发挥乡村社会的精英储存功能，培育新型农民。一是实施资助脱贫人口子女就学、回村定向就业的政策，培养本土人才。二是加强与高校和培训机构的合作，建设本土人才培养和培训教育基地，改善硬件设施、教学质量，提高本地村民旅游服务技能水平、农业种植技术水平、经营管理水平，培养一批懂技术、会经营、善管理的新型农民。尤其是要根据脱贫人口的兴趣和能力水平，对脱贫人口制订更细致的培训教育方案，帮助脱贫人口提升人力资本。三是树立创新创业榜样，设置专项资金奖励优秀的乡村旅游创客，在社区内部进行充分宣传，鼓励本土人才成长、吸引更多村民参与乡村旅游。

4）推进产业融合

脱贫摘帽民族地区的乡村产业融合发展是促进农业产业现代化、旅游产业高质量发展和乡村产业兴旺的必然选择。处理好各部门的关系，运用科学技术手段，打破不同产业之间的壁垒，实现资源优化配置和合理布局，促成稳定的产业合作关系。

第一，打破部门分割，提升组织管理服务。一是完善融合机制。建立农业、林业、文化和旅游产业等相关部门联合共促产业融合的制度，引导农业、文化产业、旅游产业、地方特色产业生产要素有机结合，利用农业景观、农村空间和文化资源再开发，吸引游客游览消费，建立旅游企业与农户的合作机制，支持企业带领农户发展基于农业生产的田园农业游、园林观光游、农业科技游、务农体验游，基于民族风土人情的农耕文化游、民俗文化游、乡土文化游。二是提升服务管理水平。首先，运用大数据、云计算等数字技术预测民族乡村产业融合趋势，结合村落自身经济社会发展水平，整合优势特色产业，组织实施好支持民族乡村产业融合发展项目，指导和推动产业融合。其次，推进促进产业融合发展的服务平台建设，为产业融合提供便捷的公共服务。再次，加快出台新业态行业标准和管理规范，并不断结合产业动态作出修订，探索更优的管理制度。最后，改善硬件设施，为产业融合发展完善相关配套设施。

第二，推动技术引进，提升产业融合水平。农村科技创新是农村产业融合发展的核心驱动力，它通过打破三大产业之间的壁垒、消除产业边界进而实现农村产业融合[①]。一是加大对科技运用的各项扶持和激励力度。出台优惠政策鼓励引入智慧旅游系统，运用技术手段活化民族传统文化，改善游客体验，提升文旅融合水平；建设农业科技园，提升农业观光性，建立和加强农业和旅游产业的连接；运用互联网平台，做好

① 焦青霞，刘岳泽.数字普惠金融、农业科技创新与农村产业融合发展［J］.统计与决策，2022，38（18）：77-81.

网络营销和电商销售，宣传脱贫乡村的新发展、新业态，形成品牌，拓宽农产品、特色食品、乡村旅游市场。二是扩大政府购买。提高技术引进经费预算，加强农业、特色产业培训，授农以技，解决生产过程和电商经营中遇到的技术问题，提高生产效率，助力村民实现多样化的生计策略。

7.2.3 社会治理政策

出台脱贫民族地区乡村社会治理相关政策，提高社会治理水平，对于提升脱贫人口社会资本、促进区域社会可持续发展意义重大。

1）塑造公共精神

公共精神主要是一种社会中人们共同的心理状态，它是以公共性为基础，通过公众积极参与公共事务和培育公共组织与公共空间来追求公共利益，是构建乡村社会共建共治共享治理格局的重要纽带[①]。塑造公共精神，有助于处理好脱贫地区乡村私利与公益、集体与个人的关系，提升社会治理水平。

第一，引导公共精神发展方向。政府应该把握好现代公共精神的培育方向，打破和取缔违背社会主义发展方向、不符合伦理道德、违反公序良俗的村民观念和习俗，促进民族地区乡村形成以平等、参与、合作精神为特征的公共精神。

第二，推进乡村民主政治建设。公共精神的塑造离不开村民的民主政治参与，在民主政治参与中强调村集体利益、培养村民的集体责任感。首先，应处理好政府与村委会之间的关系，加强对村委会等组织的工作指导、制度保障和监督管理，减少对村集体自治过程的干预，尊重村民的意愿表达。其次，培育一批政治素养高的村干部队伍，不断提升干部的工作能力，发挥干部的带头作用，保障脱贫民族地区乡村民主政治建设的有力推进。最后，加强民主政治参与的有关宣传，提升村民尤其是脱贫人口的参与意识，鼓励其参与到乡村旅游巩固脱贫攻坚成果、衔接乡村振兴的重大历史任务中。

---

① 祝丽生.培育公共精神：化解乡村社会治理困境的内生路径［J］.河南社会科学，2022，30（6）：92-100.

第三，拓展公共活动空间。一是搭建乡村公共活动平台。合理规划脱贫民族乡村公共空间布局，明确公共设施的使用场景，妥善处理好村民公共活动空间与游客旅游活动空间的关系，建设好村民活动中心、便民服务中心等村民公共活动场所，激发村民参与公共活动的热情，使其在公共活动参与中提升集体意识和公共认同。二是拓展公共活动的网络空间。借助抖音、微信群等具有较强社交属性的互联网平台，拓宽村民个体之间的交流渠道，形成平等交流的氛围，减少村民了解和接受新事物的戒备心理，改善村民内部的相互关系、减轻信息不对称问题。

2）创新社会治理模式

建立现代化的乡村治理体系是实现乡村振兴的前提，在民族地区也是社会稳定和谐的需要[①]。具体而言，应该从如下三方面着力。

第一，强化乡贤能人引领，实行柔性治理。乡贤是乡村中的贤达之人，德行出众、能力过人，在乡村有较大影响力[②]。乡村能人常常是脱贫民族乡村的产业振兴带头人、巩固脱贫攻坚成果带头人，用自己的致富实践给其他村民作出表率。一是加强对乡贤能人的引导。高度重视乡贤能人的培育工作，基于新的时代背景，创造乡贤能人的成长土壤，培养具备传统文化美德和时代精神、掌握先进技术的新乡贤能人，发挥其正向引领作用。避免乡贤能人挤压其他社区成员的旅游经营空间，成为经济利益垄断者和政治操控者。二是发挥乡贤能人的凝聚作用。制定政策支持乡贤能人发挥自身的号召力，凝聚乡村社会共识，促进村民的公共活动参与[③]。三是发挥乡贤能人的先锋带头作用。制定政策支持乡贤能人回村创业，鼓励乡贤能人与普通村民合作经营，先富带动后富，走向共同富裕。四是发挥乡贤能人的道义整合作用[④]。树立乡贤能人道德模范，宣传乡贤能人的优秀品质，对村民起到示范作用，涵养乡村社会风气，促进实现道义与利益的统一。五是发挥乡贤能人的社会治理作用。制定政策充分吸纳乡贤能人参与，为脱贫民族地区乡村发展献言献

① 李媛."社会"视角下新疆南部少数民族乡村治理的困境与路径［J］. 民族论坛，2021（1）：71-78.
② 徐学庆.乡村振兴背景下新乡贤培育的路径选择［J］. 学习论坛，2022（6）：85-90.
③ 褚玉杰，赵振斌，张丽.民族社区妇女旅游精英角色：基于性别特质的演绎［J］. 旅游学刊，2016，31（1）：37-48.
④ 胡鹏辉，高继波.新乡贤：内涵、作用与偏误规避［J］. 南京农业大学学报（社会科学版），2017，17（1）：20-29；144-145.

策、调解内部矛盾纠纷、协助信访维稳工作、助力疫情防控。

第二，完善旅游开发与发展模式，促进社区增权。在乡村旅游开发中有多种模式可以选择，但注重社区和居民参与的开发模式是最佳选择[①]。尤其是在乡村旅游这一政府主导、社会参与、村民主体的产业化巩固脱贫攻坚成果的过程中，形成注重社区和居民参与的发展模式尤为重要[②]。应出台相关政策，推行“公司+农户”“协会+农户”“景区+农户”“合作社+农户”的农户参与机制，明确村民在乡村旅游巩固脱贫攻坚成果中的主体地位，不断探索包容村民参与尤其是脱贫人口参与的有效机制，促进脱贫社区和村民话语权回归。

第三，完善乡村社会规范，规制失范行为。村规民约内含着村庄治理的基本内容，一是指导村规民约的制定。积极制定政策保障和动员村民广泛参与村规民约制定，确保村规民约制定程序合法、内容合理合法。尤其是在乡村旅游开发的背景下，考虑解决旅游发展带来的相关问题，如强化对村民内部恶性竞争的约束，化解内部矛盾；规范村民对待外来游客的态度行为，减少村民的排外行为；规范村民的环保行为，减少旅游带来的环境污染。二是监督村规民约的实施。监督村委会在执行村规民约的过程中避免依凭经验、诉诸世故、揆诸人情、别之内外、度之个案的特性，而主要依据明确规定的、普遍适用的正式制裁措施[③]，加大村规民约的落实力度。

3）落实社会保障

建立起系统的普惠性、基础性、兜底性社会民生保障制度[④]，重视就业民生问题，具有稳定乡村社会秩序、改善村民基本生活、救助弱者的作用，对于促进巩固脱贫攻坚成果意义重大。

第一，加强健康保障。2015-2019年的精准脱贫实践表明疾病是贫困户的四大致贫之一[⑤]。健康保障作为民生基本保障是摆脱绝对贫困的

---

① 郑群明，钟林生.参与式乡村旅游开发模式探讨［J］.旅游学刊，2004（4）：33-37.

② 毛峰.乡村旅游扶贫模式创新与策略深化［J］.中国农业资源与区划，2016，37（10）：212-217.

③ 王小章，吴达宇.以村规民约“接引”现代公民道德——基于浙江省Q市的考察［J］.浙江社会科学，2022（11）：66-72；157.

④ 关信平.优化民生保障结构及相关社会政策议题——兼论普惠性、基础性、兜底性民生建设的意义与要求［J］.社会发展研究，2022，9（3）：2-15；242.

⑤ 章文光，宫钰，吴义熔.基于致贫原因的帮扶措施精准性评估分析［J］.公共管理与政策评论，2021，10（4）：26-35.

重要措施，更是阻断人力风险的关键。制定资金支持政策推进改善就医环境、引进医疗设备，建设村医务室、卫生院，为驻村医生提供定期培训教育，定期派遣医生下乡坐诊，改善乡村医疗条件，提高健康保障和服务水平。

第二，提升教育水平。教育对于斩断贫困的代际传递意义重大，而脱贫摘帽的民族地区乡村往往远离优质教学资源、交通不便，不利于教育的发展。改善教育水平，一是改善本地学校教学条件。就近办学，解决脱贫民族地区乡村学前教育、小学教育问题。二是加强民族文化教育。开展浸润式民族文化教育，在脱贫民族乡村开设民族特色课堂，教授地方发展历史、传统歌舞、传统技艺、传统建筑等相关知识，鼓励非物质文化遗产进校园，积极开展非物质文化遗产教学实践、展示展演和体验活动，强化身份认同、传承传统文化。

第三，补齐基础设施短板。实施农村道路畅通工程、乡村清洁能源建设工程、数字乡村建设发展工程、村级综合服务设施提升工程、农房质量安全提升工程、农村人居环境整治提升五年行动、农村基本公共服务提升行动八大工程和行动，加强农村重点领域基础设施建设，加快补齐农村道路、供水、能源、物流、信息化、综合服务、住房、人居环境等重点领域基础设施短板①。

7.2.4 文化振兴政策

在脱贫摘帽的民族乡村，文化兴盛不仅是乡村得以可持续发展的重要标志，也是发展民族地区乡村旅游的重要旅游资源、巩固脱贫攻坚成果的区域发展目标之一。

1）树立和提升文化自信

提升脱贫摘帽民族地区乡村的文化自信，需要经历从文化自知到文化自觉，最后到文化自信这一过程。

第一，加强文化自知。加大对脱贫摘帽民族地区乡村优秀传统文化的保护力度，注重保护承载不同历史时期文化价值、重要历史事件、凝

① 参见中共中央办公厅、国务院办公厅印发的《乡村建设行动实施方案》。

聚乡村情感记忆的各类历史文化遗产。开展历史文化资源调查和保护对象申报工作，制定文物保护类专项规划、传统村落保护专项规划，明确保护范围和管控要求，保护好村落传统格局、历史风貌和人文环境，禁止村民随意破坏，增进村民对自身文化的重视和了解，使其认识到乡村传统文化的价值，提升村民对传统文化的认同，唤起村民的文化记忆和民族感情。

第二，提升文化自觉。文化自觉是对文化地位作用的深刻认识、对文化发展规律的正确把握、对发展文化历史责任的主动担当。制定文化遗产传承相关政策，强调村民的主体性，加强代表性传承人的认定和管理，促进传统文化传承。政府主导，邀请专家学者实地考察、动员村民广泛参与，不断挖掘本族乡土文化的内涵和价值、系统地整理乡村文化资源，促进民族乡土文化宣传、普及和应用，在村民中形成自发地保护和传承本族传统文化的氛围。制定政策帮助脱贫民族地区乡村进行文化宣传和展示，办好民俗文化节庆活动，为村民保护和发展本民族文化创造良好的条件。

第三，形成文化自信。文化自信是一个民族、一个国家以及一个政党对自身文化价值的充分肯定和积极践行，并对其文化的生命力持有的坚定信心。一方面，促进文化交流。大力支持乡村文化旅游的发展，推动脱贫民族地区乡村与外界的文化交流，促使村民在与外界接触中不断形成开放包容的态度。制定政策鼓励民族传统文化结合时代特征的创新，进行再创作，将新时代优秀事迹、美德作为民俗文化演出、传统手工制作的新素材。另一方面，防止文化异化。制定政策杜绝脱贫民族地区乡村传统文化过度商业化、娱乐化，在深化游客参与、为游客提供沉浸式文化体验的乡村旅游发展趋势下，让游客成为“真实文化的边缘参与者”①。让游客体验到真实文化而非表演的文化，吸引游客作为旁观者进行文化观察而非核心参与者干预文化发展。

2）加快乡村文化现代性转变

巩固脱贫攻坚成果，促进乡村文化振兴，需要体现民族传统文化的

① 何元凯，龙耀.我国农村集体林区森林旅游发展路径选择［J］. 社会科学家，2021（10）：63-68.

时代性、挖掘能与时代同频共振的优秀传统道德文化，进行大力弘扬，教化育人[①]。

第一，大力推进乡风文明建设。一是完善移风易俗立法。依法取缔厚葬薄养、大操大办、打牌赌博、封建迷信、非法捕猎等习俗，破除陈规陋习，加强村民对移风易俗的重视程度。二是加强乡风文明宣传。坚持正确的价值引领，发动基层干部结合相关案例进行宣讲，对于遵循陋习的恶劣案件及时进行相关新闻报道，发动舆论筑牢移风易俗观念。开展戏剧、音乐、舞蹈、曲艺等主题活动，营造婚事新办、丧事简办、节俭养德、文明理事的良好社会风尚。三是推进乡风文明评议。首先，落实工作责任，组织村干部进行有关培训，制定村民乡风文明评议标准。其次，成立乡风文明评议小组，按照评议-审议-公示的程序，增加评议公正性。最后，树立文明榜样，开展“文明家庭”“文明个人”“文明旅游经营户”评选活动，树立先进典型，形成乡村文明共创的良好氛围。

第二，推动传统文化创造性转化和创新性发展。文化的创造性转化可以将至今依旧具有借鉴意义的优秀传统文化全面转化成适应新时代的话语和内容，赋予其崭新的表现形式，实现“传统”与“现代”的深度交融[②]。将传统文化创造性转化与脱贫摘帽民族地区乡村旅游发展相结合，为文化振兴创造机遇。一是打造地方文化品牌。政府出资邀请专业团队挖掘村民广泛认同的脱贫民族乡村文化符号，合理设计乡村形象，体现乡村脉络和乡村魅力，创造乡村的地方文化品牌，串联起脱贫摘帽民族地区乡村全域农业、制造业、旅游产业，提升文化品位，为区域发展助力。二是多元化发展。挖掘乡村独特文化优势，转化为特色的文化旅游资源，将文化资源势能转化为文化旅游发展动能，数字化、互联网等技术赋能，推进乡村文化旅游产业高质量发展。三是发挥村民力量。促进传统文化创造性转化和创新性发展，村民内源动力的激发必不可少。开展深入基层的文化教育、宣传和交流活动，举办山歌创新比赛、

① 文华，刘英，陈凯达. 乡村文化旅游产业赋能乡村振兴路径研究 [J]. 草业科学，2022，39 (9)：1968-1978.

② 郭丽瑾，肖周录. 习近平中华优秀传统文化创造性转化和创新性发展的逻辑理路 [J]. 学术探索，2022 (10)：53-59.

苗绣交流会等活动，鼓励村民在生产生活中不断进行自我选择，结合时代精神赋予传统文化新内涵。制定政策鼓励村民主导的文化创新创意，依法对村民知识产权进行保护，促进村民文创增收。

3）大力促进文化惠益

加强乡村文化建设，大力发展乡村文化事业和文化产业，促进村民文化惠益，提升村民在乡村旅游参与中的获得感，加大民族文化、乡土文化对于地方经济发展和巩固脱贫攻坚成果的贡献力度。

第一，加强组织领导。一是明确各级党委和政府加强文化建设的职责，加强对乡村文化建设的重视，建立文化建设监督管理机制，引领文化建设的方向。二是提升文化建设队伍的工作能力，加强领导队伍的考核和督查。三是确保专项资金落实，严格审查文化建设的资金去向，保证资金真正投入到乡村文化发展上。

第二，深化文化体制机制改革。一是处理好政府与文化事业单位的关系，持续释放文化市场活力。严格实行政企分开、政事分开、管办分离，在乡村文化建设时引入竞争机制，面向市场选择最优方案。二是明确文化企业的市场主体地位。发挥好文化旅游企业带动文化发展的作用，打击破坏文化的市场运作行为，鼓励文化旅游产业创新发展。运用市场机制推动创新发展，推陈出新，运用新媒体创新传统文化呈现形式，发展文化创意产业。

第三，完善文化设施。一是加大资金投入。在脱贫民族乡村配套建设图书馆、文化室、影剧院、非遗传习所、文化活动中心等文化活动场所，并添置投影仪、音响、电脑等相关设施设备。二是加强文化场馆的管理和维护。充分吸纳脱贫人口参与文化场馆的维护工作，提高工作待遇。加强培训，向村民科普相关设施的使用方式，提升文化场馆设施设备的使用率。

7.2.5 生态环境政策

“十四五”规划提出，要提升生态系统质量和稳定性，持续改善环境质量。保护生态环境，践行“两山”理念，处理好保护和开发之间的关系，发展乡村生态旅游，涵养生态资源。

1）保障旅游生态安全

构筑乡村旅游生态安全防线，确保旅游生态系统健康运行，旅游活动文明开展，推动脱贫民族地区乡村旅游可持续发展、旅游主体幸福指数提升[①]。

第一，确保旅游生态系统健康。一是压实生态保护责任。各级政府严守生态安全红线，出台相关规定，强化刚性约束，规范和约束旅游企业、旅游个体经营户等市场主体的行为，落实生态保护责任，依法对破坏生态环境的行为主体进行警示、勒令整改等行政处罚。二是加大旅游生态安全资金保障。设置旅游生态安全专项资金，保护乡村植被、河湖等生态景观，完善生态旅游设施。三是加强旅游生态安全日常管理。制定常态化旅游生态安全管理方案，派专人进行日常巡查，及时发现并处理生态安全隐患。四是加强生态环境保护宣传。提升村民生态文明观念，鼓励其积极参与社区生态文明共建。

第二，完善旅游用地政策。一是加强旅游用地规划指导。制定和完善旅游用地标准，将乡村旅游项目建设用地纳入国土空间规划统筹安排，生态安全优先，禁止违规建设、破坏环境，减少土地资源的浪费。二是旅游用地保障。一方面，规划利用好集体建设用地，优化建设用地结构和布局，提高土地集约利用水平，给旅游建设用地预留空间，建造乡村旅游接待和活动场所。另一方面，鼓励脱贫乡村按照相关规定盘活闲置农房和宅基地。开展宅基地“三权分置”改革，支持以出租、入股、合作等方式盘活利用闲置农房和宅基地，发展民宿、康养、休闲农业和乡村旅游。三是严格用途管制。制定旅游用地评价标准，禁止随意更改土地用途、随意扩大用地范围。持续监控旅游用地后续对生态环境的影响，及时叫停不当旅游开发。

第三，加强自然灾害防治。一是提高思想认识。提高对安全防范工作的紧迫性、艰巨性的认识，提高责任意识，落实安全生产、安全旅游的应急措施。二是加强生态治理和绿色防护。按照地质灾害综合防治项目管理办法，通过加固水库堤岸等工程措施强化治理工程全方位、全地

① 杨秀平，贾云婷，刘利利.国内外旅游生态安全研究动态与前瞻综述［J］.生态科学，2022，41（4）：223-230.

域、全过程生态保护，确保治理工程的生态环境保护效果。二是加强灾情预警通报。人防与技防相结合，一方面，对灾情上报行为作出奖励，发挥村民参与灾情预防的积极性；另一方面，建立地震、地质、气象、水旱、森林火灾等灾害数据库，进行自然灾害风险等级和范围评估，并及时预警、预防、预报，提高防灾能力。三是完善抗灾自救机制。制定政策提升应急救援指挥调度能力和现场处理能力，推进基层防灾救援应急能力建设、应急物资保障体系建设。

2）加强人居环境整治

加强脱贫民族乡村人居环境整治，以人民为中心，积极回应民族地区乡村生态振兴的内在诉求和美好期待。

第一，坚持规划引领。建设宜居乡村，强化乡村规划引领。一是以人为本。考察和尊重村民的现实需求，在人居环境治理规划时充分体现便民利民的理念。二是坚持保护性原则。在乡村发展规划、旅游发展规划中考虑人居环境整治问题，注重对乡村风貌的保护，保持乡村原真性、原生态的民族乡村传统格局，杜绝大拆大建。三是加强党建引领。调整脱贫乡村领导队伍的结构，增加生态保护、环境治理的专业人才数量，提高脱贫乡村人居环境整治的决策力、执行力。

第二，落实资金保障。一是加大资金投入。制定财政支持政策，对脱贫人口和弱势群体提供直接的改造资金支持。完善金融支持政策，为人居环境改善项目建设提供贷款。鼓励企业参与人居环境建设投资，予以一定的税收优惠。充分调动社会组织的力量，为人居环境整治扩大资金支持。二是管理资金流向。将资金重点投入人居环境整治的短板环节，改进乡村生活生产垃圾和污水处理措施，引入技术手段加强垃圾的处理和运用，在村民中推广生物质能源和清洁能源。

第三，充分调动村民参与人居环境整治行动。在农村人居环境整治提升过程中，村户既是主力军，也是直接受益者。改变人居环境整治和提升工作中，村民“弱参与”的现状。一是提升村民对人居环境整治的认识。加大宣传力度，通过环境整治活动、微信抖音等社交媒体宣传人居环境整治对村民的益处、村民参与人居环境整治的重要性。二是转变村民对于人居环境整治的态度。发挥乡贤的带头作用和教化作用，向村民普及人居环境改善的相关知识。营造良好的舆论，鼓励村民积极参与，表彰在人居环境整治中作出贡献的个人，加强正面指引。三是加强素质培训。与移风易俗、精神文明创建工作相结合，改变村民的守旧思想，提升村民对于生活环境卫生的重视程度。

7.2.6 相关主体收益分享政策

处理好政府、旅游企业、村民与村集体的利益关系，建立合理的利益分配机制，建设多元共享利益共同体，充分调动和发挥各主体的力量，是脱贫民族地区乡村经济持续发展、社会平稳转型的关键[①]。

1）政府：做好旅游收益分配的制度设计

发挥好政府职责，做好旅游收益分配的制度设计，搭建好乡村旅游市场机制与巩固脱贫攻坚成果机制之间互促共融桥梁。

第一，政策制定以社区为导向。如果公共政策制定者能提供以社区为导向的旅游发展政策，将有利于充分发挥旅游发展的涓滴效应[②]。总结乡村旅游扶贫时期的经验与做法，在脱贫摘帽民族乡村地区推广乡村旅游合作社、乡村旅游股份制、乡村精英示范带动、旅游企业（合作社）+农户的乡村旅游巩固脱贫攻坚成果模式。

第二，平衡好乡村旅游各主体的权力关系。在乡村旅游扶贫的实践中，不计成本的招商引资优惠政策妨碍了市场机制的运行，造成资源浪费，阻碍了乡村可持续发展。平衡好旅游企业与社区的权力关系，一方面，政府相关部门积极培育内生型外来资本，制定合理的优惠和补贴政策，杜绝企业的机会主义行为。另一方面，积极引导本地能人领办合作社、鼓励本地旅游小微企业成立行业协会，开展互助，提升社区话语权。

2）旅游企业：践行社会责任，提供就业岗位

做好主体之间的利益分享，旅游企业需要认识社区对旅游发展的潜力，推动社区旅游政策的落实，努力提升社会责任意识。

---

① 陈佳，张丽琼，杨新军等.乡村旅游开发对农户生计和社区旅游效应的影响——旅游开发模式视角的案例实证［J］. 地理研究，2017，36（9）：1709-1724.

② 庞清云，保继刚.涓滴策略对乡村社区旅游收益分配的影响［J］. 旅游学刊，2022，37（8）：13-25.

第一，加强对企业市场行为的监管。一是划分企业社会责任。旅游企业的不恰当运营可能对社区造成社会和环境的负外部性，政府应在招商引资时做出硬性规定，明确旅游企业应承担的社会责任，并督促企业在日常经营中自觉承担和履行保护环境和带动就业的社会责任。如遇旅游企业做出牺牲社区和村民利益的市场行为，应及时制止并依据情况进行适度处罚。二是监督企业兑现承诺。在乡村旅游巩固脱贫攻坚成果的实践中，常常出现企业进入脱贫乡村时承诺的门票分红、股金利息未兑现的情况，严重影响了社区和村民的旅游收益，也削弱了社区对于旅游企业和旅游巩固脱贫攻坚成果工作的理解和信任。制定政策要求企业在许诺时与社区和村民建立正式契约，督促旅游企业诚信披露旅游经营情况，履行合同义务，维护脱贫民族乡村各主体之间的公平。

第二，推动建立脱贫乡村企业-社区-村民的合作伙伴关系。企业社会责任行为本质上是受企业自身驱动，从社会组织和公众中获得优质资源的企业才会有意愿和能力履行社会责任[①]。因此，应该制定政策提升社区的旅游支持度和旅游参与程度，促进社区和村民配合旅游企业营造良好的乡村旅游形象、提供充足的劳动力。旅游企业从良好的乡村旅游合作伙伴关系中实现资源的合理配置，降低企业运行成本，提升企业运营效率。

3）当地村民：提升参与旅游经营的能力

当地村民是农业文化遗产的所有者和创造者[②]，也是巩固脱贫攻坚成果的主体和脱贫地区的建设者和受益者。制定政策提升村民的旅游经营能力，助力村民从乡村旅游参与中获益。

第一，提供旅游就业创业培训。与培训机构、行业专家合作，结合村民空闲时间、接受程度、学习能力等实际情况，制定和完善乡村旅游培训制度，为村民量身打造培训计划，在农闲和旅游淡季开设旅游能力提升培训课程，提供乡村旅游基础知识、服务技能等培训，提高村民的综合素质能力，补齐村民的能力短板。

---

① 王希，陈言.民营企业家社会资本与企业社会责任——基于海外经历的调节效应分析［J］. 山西财经大学学报，2022，44（11）：65-78.

② 武文杰，孙业红，王英，等.农业文化遗产社区角色认同对旅游参与的影响研究——以浙江省青田县龙现村为例［J］. 地域研究与开发，2021，40（1）：138-143.

第二，培育村民的市场精神和契约精神。一是培育市场精神。转变村民观念，提升村民在旅游经营中的效益意识、时间观念和增值思想，鼓励村民凭借自身能力参与旅游经营，摆脱对政策的依赖，逐渐适应市场规则，共建良好的乡村旅游市场环境。二是培育契约精神。提倡诚信经营，打击扰乱市场秩序、破坏内部团结的行为，逐渐形成和加强社会信任。政府作为村民与旅游企业契约的中间人，对二者合作协调发展作出宏观指导，维护公共利益，保障双方的合法权益。

4）村集体：壮大“自组织”力量

乡村旅游巩固脱贫攻坚成果中，壮大“自组织”的力量，有利于社区传统文化的延续与重构、社会稳定，实现内生的、自下而上的可持续发展。

第一，发展集体经济。党的二十大报告指出，巩固和完善农村基本经营制度，发展新型农村集体经济，发展新型农业经营主体和社会化服务，发展农业适度规模经营。一是大力推行“三变改革”。“资源变资产、资金变股金、农民变股东”，整合脱贫乡村资金、土地、房屋、劳动力等资源，提高资源利用效率使村民增收更稳定、更有保障。二是大力投入旅游发展。将旅游产业作为脱贫民族地区乡村的优势产业和特色产业，鼓励旅游集体经济发展，提升在乡村旅游发展中的话语权，基于旅游产业拓展多元发展路径，发挥集体力量，进一步保障集体旅游收益。三是建立清晰的产权制度。制定合作社、企业的相关利益分配，开展“农村集体经济合同专项清理”，明确集体经济产权，保障集体经济中的村民个人获得公平。

第二，集结村民力量。村民是壮大集体经济的核心力量，激活群众组织力，一是充分动员村民参与。在经济层面，成立乡村旅游合作社，制定政策吸引村民积极参与，集合村民个人力量，促进要素资源充分汇集，保障村民共享乡村旅游发展成果。在社会层面，通过自组织的平台加强村民之间的联系和交流，提升村集体的凝聚力，壮大自组织的影响力，促进社区形成敦睦邻里的良好风气，实现成员意志的自由、充分表达。二是发动村民监督。督促村集体定期向村民通报近期工作，成立村务监督委员会、合作社等集体经济组织监事会，保障集体权益和村民个人的合法权益。

7.3 本章小结

本章在乡村旅游巩固脱贫攻坚成果的路径研究基础上，从参与主体培育、产业优化、社会治理、文化振兴、生态环境、收益分享六个方面提出了巩固脱贫攻坚成果的支持政策设计。

（1）做好乡村旅游巩固脱贫攻坚成果参与主体培育的支持政策设计，塑造政府有为、企业有成、社区有机、脱贫人口有力的良好减贫致富的治理生态格局，是乡村旅游巩固脱贫攻坚成果的重要动力。其中，政府应明确职权，发挥主导力量；涉旅企业应做大做强旅游产业链，丰富旅游产品供给；脱贫社区应深化旅游参与，实现社区增权；脱贫人口应注重稳定生计，持续增收。

（2）乡村旅游产业的蓬勃发展是乡村旅游能够巩固脱贫攻坚成果、助力衔接乡村振兴战略的前提。促进乡村产业高质量发展，应加大金融支持、完善旅游配套设施、加快人才培育、推进产业融合的支持政策设计。

（3）做好社会治理水平的支持政策设计，对于提升脱贫人口社会资本、促进区域社会可持续发展意义重大。首先，应塑造公共精神，处理好脱贫民族乡村私利与公益、集体与个人的关系。其次，应创新社会治理模式，建立现代化的乡村治理体系。最后，应落实社会保障，做好脱贫人口的兜底工作。

（4）文化振兴是脱贫摘帽地区民族乡村可持续发展的内在要求，对于乡村振兴具有先导性。民族地区文化振兴的支持政策设计，应从树立和提升文化自信、加快乡村文化现代性转变、促进文化惠益三方面着手。

（5）良好的生态环境是最普惠的民生福祉，是新时代推进生态文明建设的重要内容。民族地区生态环境的支持政策的设计，应处理好保护和开发之间的关系，发展乡村生态旅游、涵养生态资源，保障旅游生态安全、加强人居环境整治。

（6）旅游开发中私营、公共和非营利部门代表的多方主体利益协调是社区旅游目的地发展的重要推动力。做好民族地区乡村旅游发展中相关主体收益分享的支持政策设计，政府应做好旅游收益分配的制度安排；旅游企业应践行社会责任，提供就业岗位；当地村民应提升参与旅游经营的能力；村集体应壮大“自组织”力量。

8 结语

8.1 主要结论

本书通过西南民族地区抽样调查数据和政府部门的宏观统计数据，采用理论分析、描述性分析、结构方程模型、案例对比分析等多种方法，以可持续生计为理论视角，构建民族地区乡村旅游发展对脱贫人口可持续生计影响的指标评价体系，定量测度乡村旅游对脱贫人口的减贫效应，并选择典型案例地横向对比分析不同的乡村旅游发展模式对脱贫人口减贫效应的差异，找准影响因素，设计乡村旅游巩固脱贫攻坚成果的主导路径和针对不同类型脱贫人口巩固脱贫成果的支撑路径，形成了有价值的研究结论。主要包括以下几个方面。

8.1.1 民族地区实施乡村旅游巩固脱贫攻坚成果具有天然优势

（1）民族地区多处在连片特困地区范围内，多为老少边穷地区。由于地处偏远、交通不便、自然资源和文化资源受外界干扰较少从而保持了高档次、高品位的优势，使得我国旅游资源富集区与民族地区在地理空间上具有重合性，这样就在“旅游业发展”与“可持续减贫”之间建立了紧密联系，为民族地区旅游可持续减贫提供了重要的资源基础。

（2）旅游业具有带动性强、广联性广等产业优势，对民族地区经济发展的广泛带动、对脱贫人口就业增收的促进方面扮演着越来越重要的角色，被世界公认是战胜贫困最有效的途径之一。乡村旅游开发，不仅可以带动中西部贫困人口脱贫，更可以推动实现全面建成小康社会，促进东、中、西部缩小贫富差距，协调发展，推动国家经济、生态环境和社会文明建设，在全面打赢脱贫攻坚战中发挥着不可忽视的作用。

（3）民族地区的乡村旅游开发，激励村民参与旅游经营，找到本土文化的价值与潜在经济利益并分享旅游开发的成果，解决村民的可持续生计问题；强化村民的文化认同感和自豪感，吸引外出打工的青壮劳动力回流，旅游业逐渐成为村落复兴、文化遗产保护的有效渠道和特色优势产业，为脱贫人口打开脱贫奔康大门的同时发挥着可持续的减贫功能。研究民族地区乡村旅游巩固脱贫攻坚成果的路径，在一定程度上也为传统文化的保护与传承开辟了新路径。

8.1.2 民族地区乡村旅游开发能够有效巩固脱贫攻坚成果

（1）乡村旅游巩固脱贫攻坚成果是将乡村旅游作为可持续减贫工具引入贫困社区，在乡村旅游产业政策引导下，形成以旅游为主导的农户生计策略，进而不断增强脱贫地区农户的内生发展动力，使脱贫基础更加稳固、成效更可持续。

（2）全球性旅游减贫的成功案例为乡村旅游巩固脱贫攻坚成果提供了现实参考，学术界的众多观点为乡村旅游巩固脱贫攻坚成果提供学理依据，加之我国贫困地区乡村旅游减贫可行性、有效性在长期以来的反贫困工作实践中得到证实，因此本书认为乡村旅游能够巩固脱贫攻坚成果。

（3）本书遵循社会学研究的三个层次，从宏观、中观和微观层次构建乡村旅游巩固脱贫攻坚成果的理论研究体系。在宏观层面，乡村旅游的自身特性决定了乡村旅游能够巩固脱贫攻坚成果，多元主体利益协调保证了乡村旅游能够巩固脱贫攻坚成果。在中观层面，乡村旅游脱贫攻坚消除了贫困人口的经济贫困，后脱贫时代，乡村旅游以经济脱贫为基础，强调社区参与，辐射社会、文化、生态，对脱贫摘帽地区巩固脱贫攻坚成果起到正向推动作用。在微观层面，基于修正的可持续旅游生计框架，以乡村旅游为背景和手段嵌入民族乡村地区发展，以巩固脱贫攻坚成果这一生计结果为结果变量，以脱贫户的乡村旅游生计资本为前因变量，探讨乡村旅游巩固脱贫攻坚成果的影响因素。针对影响因素的优先顺序排列，找到民族地区巩固脱贫攻坚成果的主导路径和支撑路径，并辅之以相应的政策供给。

8.1.3 乡村旅游巩固脱贫攻坚成果的关键点和落脚点是脱贫人口生计资本的增加和生计策略的优化，提高抗风险能力

（1）动态视角来看，返贫风险的形成是生计脆弱性量变演化的质变结果，大致遵循“不可持续生计—脆弱性—返贫风险”的作用路径。同时，农户新一轮生计循环也可能衍生出新的生计脆弱性，生计脆弱性便在生计循环之中不断地积累与迭代，造成返贫风险。从静态视角来看，由于返贫风险的阶段性演化，脱贫户在某一时点面临的返贫风险又具有规律性，可细分为物质资本、金融资本、社会资本、自然资本和人力资本等五大生计风险子类。各种生计资本相互牵动，一种生计风险可能牵连其他生计资本，产生更大的返贫可能；各种生计风险在脱贫户生计循环中相互纠缠，共同作用于脱贫户生计活动，催生返贫风险。

（2）根据脱贫户生计风险监测程序，严格依照返贫风险评估指标体系及对应权重进行脱贫户生计风险综合评价，计算脱贫人口返贫风险得分。本书确定了返贫风险系数的警兆值，若大于0.5404，则表明脱贫户已经完成了脱贫且有较强的持续“造血”能力；反之，则意味着脱贫户生计能力较为脆弱，极容易再次返贫，需动态监控，及时发布预警。对于跨越预警线的脱贫户，根据其风险系数，进行精准划分，以便于发布对应等级的风险预警。本书表明：风险系数处于0.4909到0.5404之间的脱贫户属于中度返贫风险类型；如果风险系数小于0.4909，但大于

0.4405，脱贫户则处于高度返贫风险的范围；返贫风险得分低于0.4405，说明脱贫户处于重度返贫风险状态。针对不同风险等级的脱贫户，分类分型制定干预措施，并通过对脱贫户生计状况的持续测度、评估政策有效性、优化改进方案，切实保障脱贫户稳固脱贫不返贫。

（3）民族地区乡村旅游的引入丰富了乡村产业形态，重构了乡村生产空间，以旅游业为主导的服务业生产空间扩大。在乡村生产空间重构的背景下，帮助脱贫人口转变传统农民身份，适应以旅游产业带来的变化，激发脱贫人口参与旅游业的潜能，在民俗文化表演、传统手工艺品销售、特色民宿经营等与民族文化紧密结合的旅游相关生计活动中，优化生计策略，增加生计资本，获得经济利益；村民由经济利益带来的自觉行为激发了作为文化传承者的主动性和创造性，经济利益为传统文化保护与传承提供强大的动力，将文化空间和生活空间统一于文化旅游空间之中，完成民族文化的价值再造，也为脱贫人口增强抗风险能力、持续增收不返贫提供了坚实基础。

8.1.4 乡村旅游巩固脱贫攻坚成果受多种因素的影响

（1）乡村旅游开发，对西南民族地区经济、文化、社会、环境四个层面在巩固脱贫攻坚成果的步调一致，但是没有形成良好的互动机制，属于勉强协调发展的水平，制约了四个系统间的协调发展。生计结果的四个评价维度重要性由大到小依次是经济可持续（熵值为0.470）、文化可持续（熵值为0.194）、社会可持续（熵值为0.178）、环境可持续（熵值为0.158）。这说明，民族地区乡村旅游开发，促使传统文化在旅游活动的主客互动中为脱贫摘帽地区带来经济价值，激活了民族文化的文化资源和经济资本的双重属性。活化民族地区的优秀传统文化，以原生态的民族文化为旅游吸引物，发展乡村旅游，完成民族文化的价值再造，使民族文化的有用性得到极大的体现，让脱贫人口在参与旅游相关生计活动中获得经济利益。

（2）西南民族地区乡村旅游巩固脱贫攻坚成果的影响因素重要性从大到小依次为经济资本、人力资本、自然资本、制度资本和社会资本。经济资本和人力资本的重要性最为显著，是农户盘活生计资本的基石。

制度资本、自然资本和社会资本对民族地区乡村旅游巩固脱贫攻坚成果影响较小，合理利用制度资本、自然资本和社会资本能够进一步为人力资本的提升提供保障。

8.1.5 基于主体-空间交互作用的主导路径和支撑路径设计，为乡村旅游巩固脱贫成果提供更为持久的动力

（1）基于空间功能、用地性质和实践活动的差异，民族地区乡村可划分为生产空间、生活空间和生态空间。在巩固脱贫攻坚成果空间利用的过程中，脱贫人口无疑拥有绝对的主体地位，在脱贫人口这一核心主体参与下，民族地区乡村旅游促进脱贫摘帽区域经济、社会、文化、环境的协调可持续发展，形成了良性的生命-生产-生活-生态的乡村空间互动格局。

（2）在脱贫人口与生产空间的互动中，民族地区的乡村旅游通过产业融合吸纳脱贫人口就业促进脱贫人口与生产空间的良性互动；在脱贫人口与生活空间的互动中，乡村旅游在文化层面树立脱贫人口的民族认同、促进民族文化的创造性转化；在社会层面整合社会网络、凝聚社会信任，促进脱贫人口与生活空间的良性互动；在脱贫人口与生活空间的互动中，乡村旅游通过推动宜居建设和资源有效利用，促进脱贫人口与生态空间的良性互动，从而构建了乡村旅游巩固脱贫攻坚成果的主导路径。

（3）对于人力风险型脱贫人口，提升其自身学习能力和竞争能力，通过主体赋能为可持续生计“造血”；对于物质风险型脱贫人口，提升公共和私人物质资本储备，为脱贫人口“输血”；对于自然风险型脱贫人口，灾害防治与资源优化双管齐下为脱贫人口“补血”；对于金融风险型脱贫人口，拓宽收入来源、提升获得感为脱贫人口“活血”；对于社会风险型脱贫人口，社区参与拉动和个人意愿推动，共同促进话语权回归，为脱贫人口“固血”，从而针对不同类型返贫风险的脱贫人口，构建了乡村旅游巩固脱贫攻坚成果的支撑路径。

8.2 研究展望

由于时间、精力和篇幅的限制，本书还有值得进一步深入研究的内容。

一是扩大研究的领域。本书主要针对西南民族地区乡村旅游巩固脱贫攻坚成果进行了深入探讨。后续研究可以对西南民族地区的乡村旅游发展巩固脱贫攻坚成果有效衔接乡村振兴做跟踪式研究，也可以扩大研究领域，西藏、南疆四地、四省藏区、云南怒江州、甘肃临夏州和四川凉山州的乡村旅游发展与乡村振兴做个案研究和对比研究，增强民族地区乡村旅游发展巩固脱贫成果有效衔接乡村振兴路径研究的普适性。

二是改进量表的计量尺度。在后续研究中，可以借鉴国外对乡村旅游开发量表的指标设计，结合我国旅游减贫的实践，改进量表的计量尺度，在问卷中增加更细致、更有针对性的问题，提高量表的可靠性和数据鉴别的有效性。

三是改进研究方法。对民族地区乡村旅游巩固脱贫攻坚成果的现状分析、四个案例区的调研结果描述还停留在简单的定量分析阶段。在后续研究中，争取能对调研样本进行追踪调查，形成面板数据，从而对本主题进行系统、深入的实证研究。

参考文献

一、中文部分

（一）专著类

[1] 国家统计局住户调查办公室．中国农村贫困监测报告2019［M］．北京：中国统计出版社，2019：296-297.

[2] 陈慈，陈俊红，龚晶．农业产业融合发展的理论与实践［M］．北京：中国经济出版社，2020：3.

[3] 黄国庆．民族地区旅游精准扶贫与传统村落复兴的协同路径研究［M］．重庆：西南师范大学出版社，2021.

[4] 孙九霞．传承与变迁——旅游中的族群与文化［M］．北京：商务印书馆，2012.

[5] 王猛，邓国胜．中日韩乡村振兴的创新实践［M］．北京：中国社会科学出版社，2020：342-366.

[6] 吴其付．民族旅游与文化认同：以羌族为例［M］．北京：人民出版社，2015.

[7] 杨德进．旅游扶贫——国际经验与中国实践［M］．北京：中国旅游出版社，2015.

[8] 张树民．中国乡村旅游发展模式与政策保障研究［M］．北京：中国旅游出版社，2014.

[9] 王汝辉．民族村寨社区参与旅游制度与传统文化保护比较研究［M］．北京：人民出版社，2012.

[10] 王志章．连片特困地区包容性增长的扶贫开发模式研究［M］．北京：人民出版社，2016.

（二）论文类

[1] 安传艳，翟洲燕，李同　．近10年来国外乡村旅游研究特征及对中国的启示——基于 Elsevier ScienceDirect 收录文献的分析［J］．资源科学，2020，42（5）：956-968.

[2] 白永秀，苏小庆，王颂吉．巩固拓展脱贫攻坚成果同乡村振兴衔接的理论与实践逻辑［J］．人文杂志，2022（4）：50-57.

[3] 卜海．我国脱贫再返贫防范机制的建立和运行问题研究［J］．江苏师范大学学报（哲学社会科学版），2018，44（6）：1-9.

[4] 保继刚，文彤．社区旅游发展研究述评［J］．桂林旅游高等专科学校学报，2002（4）：13-18.

[5] 曹军锋．旅游扶贫中民族文化资源利用与主体参与研究——以甘南州香告村为例［J］．广西民族大学学报（哲学社会科学版），2019，41（1）：57-63.

[6] 褚玉杰，赵振斌，张丽．民族社区妇女旅游精英角色：基于性别特质的演绎［J］．旅游学刊，2016，31（1）：37-48.

[7] 陈志永，李乐京，李天翼．郎德苗寨社区旅游：组织演进、制度建构及其增权意义［J］．旅游学刊，2013，28（6）：75-86.

[8] 陈乐齐．关于少数民族文化体制改革的若干思考［J］．中南民族大学学报（人文社会科学版），2011，31（2）：23-29.

[9] 陈明．后脱贫时代乡村旅游扶贫及其巩固脱贫成果的潜在优势研究［J］．湖湘论坛，2020，33（6）：125-133.

[10] 陈佳，杨新军，温馨，等.旅游发展背景下乡村适应性演化理论框架与实证［J］．自然资源学报，2020，35（7）：1586-1601.

[11] 陈佳，张丽琼，杨新军，等．乡村旅游开发对农户生计和社区旅游效应的影响——旅游开发模式视角的案例实证［J］．地理研究，2017，36（9）：1709-1724.

[12] 崔晓明，杨新军．旅游地农户生计资本与社区可持续生计发展研究——以秦巴山区安康一区三县为例［J］．人义地理，2018，33（2）：147-153.

[13] 邓小海，肖洪磊.从脱贫攻坚到乡村振兴：乡村旅游转向研究——以贵州省为例［J］．湖北民族大学学报（哲学社会科学版），2020，38（5）：42-49.

[14] 邓小海，肖洪磊．理解与反思：后扶贫时代脱贫地旅游发展困境与转向［J］．生态经济，2022，38（5）：147-152.

[15] 代美玲，马晓龙．乡村旅游开发土地收储阶段居民意愿特征与细分机制——基于扎根理论的研究［J］．旅游学刊，2020，35（4）：26-35.
[16] 付少平，石广洲．乡村振兴背景下脱贫人口面临的生计风险及其防范［J］．西北农林科技大学学报（社会科学版），2021，21（1）：19-28.
[17] 耿新．民族地区返贫风险与返贫人口的影响因素分析［J］．云南民族大学学报（哲学社会科学版），2020，37（5）：68-75.
[18] 桂榕，吕宛青．民族文化旅游空间生产刍论［J］．人文地理，2013，28（3）：154-160.
[19] 郭华，杨玉香．可持续乡村旅游生计研究综述［J］．旅游学刊，2020，35（9）：134-148.
[20] 郭焕成，韩非．中国乡村旅游发展综述［J］．地理科学进展，2010，29（12）：1597-1605.
[21] 郭凌．旅游减贫助推乡村文化振兴：一个尝试性的分析框架［J］．四川师范大学学报（社会科学版），2021，48（2）：72-79.
[22] 郭舒．基于产业链视角的旅游扶贫效应研究方法［J］．旅游学刊，2015，30（11）：31-39.
[23] 高静，武彤，王志章．深度贫困地区脱贫攻坚与乡村振兴统筹衔接路径研究：凉山彝族自治州的数据［J］．农业经济问题，2020（3）：125-135.
[24] 何景明，李立华．关于“乡村旅游”概念的探讨［J］．西南师范大学学报（人文社会科学版），2002（5）：125-128.
[25] 胡志平．公共服务：巩固脱贫攻坚成果同乡村振兴有效衔接新探索［J］．学习与探索，2022（3）：49-57.
[26] 和月月，周常春．贫困地区农户生计脆弱性的评价［J］．统计与决策，2020，36（9）：72-76.
[27] 黄承伟．中国扶贫理论研究论纲［J］．华中农业大学学报（社会科学版），2020（2）：1-7+161.
[28] 黄承伟．巩固拓展脱贫攻坚成果同乡村振兴有效衔接的战略演进逻辑［J］．农业经济问题，2022（6）：4-11.
[29] 贺聪志，王莎莎，赵泽阳．生态宜居的微观实践与农民叙事［J］．中国农业大学学报（社会科学版），2022，39（4）：53-72.
[30] 洪名勇，张焕柄．我国扶贫政策实施的时间连续性及空间差异性研究——基于党报报道数量的分析［J］．西北师大学报（社会科学版），2017，54（6）：20-27.
[31] 侯银霞．东北乡村振兴的数字化弱势及其智慧赋能路径初探——一个区域社会治理视角［J］．哈尔滨工业大学学报（社会科学版），2022，24（6）：

83-89.
[32] 侯雨峰．自然保护区农户生计脆弱性评价——以福建雄江黄楮林国家级自然保护区为例［D］．福州：福建师范大学，2018.
[33] 郝云宏，钱晨．企业利益相关者的利益协调模式：综述与研究［J］．经济学动态，2008（9）：81-84.
[34] 黄克己，张朝枝，吴茂英．遗产地居民幸福吗？基于不同旅游扶贫模式的案例分析［J］．旅游学刊，2021，36（11）：122-132.
[35] 李耀锋．需求、资源与能力：旅游开发致贫效应的机理分析——基于赣琼两个旅游村的实地调研［J］．学术论坛，2015，38（10）：116-123.
[36] 李星明，赵良艺．旅游者对发展中国家的旅游地社会文化影响研究［J］．华中师范大学学报（自然科学版），2002，36（2）：254-256．
[37] 李小云，苑军军，于乐荣．论2020后农村减贫战略与政策：从“扶贫”向“防贫”的转变［J］．农业经济问题，2020（2）：15-22.
[38] 李如友，郭鲁芳．旅游减贫效应之辩——一个文献综述［J］．旅游学刊，2017，32（6）：28-37.
[39] 李立娜，何仁伟，李平，等．典型山区农户生计脆弱性及其空间差异——以四川凉山彝族自治州为例［J］．山地学报，2018，36（5）：792-805.
[40] 李博，刘佳璇．数字乡村建设助力脱贫攻坚成果巩固的逻辑：作用机理与实现路径［J］．杭州师范大学学报（社会科学版），2022，44（1）：112-120.
[41] 李凡，金梅，明庆忠．旅游扶贫背景下贫困乡村社区旅游参与能力评价体系构建及应用［J］．资源开发与市场，2018，34（7）：907-911.
[42] 刘相军，孙九霞．民族旅游社区居民生计方式转型与传统文化适应：基于个人建构理论视角［J］．旅游学刊，2019，34（2）：16-28.
[43] 刘纬华．社区参与旅游发展研究应有的理论视野——兼与黎洁老师商榷［J］．海南大学学报（人文社会科学版），2002（2）：98-103.
[44] 刘纬华．关于社区参与旅游发展的若干理论思考［J］．旅游学刊，2000（1）：47-52.
[45] 刘洋，李佳桐，李军．乡村振兴背景下民族村寨旅游满意度探究——以贵州肇兴侗寨为例［J］．西部财会，2021（11）：48-51.
[46] 黎洁，赵西萍．社区参与旅游发展理论的若干经济学质疑［J］．旅游学刊，2001（4）：44-47.
[47] 黎郡英．乡村旅游对贫困村可持续发展的效应及路径研究［D］．成都：四川师范大学，2020.
[48] 梁林晓．少数民族村寨社区居民对旅游增权感知的空间差异性研究［D］．

贵阳：贵州师范大学，2018.

[49] 梁伟军，焦丽丽．能力贫困视阈下农村脱贫人口发展能力提升研究 [J]．华中农业大学学报（社会科学版）：2022（6）：1-13.

[50] 龙玉其，和润铃．兴盛、冲击与调适：社会变迁视角下的民族地区农村家庭养老——基于云南省香格里拉市S乡B村的调查 [J]．青海民族研究，2022，33（2）：42-52.

[51] 毛锦凰．乡村振兴评价指标体系构建方法的改进及其实证研究 [J]．兰州大学学报（社会科学版），2021，49（3）：47-58.

[52] 马成明，崔莉．中国式现代化背景下民族地区健康发展的“五位一体”与铸牢中华民族共同体意识 [J]．民族学刊，2022，13（11）：9-17.

[53] 庞清云，保继刚．涓滴策略对乡村社区旅游收益分配的影响 [J]．旅游学刊，2022，37（8）：13-25.

[54] 覃志敏．巩固拓展脱贫成果的基层实践类型与治理逻辑——以西部3个脱贫村产业帮扶为例 [J]．南京农业大学学报（社会科学版），2021，21（6）：23-32.

[55] 史玉丁，李建军．乡村旅游多功能发展与农村可持续生计协同研究 [J]．旅游学刊，2018，33（2）：15-26.

[56] 孙九霞，阿荣娜．民族旅游场域中新乡贤的成长路径社区角色研究 [J]．北方民族大学学报（哲学社会科学版），2020（1）：54-62.

[57] 孙九霞．旅游循环凝视与乡村文化修复 [J]．旅游学刊，2019，34（6）：1-4.

[58] 孙九霞，马涛．旅游对目的地社会文化影响研究新进展与框架 [J]．求索，2009（6）：72-74.

[59] 孙九霞，徐新建，王宁，等．旅游对全面脱贫与乡村振兴作用的途径与模式——“旅游扶贫与乡村振兴”专家笔谈 [J]．自然资源学报，2021，36（10）：2604-2614.

[60] 孙九霞，刘相军．生计方式变迁对民族旅游村寨自然环境的影响 [J]．广西民族大学学报（哲学社会科学版），2015，37（3）：78-85.

[61] 孙久文，林丽群，傅娟．“十四五”期间巩固拓展脱贫攻坚成果研究 [J]．学术研究，2021（1）：83-89.

[62] 沈萍，温士贤．旅游开发中的多元主体与利益博弈：粤北Y村个案研究 [J]．北方民族大学学报，2021（4）：54-60.

[63] 斯丽娟，夏 ，陶杰，等．旅游精准扶贫绩效影响因子研究——基于可持续生计理论 [J]．西北农林科技大学学报（社会科学版），2019，19（1）：29-38.

[64] 尚前浪，陈刚，明庆忠．民族村寨旅游发展对社区和家庭生计变迁影响［J］．社会科学家，2018（7）：78-86.

[65] 宋德义，李立华．国外旅游减贫研究述评——基于经济学理论研究和旅游减贫实践的视角［J］．地理与地理信息科学，2014，30（3）：88-92.

[66] 田敏．民族社区社会文化变迁的旅游效应再认识［J］．中南民族大学学报（人文社会科学版），2003，23（5）：40-44．

[67] 唐雪琼，钱俊希，陈岚雪．旅游影响下少数民族节日的文化适应与重构—基于哈尼族长街宴演变的分析［J］．地理研究，2011，30（5）：835-844.

[68] 陶慧，刘家明，罗奎，等．基于三生空间理念的旅游城镇化地区空间分区研究——以马洋溪生态旅游区为例［J］．人文地理，2016，31（2），153-160.

[69] 吴倩，杨焕焕，邢希希．基于文献计量的我国乡村旅游研究进展［J］．农村经济与科技，2021，32（24）：62-64.

[70] 吴吉林，刘帅，刘水良等．张家界农户乡村旅游脆弱性评价与影响因素［J］．地理科学，2020，40（8）：1336-1344.

[71] 吴茂英，王怡，李秋成．乡村文旅小微企业助力乡村振兴的多重效应［J］．旅游学刊，2021，36（4）：5-7.

[72] 吴国宝．改革开放40年中国农村扶贫开发的成就及经验［J］．南京农业大学学报（社会科学版），2018，18（6）：17-30.

[73] 吴昌良，陈志永，欧正霞．影响民族村寨旅游业持续发展因素综合分析——以黎平肇兴侗寨为例［J］．贵州教育学院学报（自然科学版），2008，19（3）：48-53．

[74] 吴嘉莘，熊吉安，杨红娟．民族地区农户异质性对生计资本结构的影响研究——以云南沧源县为例［J］．云南社会科学，2022（3）：63-73.

[75] 王三秀．国外可持续生计观念的演进、理论逻辑及其启示［J］．毛泽东邓小平理论研究，2010（9）：79-84.

[76] 王昶，王三秀．相对贫困长效治理与政府扶贫能力转型——基于可持续生计理论的拓展应用［J］．改革.2021（5）：134-145.

[77] 王希，陈言．民营企业家社会资本与企业社会责任——基于海外经历的调节效应分析［J］．山西财经大学学报，2022，44（11）：65-78.

[78] 王延中，丁赛．民族地区脱贫攻坚的成效、经验与挑战——以“三区三州”为分析中心［J］．西南民族大学学报（人文社会科学版），2020，41（11）：8-16.

[79] 王伟．旅游扶贫政策引导下的农户生计策略选择［J］．农业经济，2019（10）：77-78.

[80] 王琳，李珂珂，周正涛．“后脱贫时代”我国贫困治理的特征、问题与对策[J]．兰州大学学报（社会科学版），2021，49（5）：49-56.
[81] 王兵．从中外乡村旅游的现状对比看我国乡村旅游的未来［J］．旅游学刊，1999（2）：38-42；79.
[82] 王志章，王静．基于可持续发展的少数民族地区旅游扶贫绩效评价研究[J]．云南民族大学学报（哲学社会科学版），2018，35（5）：90-98.
[83] 王志章，杨志红．西部地区脱贫攻坚与乡村振兴战略的融合之路——基于10省85村1143户的微观调查数据［J］．吉首大学学报（社会科学版），2020，41（2）：71-81.
[84] 王小章，吴达宇．以村规民约“接引”现代公民道德——基于浙江省Q市的考察［J］．浙江社会科学，2022（11）：66-72；157.
[85] 汪三贵，黄奕杰，马兰．西部地区脱贫人口内生动力的特征变化、治理实践与巩固拓展路径［J］．华南师范大学学报（社会科学版），2022（3）：5-15；205.
[86] 王蓉，代美玲，欧阳红，等．文化资本介入下的乡村旅游地农户生计资本测度——婺源李坑村案例［J］．旅游学刊，2021，36（7）：56-66.
[87] 王京传，李天元．国外旅游目的地治理研究综述［J］．旅游学刊，2013，28（6）：15-25.
[88] 乌丙安．非物质文化遗产保护中文化圈理论的应用［J］．江西社会科学，2005（1）：102-106.
[89] 汪侠，甄峰，沈丽珍等．基于贫困居民视角的旅游扶贫满意度评价［J］．地理研究，2017，36（12）：2355-2368.
[90] 汪磊，汪霞．基于风险分析的西南喀斯特山地省区农村返贫问题研究——以贵州为例［J］．贵州大学学报（社会科学版），2013，31（3）：27-30；67.
[91] 武文杰，孙业红，王英等．农业文化遗产社区角色认同对旅游参与的影响研究——以浙江省青田县龙现村为例［J］．地域研究与开发，2021，40（1）：138-143.
[92] 徐燕，吴再英，陆仙梅，等．民族村寨乡村旅游开发与民族文化保护研究——以黔东南苗族侗族自治州肇兴侗寨为例［J］．贵州师范大学学报（自然科学版），2012，30（4）：53-58.
[93] 席建超，张楠．乡村旅游聚落农户生计模式演化研究：野三坡旅游区苟各庄村案例实证［J］．旅游学刊，2016（7）：65-75.
[94] 许欢科，滕俊磊．乡村振兴战略背景下广西边境地区旅游扶贫研究——以大新县为例［J］．广西师范学院学报（哲学社会科学版），2019，40（1）：

112-116.

[95] 许汉石，乐章．生计资本、生计风险与农户的生计策略［J］．农业经济问题，2012，33（10）：100-105.

[96] 许伟．“三生空间”的内涵、关系及其优化路径［J］．东岳论丛，2022，43（5）：126-134.

[97] 许扬，保继刚．“阿者科计划”对农户生计的影响分析——基于DFID可持续生计框架［J］．热带地理，2022，42（6）：867-877.

[98] 徐学庆．乡村振兴背景下新乡贤培育的路径选择［J］．学习论坛，2022（6）：85-90.

[99] 杨慧．民族旅游与族群认同、传统文化复兴及重建——云南民族旅游开发中的“族群”及其应用泛化的检讨［J］．思想战线，2003（1）：41-44；79.

[100] 杨振之，胡海霞．关于旅游真实性问题的批判［J］．旅游学刊，2011，184（12）：78-83.

[101] 杨兴柱，吴瀚，殷程强等．旅游地多元主体参与治理过程、机制与模式——以千岛湖为例［J］．经济地理，2022，42（1）：199-210.

[102] 杨德进，白长虹，牛会聪．民族八省区旅游扶贫效应的时空分异、成因及优化对策研究［J］．广西民族大学学报（哲学社会科学版），2018，40（6）：2-7.

[103] 杨柠泽，周静，马丽霞，等．信息获取媒介对农村居民生计选择的影响研究——基于CGSS2013调查数据的实证分析［J］．农业技术经济，2018（5）：52-65.

[104] 杨龙，李萌，汪三贵．贫困村互助资金降低农户脆弱性了吗——来自5省1213户三期面板数据的证据［J］．农业技术经济，2018（6）：57-70.

[105] 杨瑚．返贫预警机制研究［D］．兰州：兰州大学，2019.

[106] 余斌，卢燕，曾菊新，等．乡村生活空间研究进展及展望［J］．地理科学，2017，37（3）：375-385.

[107] 周建华，沈国琪．乡村旅游扶贫成效评估体系及其影响因素研究［J］．湖州师范学院学报，2016，38（11）：1-9.

[108] 周国忠，姚海琴．旅游发展与乡村社会治理现代化：以浙江顾渚等四个典型村为例［J］．浙江学刊，2019（6）：133-139.

[109] 张波．论旅游对接待地社会文化的积极影响——以云南丽江为例［J］．云南民族大学学报（哲学社会科学版），2004，21（4）：68-71.

[110] 张娟娟．建立健全巩固拓展脱贫攻坚成果长效机制［J］．宏观经济管理，2022（3）：38-43；69.

[111] 张广瑞．关于旅游业的21世纪议程（一）——实现与环境相适应的可持续发展［J］．旅游学刊，1998（2）：49-53.

[112] 张春燕，资明贵，周梦，等．乡村旅游融合性测度及其影响因素研究——以大别山区潜山市为例［J］．地理科学进展，2022，41（4）：595-608.

[113] 左停，原贺贺，李世雄．巩固拓展脱贫攻坚成果同乡村振兴有效衔接的政策维度与框架［J］．贵州社会科学，2021（10）：152-159.

[114] 章文光，宫钰，吴义熔．基于致贫原因的帮扶措施精准性评估分析［J］．公共管理与政策评论，2021，10（4）：26-35.

[115] 朱启铭．脱贫攻坚与乡村振兴：连续性、继起性的县域实践［J］．江西财经大学学报，2019（3）：95-104.

[116] 祝丽生．培育公共精神：化解乡村社会治理困境的内生路径［J］．河南社会科学，2022，30（6）：92-100.

二、英文部分

[1] AGNOLETTI M.Rural landscape，nature conservation and culture：some notes on research trends and management approaches froma（southern）European perspective［J］. Landscape and Urban Planning，2014，126（3）：66-73.

[2] ARYAL S，COCKFIELD G，MARASENI T N.Globalisation and traditional social-ecological systems：understanding impacts of tourism and labour migration to the transhumance systems in the Himalayas［J］. Environmental Development，2018，25（3）：73-84.

[3] AZAM M，Alam M M. Effect of tourism on environmental pollution：further evidence from Malaysia，Singapore and Thailand［J］. Journal of Cleaner Production，2018，190：330-338.

[4] ANDERSON W. Cultural tourism and poverty alleviation in rural Kilimanjaro，Tanzania［J］. Journal of Tourism and Cultural Change，2015，13（3）：208-224.

[5] BIDWELL S，MURRAY W E. Tourism，mobile livelihoods and ‘disorderly’ development in the Colca Valley，Peru［J］. Tourism Geographies，2019，21（2）：330-352.

[6] BRIEDENHANN J，WIKEN E.Tourism routes as a tool for the economic development of rural areas-vibrant hope or impossible dream?［J］. Tourism Management，2004，25（1）：71-79.

[7] BIDDULPH R.Limits to mass tourism’s effects in rural peripheries［J］. Annals of Tourism Research，2015，50（2）：98-112.

[8] BUTLER R, CURRAN R, O' GORMAN K D. Pro-poor tourism in a FirstWorld urban setting: case study of Glasgow Govan [J]. International Journal of Tourism Research, 2013, 15 (5): 443-457.

[9] BRUNT P, COURTNEY P. Host perceptions of sociocultural impacts [J]. Annals of Tourism Research, 1999, 26 (3): 493-515.

[10] CZAKON W, CZERNEK K. The role of trust-building mechanisms in entering into network coopetition: the case of tourism networks in Poland [J]. Industrial Marketing Management, 2016, 57: 64-74.

[11] CHOI H C, MURRAY I. Resident attitudes toward sustainable community tourism [J]. Journal of Sustainable Tourism, 2010, 18 (4): 575-594.

[12] CANOVES G. Rural tourism in Spain: an analysis of recent evolution [J]. Geoforum, 2004, 35 (6): 755-769.

[13] CARLISLE S, KUNC M, JONES E. Supporting innovation for tourism development through multistakeholder approaches: experiences from Africa [J]. Tourism Management, 2013, 35: 59-69.

[14] EOM S. Synergy between state and rural society for development: an analysis of the governance system of the rural Saemaul Undong in Korea [J]. Korea Observer, 2011, 42 (4): 583-620.

[15] ESMAN M. Tourism as ethnic preservation: the Cajuns of Louisiana [J]. Annals of Tourism Research, 1984 (11): 451-468.

[16] GAO J, WU B. Revitalizing traditional villages through rural tourism: a case study of Yuanjia Village, Shaanxi Province, China [J]. Tourism Mangement, 2017, 63: 223-233.

[17] Gascón J. Pro-poor tourism as a strategy to fight rural poverty: a critique [J]. Journal of Agrarian Change, 2015, 15 (4): 499-518.

[18] GARTNER W C. Rural tourism development in the USA [J]. International Journal of Tourism Research, 2004, 6 (3): 151-164.

[19] HOEFLE S W. Multifunctionality, juxtaposition and conflict in the Central Amazon: will tourism contribute to rural livelihoods and save the rainforest? [J]. Journal of Rural Studies, 2016, 44: 24-36.

[20] HAHN M B, RIEDERER A M, FOSTER S O. The Livelihood vulnerability index: a pragmatic approach to assessing risks from climate variability and change—a case study in Mozambique [J]. Global Environmental Change, 2009, 19 (1): 74-88.

[21] Holden A, Sonne J, Novelli M. Tourism and poverty reduction: an interpretation by the poor of Elmina, Ghana [J]. Tourism Planning & Development, 2013, 8 (3): 317-334.

[22] HJALAGER A M. Agricultural diversification into tourism: evidence of a European community development programme [J]. Tourism Management, 1996, 17 (2): 103-111.

[23] HOANG T T H, ANTON V R, MEYFROIDT P, et al. Impact of tourism development on the local livelihoods and land cover change in the Northern Vietnamese Highlands [J]. Environment, Development and Sustainability, 2020, 22 (2): 1371-1395.

[24] HONG S, KIM S, KIM J. Implications of potential green tourism development [J]. Annals of Tourism Research, 2003, 30 (2): 323-341.

[25] Hernandez J M. The inter-relationship between rural and mass tourism: the case of Catalonia, Spain [J]. Tourism Management, 2016, 54 (3): 43-57.

[26] HUSEIN J, KARA S M. Nonlinear ARDL estimation of tourism demand for Puerto Rico from the USA [J]. Tourism Management, 2020, 77: 103998.

[27] HWANG D, STEWART W P, KO D. Community behavior and sustainable rural tourism development [J]. Journal of Travel Research, 2012, 51 (3): 328-341.

[28] KEATING G B. An empirical analysis of the effect of sub-divisions of American viticultural areas on wine prices: a hedonic study of Napa Valley [J]. Journal of Wine Economics, 2020, 15 (3): 312-329.

[29] LUO X, BAO J. Exploring the impacts of tourism on the livelihoods of local poor: the role of local government and major investors [J]. Journal of Sustainable Tourism, 2019, 27 (3): 344-359.

[30] IORIO M, CORSALE A. Rural tourism and livelihood strategies in Romania [J]. Journal of Rural Studies, 2010, 26 (2): 152-162.

[31] BRIEDENHANN J, WICKENS E. Tourism routes as a tool for the economic development of rural areas—vibrant hope or impossible dream? [J]. Tourism Management, 2004, 25 (1): 198-226.

[32] JAAFAR M, RASOOLIMANESH S M, LONIK K T. Tourism growth and entrepreneurship: empirical analysis of development of rural highlands

[J]. Tourism Management Perspectives, 2015 (14): 17-24.

[33] KIM S, JAMAL T.The co-evolution of rural tourism and sustainable rural development in Hongdong, Korea: complexity, conflict and local response [J]. Journal of Sustainable Tourism, 2015, 23 (8): 1-23.

[34] LIN K H E, POLSKY C.Indexing livelihood vulnerability to the effects of typhoons in indigenous communities in Taiwan [J]. The Geographical Journal, 2016, 182 (2): 135-152.

[35] MCCARTHY J J, CANZIANI O F, LEARY N A, et al.Climate change 2001: impacts, adaptation, and vulnerability: contribution of Working Group II to the third assessment report of the Intergovernmental Panel on Climate Change [M]. Cambridge: Cambridge University Press, 2001.

[36] MANYARA G, JONES E. Community-based tourism enterprises development in Kenya: an exploration of their potential asavenues of poverty reduction [J]. Journal of Sustainable Tourism, 2007, 15 (6): 628-644.

[37] MUGANDA M, SAHLI M, SMITH K A.Tourism's contribution to poverty alleviation: a community perspective from Tanzania [J]. Development Southern Africa, 2010, 27: 629-646.

[38] OHE Y.Evaluating the complementary relationship between local brand farm products and rural tourism: evidence from Japan [J]. Tourism Management, 2013, 35 (8): 278-283.

[39] OLSEN J, THACH L. A model and exploratory study for promoting professional sales in winery visitor centers [J]. International Journal of Wine Business Research, 2008, 20: 22-37.

[40] Petrzelka P, Krannich R S, Brehm J. Rural tourism and gendered nuances [J]. Annals of Tourism Research, 32 (4): 1121-1137.

[41] Fernandez P, Ignacio J.Rural tourism in spain.strategies guidelines for a developing tipology [J]. Boletin De La Asociacion De Geografos Espanoles, 2011, 32 (56): 155-157.

[42] PARK D, LEE K, CHOI H, et al.Factors influencing social capital in rural tourism communities in South Korea [J]. Tourism Management, 2012, 33 (6): 1511-1520.

[43] PILVING T, KULL T, SUŠKEVICS M, et al.The tourism partnership life cycle in Estonia: striving towards sustainable multisectoral rural tourism

collaboration [J]. Tourism Management Perspectives, 2019, 31: 219–230.

[44] PRATT S, GIBSON D, MOVONO A.Tribal tourism in Fiji: an application and extension of Smith's 4Hs of indigenous tourism [J]. Asia Pacific Journal of Tourism Research, 2013, 18 (8): 894–912.

[45] ROMAO J.Integrative diversification of wellness tourism services in rural areas–an operational framework model applied to east Hokkaido (Japan) [J]. Asia Pacific Journal of Tourism Research, 2018, 23 (7): 734–746.

[46] SCHEYVENS R, MOMSEN J H.Tourism and poverty reduction: issues for Small Island States [J]. Tourism Geographies, 2008, 10 (1): 22–41..

[47] RANDELLI F, MARTELLOZZO F. Is rural tourism–induced built–up growth a threat for the sustainability of rural areas? the case study of Tuscany [J]. Land Use Policy, 2019, 86 (7): 387–398.

[48] SHARPLEY R.Rural tourism and the challenge of tourism diversification: the case of Cyprus [J]. Tourism Management, 2002, 23 (3): 233–244.

[49] SIMS R. Putting place on the menu: the negotiation of locality in UK food tourism, from production to consumption [J]. Journal of Rural Studies, 2010, 26 (4): 105–115.

[50] SU M M, WALL G, WANG Y, et al.Livelihood sustainability in a rural tourism destination –Hetu Town, Anhui Province, China [J]. Tourism Management, 2019, 71: 272–281.

[51] SAXENA G, LIBERY B.Integrated rural tourism a border case study [J]. Annals of Tourism Research, 2008, 35 (1): 233–254.

[52] SUARDANA I W, SUDIARTA I N.Impact of tourism to poverty in tourism destination: pro–poor tourism management approach [J]. Journal of Business on hospitality and tourism, 2017, 2 (1): 65–75.

[53] SHARPLEY R. The challenges of economic diversification through tourism: the case of Abu Dhabi [J]. International Journal of Tourism Research, 2002, 4 (3): 221 – 235.

[54] SILVA L, LEAL J. Rural tourism and national identity building in con–temporary Europe: evidence from Portugal [J]. Journal of Rural Studies, 2015, 38: 109–119.

[55] Nepal S K.Tourism and rural settlements Nepal's Annapurna region [J]. Annals of Tourism Research, 2007, 34 (4): 855-875.

[56] SHEN F, HUGHEY K F D, SIMMONS D G.Connecting the sustainable livelihoods approach and tourism: a review of the literature [J]. Journal of Hospitality and Tourism Management, 2008, 15 (1): 19-31.

[57] SHARPLEY R, ROBERTS L. Rural tourism—10 years on [J]. International Journal of Tourism Research, 2004, 6 (3): 119-124.

[58] TOSUN C.Limits to community participation in the tourism development process in developing countries [J]. Tourism Management, 2000, 21 (6): 613-633.

[59] TRUONG V D, HALL C M, GARRY T.Tourism and poverty alleviation: perceptions and experiences of poor people in Sapa, Vietnam [J]. Journal of Sustainable Tourism, 2014, 22 (7): 1071-1089.

[60] VIREN P P, VOGT C A, KLINE C, et al.Social network participation and coverage by tourism industry sector [J]. Journal of Destination Marketing & Management, 2015, 4 (2): 110-119.

[61] WALL, G. Perspectives on tourism in selected Balinese villages [J]. Annals of Tourism Research, 1996, 23 (1): 123-137.

[62] WALPOLE M J, GOODWIN H J. Local economic impacts of dragon tourism in Indonesia [J]. Annals of Tourism Research, 2000, 27 (3): 559-576.

[63] WANG J.Unlocking new ideas for Rural Revitalization from the Japanese village building movement [J]. Journal of Hunan Provincial Institute of Socialism, 2022, 23 (1): 83-85.

[64] WEAVER D B.Contemporary tourism heritage as heritage tourism [J]. Annals of Tourism Research, 2011, 38 (1): 249-267.

[65] YING T Y, ZHOU Y G.Community, governments and external capitals in China's rural cultural tourism: a comparative study of two adjacent villages [J]. Tourism Management, 2007, 29 (1): 96-107.

[66] ZENG B, RYAN C. Assisting the poor in China through tourism development: a review of research [J]. Tourism Management, 2012, 33 (2): 239-248.

索引